인생도 기업도 성공으로가는 Guide BooK

성공을 원하거든 한번 읽어 보세요.

편저자 김 종 영

한림원 출판사

인생도, 기업도 성공으로 가는 Guide Book

초　　판 2024년 11월 29일
인 쇄 일 2024년 11월 29일

지 은 이 김종영
발 행 인 김흥중
발 행 처 한림원출판사
주　　소 서울특별시 중구 퇴계로 51길 20, 12층
전　　화 02-2273-4201
팩　　스 02-2273-4240
편집 · 인쇄 한림원(주) http://www.hanrimwon.com

ISBN: 978-89-93512-08-3(03320) ₩15,000

목차 Contents

제1절 성공하는 사람의 인간관계 7
가이드 1: 성공은 인간관계에 있다

제2절 도전은 개척이다 45
가이드 2: 현재를 인정하며 도전

제3절 변치않는 희망과 노력 77
가이드 3: 불변의진실 자연의 원리

제4절 노력과 인내는 성취의 자원 111
가이드 4: 노력과 인내로 만물 성취

제5절 삶에 긍정, 배려 얼마나 중요한지 145
가이드 5: 긍정 • 이타심 배려의 힘

제6절 변화에 적응력을 키우자 177
가이드 6: 변화속에 발전은 시작

제7절 기업성장의 명세과정 211
가이드 7: 팀워크 협동정신 공동번영

제8절 새로운 가치를 창출하는 중소기업 243
가이드 8: 미래를 향한 발전의 발걸음

제9절 리더의 역할(力活) 277
가이드 9: 무한대의 세계 끝없는 가능성

제10절 무한 가능성의 진리 309
가이드 10: 무한 행복추구 가능성, 진리

편 저자의 변

사람은 누구나 성공을 바라고 있습니다. 그러나 성공을 이루는 사람이 있는가 하면 그렇지 못한 사람도 있습니다. 그 이유는 무엇일까요? 성공은 사람의 마음과 태도에 달려있습니다. 우리의 속담(俗談)에 일의전심(一意全心) 하사불성(何事不成)이란 말이 전해지고 있습니다. 이러한 연유로 볼때 매일같이 생활이나 업무속에서 어제보다는 오늘을 오늘보다는 내일을 잘 하여야 겠다는 마음의 태도야 말로 가장 중요한 성공을 견인하는 결과를 가져올 것입니다

이책의 바람과 목적은 성공을 목표로 하는 모든 사람들을 위해 편저 하였읍니다. 특히 기업에서 일하는 리더의 분들, 또 미래에 리더가 되고저 하는 분들에게 읽어 주셨으면 하는 바람에서 편저 하였습니다. 저는 20년간 직장생활 40여년간 자영(自營)생활를 하면서 흥망성쇠(興亡盛衰)의 실상을 볼 수 있었습니다. "모든 인간은 마음을 정직(正直)하고 행동을 바르게 하면 누구나 인생을 성공으로 이끌어 낸다는 것을 확신할 수 있었습니다.

소중한 삶이나 사업을 성공시킬 수 있거나 패하게 하는 것은 본인의 마음과 행동에 달려 있습니다. 그러므로 성공자라고 불리는 사람들에게는 공통점이 있다는 것을 엿볼 수 있었습니다. 모든 성공자는 "사람에게 큰 도움이 된 사람"입니다. 고로 내가 하는 일이 "사람에게 도움이 된다"고 결정하면, 당신도 성공자의 반열에 진입하고 있습니다. 왜냐하면 이타(利他)의 결과는 자리(自利)로 돌아오기 때문입니다

본권은 생각을 바꾸어야 길이있고 보이는 것이 있으며 들이는 것이 있어 새로운 시야와 정보에 의해 새로운 전략으로 개인의 목적추구나 경영전략이 달라져 성공으로 진입할수 있게 편저 하였으니 개인이나 기업인에 다소나마 도움이 되었으면 하는 바람입니다. 수많은 사람들과 공동 생활속에 성공을 성취하기 위해서는 독불장군(獨不將軍) 없습니다. 협력의 문화가 필요합니다. 타의 도움(협조)를 원한다면 내가먼저 타에 도움을 주는 이타심(利他心)이 선행 할 협력사회 조성이 가능해 진다는것이 진리(眞理)임를 인식하여야 될 것입니다.

編著者 金 鍾榮

절망속에서 희망을 찾는 지혜

어려움과 고통 속에서도 삶의 긍정적인 가능성을 발견하고, 더 나은 미래를 향해 나아가려는 내면의 힘을 말합니다. 이는 단순히 낙관적인 태도나 긍정적 사고방식이 아니라, 절망의 깊이를 인식하면서도 그 안에서 의미를 찾고 극복해 나가는 과정 입니다. 여기에는 몇 가지 중요한 지혜가 포함됩니다.

1. 수용과 인정

절망을 무시하거나 부정하는 대신, 그 현실을 수용하는 것이 중요합니다. 어려운 상황을 인정하고, 감정을 억누르기보다 그 안에서 느끼는 아픔과 좌절을 온전히 받아들이는 것이 첫 번째 단계입니다. 이를 통해 스스로의 한계를 이해하고 새로운 길을 모색할 힘을 얻게 됩니다.

2. 작은 변화에 집중

큰 목표를 이루는 것이 불가능하게 느껴질 때, 작은 변화와 개선에 집중하는 것이 도움이 됩니다. 절망 속에서 모든 것을 한꺼번에 바꾸려는 시도는 오히려 더 큰 부담이 될 수 있습니다. 작은 성취와 진보를 통해 자신감을 회복하고, 희망을 키워가는 과정이 필요합니다.

3. 새로운 관점 찾기

절망적인 상황에서도 관점을 전환할 수 있는 능력은 희망을 찾는 데 중요한 역할을 합니다. 고난 속에서 배우거나 얻을 수 있는 교훈을 찾는 것이 그 예입니다. 역경이 삶의 한 부분임을 이해하고, 그것을 성장의 기회로 바라보는 지혜가 필요합니다.

4. 인내와 끈기

희망을 찾는 과정은 즉각적으로 이루어지지 않을 수 있습니다. 그래서 인내심을 가지고 어려운 시기를 견디는 것이 중요합니다. 희망은 기다리는 사람에게 찾아올 수 있으며, 그동안 끈기 있게 버티는 것이 중요합니다.

5. 지원과 연결

절망 속에서 혼자 고통을 견디는 것보다, 주변 사람들과의 연결을 통해 지지를 받는 것이 희망을 찾는 데 큰 도움이 됩니다. 다른 사람들과의 관계를 통해 위로를 받고, 새로운 시각과 에너지를 얻을 수 있습니다.

6. 자기 신뢰 회복

절망의 순간에는 종종 스스로를 믿기 어려울 수 있습니다. 그러나 과거의 경험을 통해 극복했던 순간들을 떠올리며 스스로의 강인함과 회복력을 다시 믿는 것이 중요합니다. 자신에 대한 신뢰는 희망을 찾는 원동력이 될 수 있습니다.
이러한 지혜를 통해, 절망의 순간에도 인간은 희망을 발견하고 성장할 수 있는 힘을 키울 수 있습니다.

제1절

성공하는 사람의 인간관계

가이드 1: 성공은 인간관계에 있다

始作은半의完成 始作에서 希望있다

1-1. 성공하는 사람들의 인용성향

1-1-1. 긍정적인 면과 주의할 점

1-1-2. 성공하는 사람들의 DNA와 훈련된 습관

1-1-3. 성공하는 사람들의 창의력 발산

1-2. 성공하는 사람들의 경영관

1-2-1. 전략 체계화

1-2-2. 목표성취 행동 실전 계획

1-2-3. 성과 관리의 지속성

1-3. 기업의 관리 운영

1-3-1. 기업성장기 운영효율화

1-3-2. 성숙기의 기업 경영전략

1-3-3. 쇠퇴기의 쇠퇴방지 재활성화 경영전략

1-4. 삶의 철학 질서있는사회

1-4-1.기본 예절과 사회질서

1-4-2. 생산성 향상을 위한 협력

1-1 성공하는 사람들의 인용관계

1-1-1. 긍정적인면과 주의할 점

성공하는 사람들의 인간관계는 대체로 전략적이며, 긍정적인 요소와 경계할 요소들이 모두 존재합니다. 이를 차근차근 긍정적인 면과 주의할 점으로 나누어 정리해 보겠습니다.

① 긍정적인 인간관계 요소

(1)* 신뢰와 존중: 성공적인 사람들은 상대방을 신뢰하고 존중하는 태도를 가지고 있습니다. 그들은 인간관계에서 신뢰를 바탕으로 관계를 쌓고, 상대방의 의견과 가치를 존중합니다. 이는 장기적인 성공을 이끄는 중요한 요소입니다.

(2)* 상호 이익 추구: 성공한 사람들은 상대방과의 관계에서 상호 이익을 고려합니다. 그들은 서로에게 도움이 되는 방향으로 협력하고, 상대방의 성공을 지지하며, 이타이기(利他利己)로 본인의 성공도 추구됩니다.

(3)* 솔직한 의사소통: 투명하고 솔직한 의사소통은 성공적인 인간관계의 핵심입니다. 성공하는 사람들은 자신의 의견을 명확하게 전달하고, 상대방의 의견도 경청하는 태도를 가집니다. 경청은 존경의 표현으로 이어집니다

(4)* 긍정적 영향력: 성공하는 사람들은 주변 사람들에게 긍정적인 영향을 줍니다. 그들은 자신감을 전하고, 도전과 변화를 지지하며, 격려와 칭찬을 아끼지 않습니다. 칭찬은 상대에게 용기를주는 결과를 가져옵니다.

(5)* 인맥 관리: 성공하는 사람들은 폭넓은 네트워크를 유지하며, 꾸준히 관리합니다. 그들은 다양한 분야의 사람들과 교류하며, 언제나 필요한 때에 도움을 받을 수 있는 관계를 구축합니다. 네트워크는 주고받는 현상으로 역량이 배양됩니다.

② 주의할 점들

(1)* 감정적 소모를 피함: 성공하는 사람들은 에너지를 소모시키는 인간관계를 피하려고 합니다. 지나치게 비판적이거나 부정적인 사람들과의 관계를 멀리하고, 긍정적인 에너지를 주는 사람들과의 교류에 더 집중합니다.

(2)* 이기적인 사람 경계: 타인의 성공에 기생하려는 사람이나, 일방적으로 이득을 취하려는 이기적인 사람과의 관계를 경계합니다. 이러한 사람들과는 균형 잡힌 관계를 유지하기 어려워지기 때문에 성공적인 사람들은 적당한 거리를 두려 합니다.

(3)* 과도한 의존 방지: 성공하는 사람들은 인간관계에서 지나치게 의존하지 않으려 합니다. 그들은 스스로를 독립적이고 자립적인 존재로 인식하며, 상대방에게 과도하게 의지하지 않는 균형 잡힌 관계를 유지합니다. 자력갱생(自力更生)을 기본으로 합니다.

(4)* 경쟁심 조절: 인간관계에서 경쟁은 자연스럽지만, 성공하는 사람들은 건강한 경쟁과 파괴적인 경쟁을 구분할 줄 압니다. 타인을 짓밟거나 헐뜯으면서 경쟁하는 대신, 서로를 격려하며 발전하는 방향을 선택합니다.

1-1-2. 성공하는 사람들의 DNA와 훈련된 습관

성공하는 사람들에게는 여러 가지 공통적인 특성과 행동 패턴이 있으며, 이것은 마치 천부적인 DNA처럼 보일 수 있습니다. 물론 타고난 재능도 일부 있을 수 있지만, 대부분의 성공적인 사람들은 의도적으로 행동하고 훈련된 습관을 통해 이러한 특성을 발전시켜 나갑니다. 성공의 DNA, 혹은 '고수 인자'는 다음과 같이 정리할 수 있습니다.

① 목표 설정 및 비전

(1) 명확한 목표 설정: 성공하는 사람들은 자신의 목표가 분명합니다. 장기적 비전과 구체적인 단기 목표를 설정하고 이를 실현하기 위해 끊임없이 노력합니다.

(2) 목표에 대한 끈기: 단기적인 실패에 흔들리지 않고 장기적인 목표를 위해 지속적으로 노력합니다. 그들은 인내심과 끈기를 바탕으로 목표를 이루기 위해 나아갑니다.

② 자기 관리 및 자기 훈련

⑴ 자기 훈련: 시간 관리, 감정 관리, 생산성 관리 등 자신의 일상과 업무를 체계적으로 관리합니다. 습관을 통해 자신의 행동을 통제하고 꾸준히 발전시킵니다.

⑵ 건강 관리: 신체적, 정신적 건강을 중요시하며, 규칙적인 운동, 균형 잡힌 식단, 충분한 수면 등을 유지합니다. 이는 성공을 지속하기 위한 기반이 됩니다.

③ 성장 마인드셋

⑴ 배움에 대한 열정: 성공하는 사람들은 끊임없이 배우고, 스스로를 발전시키기 위해 노력합니다. 실패를 학습의기회로 삼으며 새로운경험과 지식을 받아들이는 데 열려 있습니다.

⑵ 도전 정신: 변화와 도전을 두려워하지 않고, 새로운 것을 시도하는 데 적극적입니다. 실패를 두려워하지 않으며, 문제를 해결하려는 의지와 창의적 사고로 도전에 맞섭니다.

④ 주도적이고 책임감 있는 태도

⑴ 책임감: 성공한 사람들은 자신의 선택과 행동에 대해 책임을 집니다. 결과에 대한 변명보다는 자신이 할 수 있는 부분에 집중하여 문제를 해결하려고 합니다.

⑵ 주도성: 주변 환경에 영향을 받기보다는 스스로 결정을 내리고 상황을 주도적으로 이끌어 나갑니나.

⑤ 네트워킹 및 커뮤니케이션 능력

⑴ 인맥 관리: 성공하는 사람들은 강력한 네트워크를 구축하고 이를 잘 유지합니다. 다른 사람들과의 협력과 관계를 중요시하며, 이를 통해 더 큰 성과를 이끌어냅니다.

⑵ 효과적인 커뮤니케이션: 자신의 생각을 명확하고 효과적으로 전달할 수 있는 능력은 중요한 자산입니다. 타인과의 소통을 통해 신뢰를 쌓고, 협력을 이끌어 냅니다.

⑥ 긍정적인 태도와 자신감

⑴ 자신감: 성공하는 사람들은 자신에 대한 확신을 가지고 있으며, 자신의

능력을 믿습니다. 이는 도전적인 상황에서도 주저하지 않고 행동할 수 있는 동력이 됩니다.

⑵ 긍정적인 사고방식: 긍정적 사고는 실패를 극복하고, 어려움 속에서도 기회를 찾는 원동력이 됩니다. 낙관적인 태도로 문제를 대처하며, 이를 통해 끊임없이 나아갑니다.

⑦ 목표를 향한 지속적인 실행력

⑴ 행동 중심적 사고: 성공하는 사람들은 생각에만 머물지 않고, 생각한 것을 실천에 옮기는 행동력을 가지고 있습니다. 계획을 세운 후 즉시 실행에 옮기고, 그 결과를 바탕으로 개선점을 찾아 지속적으로 발전합니다.

⑵ 끊임없는 실천: 꾸준함은 성공의 중요한 요소 중 하나입니다. 작은 실천들이 모여 큰 성과로 이어지며, 그 과정에서 자신을 점진적으로 향상시켜 나갑니다.

⑧ 문제 해결 능력

⑴ 창의적 문제 해결: 성공한 사람들은 어려운 상황에서도 문제를 해결하기 위한 새로운 방법을 찾아냅니다. 그들은 기존의 틀에 얽매이지 않고, 혁신적 사고로 문제를 바라봅니다.

⑵ 위기 대처 능력: 예기치 않은 상황이 발생했을 때도 침착하게 대응하며, 빠르게 문제를 분석하고 해결책을 찾아 나갑니다.

⑨ 동기부여와 열정

⑴ 열정과 몰입: 성공적인 사람들은 자신의 일에 대해 열정을 가지고 있으며, 그 일을 즐기며 몰입합니다. 이로 인해 더 높은 수준의 성과를 내며, 그 과정에서 끊임없는 동기부여를 받습니다.

⑵ 자기 동기 부여: 외부 요인에 의존하지 않고, 스스로 동기를 부여하여 지속적으로 개발하며 유리한 방향을 찾아 나아갑니다.

⑩ 리더십과 팀워크

⑴ 리더십: 성공하는 사람들은 자신뿐만 아니라 주변 사람들에게도 긍정적인 영향을 미칩니다. 그들은 팀을 이끌고, 타인의 역량을 발휘할 수 있도록 돕는 리더십을 가지고 있습니다.

(2) 팀워크: 혼자서 모든 것을 이룰 수 없다는 사실을 인지하고, 다른 사람들과 협력하여 목표를 달성합니다.

이러한 요소들은 타고난 성향일 수도 있지만, 훈련과 실천을 통해 누구나 발전시킬 수 있는 부분이기도 합니다. 성공하는 사람들은 자신의 DNA와 같은 이러한 특성들을 지속적으로 개발하고 강화하여 더 나은 결과를 만들어냅니다.

1-1-3. 성공하는 사람들의 창의력 발상

성공하는 사람들이 창의력을 발산하는 방식은 매우 체계적이며, 다양한 접근 방식을 포함합니다. 이를 통해 그들은 새로운 아이디어를 효과적으로 도출하고, 문제를 해결하며, 혁신적인 성과를 이끌어냅니다. 아래에 성공적인 사람들이 창의력을 발휘하는 과정을 단계별로 정리해 보겠습니다.

① 호기심과 열린 마음 유지

(1) 지속적인 배움과 탐구: 성공한 사람들은 새로운 지식을 습득하고 호기심을 유지하는 것이 중요하다고 생각합니다. 그들은 다양한 주제에 대해 배우고, 새로운 경험을 통해 창의적인 아이디어를 얻습니다.

(2) 다양한 관점 탐색: 이들은 문제를 여러 가지 시각에서 바라보는 것을 중요시합니다. 타인의 의견을 듣거나, 서로 다른 분야의 통찰을 융합하여 더 나은 해결책을 모색합니다.

② 아이디어 발산 단계

(1) 브레인스토밍: 성공적인 사람들은 주어진 문제나 주제에 대해 가능한 한 많은 아이디어를 생각해 냅니다. 이 단계에서는 어떤 아이디어도 거르지 않고 모두 받아들이는 것이 중요합니다. 이를 통해 틀에 얽매이지 않고 자유롭게 생각을 확장할 수 있습니다.

(2) 마인드맵 작성: 마인드맵이나 아이디어를 시각화하는 도구를 활용하여 아이디어 간의 연결성을 파악하고, 새로운 통찰을 얻습니다.

(3) 리서치와 벤치마킹: 기존에 성공한 사례나 다른 사람들의 접근 방식을 연구하고, 이를 자신의 아이디어에 적용하거나 발전시키는 작업을 합니다.

③ 아이디어 수렴과 분석

(1) 아이디어 평가: 브레인스토밍이나 탐구 과정에서 나온 다양한 아이디어 중에서 실현 가능성, 혁신성, 시장성 등을 기준으로 아이디어를 선별합니다.

(2) 테스트 및 실험: 아이디어를 현실적으로 검증하기 위해 작은 실험을 통해 그 가능성을 테스트합니다. 이를통해 실제로적용 가능한지 확인하고, 수정할 부분을 찾아 냅니다.

④ 피드백 및 개선

(1) 피드백 수용: 창의적인 아이디어를 발전시키기 위해 주변 사람들, 동료, 전문가 등으로부터 피드백을 받아 이를 개선해 나갑니다.

(2) 계속된 수정과 발전: 창의적인 사람들은 실패를 두려워하지 않고, 여러 번의 수정을 거쳐 더 나은 결과를 만들기 위해 노력합니다.

⑤ 실행과 공유

(1) 결단력 있는 실행: 성공하는 사람들은 아이디어가 충분히 다듬어졌을 때 이를 과감하게 실행에 옮깁니다. 완벽한 준비를 기다리지 않고 빠르게 실행에 옮기며, 실행 과정에서 발견되는 문제를 해결해 나갑니다.

(2) 협업과 네트워킹: 창의적인 아이디어를 더 크게 발전시키기 위해 다른 사람들과의 협업을 통해 공유하고, 공동의 목표를 달성하기 위해 함께 일합니다.

⑥ 창의력의 반복과 확장

(1) 창의적 사고를 지속적으로 훈련: 창의성은 일회성으로 끝나지 않고, 지속적으로 발전시키는 능력입니다. 성공하는 사람들은 정기적으로 새로운 아이디어를 발상하고, 이를 꾸준히 적용하려고 노력합니다.

(2) 다양한 경험에서 영감 찾기: 일상적인 생활이나 새로운 경험에서 창의적인 영감을 얻으려고 하며, 이를 일하는 방식이나 문제 해결에 반영합니다. 기업의 성장은 창의력에 있습니다. 이를 실현하는 것은 그림 1-1 창업 성공에서 장수기업으로의 모형을 참고하여 실천함이 유익할 것입니다.

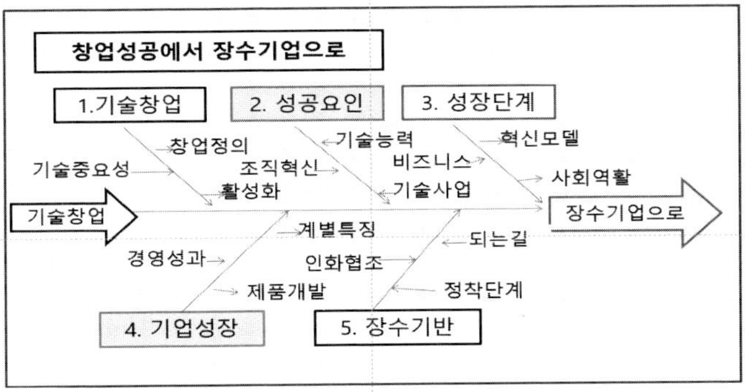

그림 1-1. 창업 성공에서 장수기업으로

성공을 원하거든 성공한사람들의 행적을 보아라

요약

▶ 성공하는 사람들의 인간관계

성공하는 사람들의 인간관계는 신뢰, 상호 존중, 솔직한 소통, 긍정적인 영향력을 중심으로 이루어집니다. 이들은 에너지를 소모하는 관계를 피하고, 이기적이거나 지나치게 의존적인 관계를 경계하며, 상호 발전을 도모하는 사람들과의 관계를 중요시합니다.

▶ 성공을 위한 정신적 태도

긍정적인 사고와 실패 극복: 성공하는 사람들은 실패를 배움의 기회로 보고, 낙관적인 태도로 새로운 도전을 받아들입니다. 이를 통해 창의적인 아이디어를 더욱 강력하게 발휘합니다. 끈기와 지속적인 노력: 창의적인 아이디어는 끈기 있게 발전시키고, 지속적인 노력을 통해 성과를 이룹니다.

성공 Point. 1

1. 성공하는 사람은 그들만의 나침판이 있다.

어둠과 절망속에서 험난한 세파속에서 굴욕을 인내하며 그들의 마음속에는 가고자하는 나침판이 있었기에 흔들림없이 전진의 요소를찾 방향을 잃지 않았다.
성공자의 사례를 모방하라 그리고 창조하라 성공에대한 적극적인 사고와 실천방법이 바로 당신을 성공으로 이끄는 나침판이 되어 주기 때문이다.

2. 천리길도 한 걸음부터 우보천리(牛步千里)붕정만리(鵬程萬里)

단기 출세를 꿈꾸는 소인배가 될것인가 장기프로젝트를 이행하는 큰 인물이 될것인가의 갈림길에서 지금 당신에게 주어진 업무에 최선을 다하면 그것이 바로 가장효과적인 성공의 방법이다. 성실한 업무습관을 기르는일은 그 어떤가치있는 지식을 습득하는 것 보다 훨신 중요하다 불만스럽더라도 최선을 다하는데서 새로운 길이 생긴다.

1-2 성공하는 사람들의 경영관

1-2-1. 전략체계화

성공하는 사람들의 전략을 체계적으로 정리하면, 크게 목표 설정, 자기 관리, 학습과 성장, 네트워킹, 실행력, 회복력 등으로 나눌 수 있습니다. 각각의 단계는 독립적으로 존재하는 것이 아니라 서로 유기적으로 연결되어 있습니다. 이를 차근차근 정리해보겠습니다.

① **목표 설정** (Vision & Goal Setting)

성공을 이루기 위해서는 명확한 목표 설정이 필수적입니다. 목표는 구체적이고 측정 가능해야 하며, 단계별로 나누어지는 것이 좋습니다.

(1) 비전과 목표 수립: 장기적인 비전과 단기 목표를 명확하게 설정해야 합니다. 이를 통해 나아가야 할 방향성을 확립합니다.

(2) SMART 원칙: 목표는 구체적(Specific), 측정가능(Measurable), 달성가능 (Achievable), 현실적(Realistic), 기한이 있는(Time-bound) 방식으로 설정해야 효과적입니다.

② **자기 관리** (Self-Management)

성공하는 사람들은 자기 관리를 통해 지속적인 성장을 이루어냅니다. 시간, 에너지, 감정 등을 효과적으로 관리하는 능력이 필요합니다.

(1) 시간 관리: 성공한 사람들은 시간 관리를 매우 중요하게 생각합니다. 중요한 일과 우선순위를 정해 생산성을 극대화하는데, 이를 위해 종종 '투두 리스트(To-Do List)'나 '타임 블록킹(Time Blocking)' 기법을 사용합니다.

(2) 자기 훈련: 규칙적인 생활 습관, 예를 들어 운동, 명상, 건강한 식습관을 통해 신체적, 정신적 에너지를 유지합니다.

(3) 감정 관리: 자기 감정을 잘 이해하고 조절하는 능력은 스트레스를 줄이고 성공의 동력을 유지하는 데 필수적입니다.

③ **학습과 성장** (Continuous Learning & Growth)

성공한 사람들은 끊임없이 배웁니다. 자기 분야뿐만 아니라 다양한 분야에서 새로운 지식을 습득하며, 이를 통해 지속적인 성장을 이룹니다.

(1) 지식의 확장: 책을 읽거나, 강의를 듣고, 새로운 기술을 배우며 항상 자기 계발에 힘씁니다.

(2) 경험을 통한 학습: 성공적인 사람들은 실패를 학습의 기회로 봅니다. 실수를 통해 얻은 경험은 귀중한 자산으로, 이를 통해 더 나은 결정을 내릴 수 있습니다.

(3) 멘토와 롤모델: 성공한 사람들은 멘토나 롤모델을 통해 배웁니다. 그들의 경험과 지식을 통해 더 빠르게 성장할 수 있습니다.

④ **네트워킹** (Networking)

성공은 혼자 이루기 힘듭니다. 다른 사람들과의 관계는 성공의 중요한 자산입니다.

(1) 긍정적인 인맥 구축: 성공하는 사람들은 긍정적인 영향력을 줄 수 있는 사람들과 관계를 맺습니다. 이들은 서로에게 자극을 주고 도움을 줄 수 있는 사람들입니다.

(2) 다양한 관계 형성: 성공한 사람들은 같은 분야뿐만 아니라 다양한 분야의 사람들과 교류하며 새로운 기회와 아이디어를 얻습니다.

(3) 커뮤니케이션 능력: 뛰어난 의사소통 능력은 성공적인 네트워크 형성에 필수적입니다. 자신의 생각을 명확하고 설득력 있게 표현할 수 있어야 합니다.

⑤ **실행력** (Execution)

계획을 세우고 이를 실현하는 능력은 성공의 중요한 요소입니다. 실행력이 없으면 아무리 좋은 계획도 이루어질 수 없습니다.

(1) 결단력: 성공하는 사람들은 중요한 결정을 내리는 데 과감하고 신속합니다. 결정을 미루지 않고, 실패를 두려워하지 않습니다.

(2) 지속적인 행동: 성공은 한 번의 큰 행동이 아니라, 작은 일의 지속적인 반복을 통해 이루어집니다. 매일 조금씩 꾸준히 행동하는 것이 중요합니다.

(3) 문제 해결 능력: 실행 과정에서 마주하는 문제들을 해결하는 능력도 중

요한 요소입니다. 문제를 창의적으로 해결하고, 장기적인 성과로 이어지게 해야 합니다.

⑥ **회복력** (Resilience)

성공하는 사람들은 실패나 좌절을 겪더라도 빠르게 회복합니다. 이들은 실패를 성장의 과정으로 받아들이고, 다시 일어설 수 있는 힘을 가지고 있습니다.

(1) 실패에 대한 긍정적 태도: 실패를 두려워하지 않고, 실패로부터 배웁니다. 실패는 성공을 위한 한 과정일 뿐이라는 인식을 가지고 있습니다.

(2) 정신적 회복력: 힘든 상황 속에서도 자신의 목표를 잊지 않고, 긍정적인 마음가짐으로 버텨내는 힘을 기릅니다. 적응력은 변화에 빠르게 적응할 수 있는 능력은 성공에 필수적입니다. 상황에 맞추어 유연하게 대응하는 능력을 갖추고 있어야 합니다.

1-2-2. 목표성취 행동 실천 계획

성공한 사람들의 행동 실천 계획은 여러 분야에서 공통적으로 발견되는 패턴을 통해 체계적으로 정리할 수 있습니다. 성공한 사람들은 단순한 노력만으로 성과를 이루는 것이 아니라, 명확한 목표 설정, 꾸준한 실천, 효율적인 시간 관리, 자기 관리, 네트워킹 등의 요소를 전략적으로 활용합니다. 이들을 기반으로 구체적인 실천 계획을 세워보겠습니다.

① **명확한 목표 설정**

성공한 사람들은 장기적 비진과 단기적 목표를 명확하게 설정합니다.

(1) 장기적 비전 설정: 5년, 10년, 20년 후 달성하고 싶은 목표를 구체적으로 시각화합니다. 단순히 "성공하고 싶다"는 추상적 목표가 아니라, 달성하고자 하는 구체적인 성취를 명확히 합니다.

(2) 단기적 목표 설정: 장기 목표를 달성하기 위해 필요한 중단기 목표를 나눕니다. 예를 들어, 연간 목표, 월별 목표, 주간 목표 등을 구체적으로 설정하고, 이를 실천 가능한 수준으로 나눕니다.

② **계획의 세분화**

목표가 설정되면 그 목표를 이루기 위한 세부 계획을 수립합니다.

(1) SMART 목표 설정: 목표가 구체적(Specific), 측정 가능(Measurable), 달성 가능(Achievable),관련성 있는(Relevant), 시간기반(Time-bound)으로 구성되도록합니다.
(2) 작은 단계로 분할: 큰 목표는 작은 단계로 나눠 진행하며, 일일 실천 가능한 수준으로 세분화합니다. 우선순위 설정은 무엇이 중요한지에 따라 우선순위를 매기고, 반드시 달성해야 하는 항목부터 실천합니다.

③ 꾸준한 실행 및 피드백

성공한 사람들은 실행을 중요시하며, 실천 과정에서 끊임없이 자기 피드백을 합니다.

(1) 루틴화: 매일 일정한 루틴을 설정하여 실천하고, 반복적인 행동을 습관화합니다. 예를 들어, 아침 운동, 독서, 학습 시간을 정해둡니다.
(2) 실행 기록: 매일 실천한 내용을 기록하고, 이를 주간, 월간 단위로 점검하여 피드백을 얻습니다. 실패의 피드백은 실패를 두려워하지 않고, 실패를 분석하여 교훈을 얻고 다음 실행에 반영합니다.

④ 효율적인 시간 관리

시간 관리는 성공한 사람들의 가장 중요한 습관 중 하나입니다.

(1) 할일 목록 작성: 매일 해야 할 일을 미리 작성하고, 우선순위에 따라 처리합니다.
(2) 시간 블록킹: 각 활동에 할당할 시간을 미리 정해두고, 그 시간 동안 집중적으로 일을 처리합니다. 이를 통해 집중력과 생산성을 높일 수 있습니다.
(3) 중요 업무에 집중은 중요하지 않은 일에 시간을 낭비하지 않고, 자신이 설정한 목표와 관련된 핵심 업무에 집중합니다.

⑤ 자기 관리(自己管理)

자신의 정신적, 신체적, 정서적 상태를 관리하는것이 성과에 중요한 영향을 미칩니다.

(1) 건강 관리: 꾸준한 운동과 건강한 식습관을 통해 체력을 관리하고, 정신적 집중력을 유지합니다.
(2) 마음 관리: 명상, 독서, 휴식을 통해 스트레스를 관리하며, 긍정적 사고

를 유지하려고 노력합니다. 균형 잡힌 생활은 일과 삶의 균형을 중요하게 여기며, 가족, 친구, 취미 등 다양한 활동에 시간을 할애하여 정신적 리프레시를 합니다.

⑥ 지속적인 학습과 성장

성공한 사람들은 항상 배움의 자세를 유지하며 자기 계발을 멈추지 않습니다.

(1) 자기 계발 계획: 정기적으로 책을 읽고, 새로운 기술을 배우며, 세미나나 강의를 통해 새로운 지식을 습득합니다.

(2) 자신의 성장을 측정: 성취한 부분과 아직 미흡한 부분을 스스로 평가하고, 부족한 부분을 강화하기 위한 추가 학습 계획을 수립합니다.

(3) 멘토나코치 활용: 자신보다 앞서가는 사람들에게 배우고, 피드백을 받으며 성장합니다.

⑦ 네트워킹 및 관계 관리

성공한 사람들은 다양한 사람들과의 관계를 중요시하며, 이를 통해 새로운 기회와 배움을 얻습니다.

(1) 의미 있는 네트워크 구축: 자신의 목표와 관련된 사람들과의 네트워킹을 적극적으로 시도하며, 다양한 배경의 사람들과 교류합니다.

(2) 피드백을 적극 수용: 주변 사람들로부터 피드백을 듣고, 이를 개선점으로 활용합니다.

(3) 도움을 주고받는 관계: 자신이 도움을 받을 뿐만 아니라, 상대방에게도 도움을 주는 상호 이익이 되는 관계를 유지합니다.

⑧ 끈기와 인내

(1) 도전 정신: 실패와역경 속에서도 좌절하지않고 끊임없이 도전하는 정신을 유지합니다.

(2) 끈기 있는 실천: 꾸준한 노력과 실천이 쌓여서 큰 성과로 이어짐을 믿고 인내하며 한 걸음씩 나아갑니다. 종합적인 성공 실천 계획 예시합니다.

(3) 장기 목표: 5년 내에 IT 스타트업 창업 및 성장 계획

(4) 단기 목표: 1년 내 기술 학습, 팀 구성 및 프로토타입 개발 실시

1-2-3. 성과 관리의 지속성

성공한 사람들이 성과 관리를 통해 지속적으로 성과를 유지하는 방법은 다음과 같은 요소들로 나누어 설명할 수 있습니다.

① 목표 설정과 비전 정립

성공한 사람들은 명확한 목표와 장기적인 비전을 가지고 있습니다. 이를 통해 무엇을 성취해야 하는지와 어떤 방향으로 나아가야 하는지를 명확히 인식하며, 이는 지속적인 동기 부여의 원천이 됩니다.

(1) SMART 목표 설정: Specific(구체적), Measurable(측정 가능), Achievable(달성 가능), Relevant(관련성), Time-bound(기한 설정)의 원칙을 적용해 실현 가능한 목표를 설정합니다.

(2) 단기 및 장기 목표의 균형은 장기 비전을 이루기 위한 여러 단계의 단기 목표를 설정하여 성취감을 유지합니다.

② 지속적인 학습과 성장

성과를 관리하는 데 있어 가장 중요한 요소 중 하나는 지속적인 자기 개발입니다. 성공한 사람들은 현재 성과에 안주하지 않고 새로운 기술과 지식을 습득해 끊임없이 성장합니다.

(1) 피드백 수용: 자신에 대한 피드백을 적극적으로 받아들이고 개선합니다.

(2) 자기 개선 루틴: 정기적으로 독서, 세미나 참여, 코칭 등을 통해 자기 계발에 투자합니다.

③ 효율적인 시간 관리

시간 관리는 성과 관리에서 핵심적인 요소입니다. 성공한 사람들은 중요한 일에 집중하고, 우선순위를 정해 시간을 효율적으로 사용합니다.

(1) 일정 관리: 주간, 월간 목표를 설정하고 일정에 맞춰 수행합니다.

(2) 우선순위 설정: 80/20 법칙(파레토 법칙)을 적용하여 중요한 20%의 일에 집중합니다.

④ 체계적인 계획과 실행

계획만 잘 세운다고 해서 성과가 나오는 것이 아닙니다. 이를 효과적으로 실행하는 것이 중요합니다.

(1) 일정 관리 도구 활용: 디지털 도구나 플래너를 사용하여 체계적으로 계획을 관리하고 추적합니다.

(2) 점검과 수정은 정기적으로 자신의 계획을 점검하고, 필요에 따라 수정합니다.

⑤ 꾸준한 동기 부여 유지

성공한 사람들은 지속적으로 내적 동기와 외적 동기를 유지합니다. 스스로의 가치를 인정하며 성과를 향한 열정을 잃지 않습니다.

(1) 내적 동기 부여: 자신의 가치관과 목표를 일치시켜 성취감을 느낍니다.

(2) 외적 보상 시스템: 적절한 보상을 통해 동기를 유지합니다.

⑥ 자신의 성과를 주기적으로 평가

성과 관리는 단기적인 목표 달성만이 아니라 장기적인 평가와 분석도 포함됩니다. 성공한 사람들은 자신의 성과를 주기적으로 검토하고, 그에 맞춰 전략을 조정합니다.

(1) 성과 기록: 성과를 기록하고, 정기적으로 분석하여 발전 가능성을 확인합니다.

(2) 교훈 얻기: 성공과 실패에서 얻은 교훈으로 다음 단계의 전략을 수정합니다.

⑦ 건강 관리와 균형 유지

성과를 지속적으로 유지하기 위해서는 신체적, 정신적 건강도 중요합니다. 성공한 사람들은 적절한 휴식과 건강 관리를 통해 생산성을 높입니다.

(1) 운동과 명상: 규칙적인 운동과 명상은 스트레스를 줄이고, 집중력을 높이는 데 기여합니다.

(2) 일과 삶의 균형: 과로를 피하고, 가족과 개인적인 시간도 소중히 여기며 정신적 안정을 유지합니다.

⑧ 네트워크와 협업 활용

성과를 관리하는 데 있어서 주변 사람들과의 협업도 중요한 역할을 합니다. 성공한 사람들은 유능한 동료와의 네트워크를 잘 활용하며, 함께 성과를 높이는 방법을 찾습니다.

(1) 멘토링과 네트워킹: 경험 많은 멘토에게 조언을 받고, 관련 분야의 사람들과 교류를 통해 새로운 기회를 발견합니다.

(2) 팀워크 협업을 통해 자신의 역량을 극대화하고, 팀의 성과도 향상시킵니다. 이러한 요소들은 성과 관리를 지속적으로 유지하고, 성장하는 데 있어서 중요한 부분입니다. 성공한 사람들은 이러한 방법들을 체계적으로 실천하며, 변화에 유연하게 대응하여 장기적인 성과를 이룹니다.

성공하는 사람들은 일상의 생활인습은 남들보다 성실하고, 정밀한 계획을 수립하여 이행하며, 새로운 가치 구현에 노력하고 있습니다. 그림 1-2를 참고하시기 바랍니다.

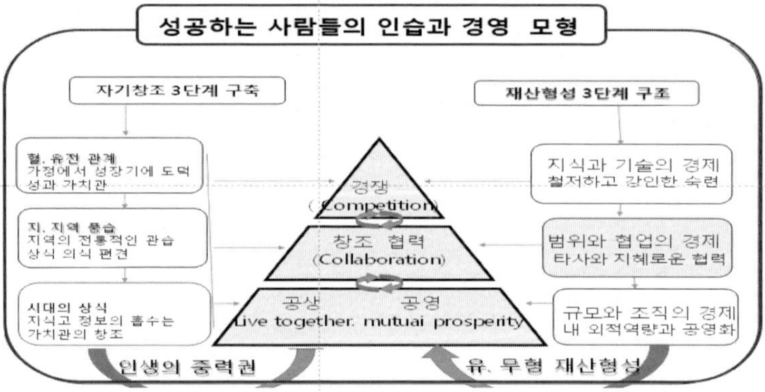

그림1-2. 성공하는 사람들의 인습과 경영모형

성공하는 사람들의 인습(因習)과 경영관

요약

성공하는 사람들의 전략은 목표 설정에서부터 실행, 그리고 실패에서의 회복까지 체계적으로 이루어집니다. 이러한 전략은 어느 한 가지 요소만으로 이루어지는 것이 아니라, 모든 요소가 조화롭게 연결될 때 더욱 큰 효과를 발휘합니다.

*** 일일 실천 계획: 일일 생활습관은 성공을 좌우한다**

아침 7시: 운동 (30분)
8시: 기술 관련 독서 및 학습 (2시간)
10시: 업무 및 프로젝트 진행 (4시간)
15시: 네트워킹 및 미팅 (1시간)
17시: 자기 평가 및 기록 (30분)
18시: 휴식 및 가족과 시간 보내기

이런 체계적인 실천 계획을 통해 성공한 사람들은 꾸준히 자신의 목표를 향해 나아갑니다.

성공 Point. 2

1. 확고부동한 목표를 세워라

목표가 불확실하게 방황의 세월을 보낼것인가? 확고한 목표로 인생여정을 설계할것인가? 결과의 진가는 다르다. 일단 인생의 목표를 세우고나면 그목표의 삶이기준으로 삼아라. 중요한일과 중요하지 않는 일의선택기준은 목표기준에따라 분리수행한다 큰인물의 성공자는 성공하기전에 확고한 인생목표를 세웠다는 점이다 그늘의 성공은 목표를 견시하면서 끊임없이 노력을 기울였다는 것이다.

2. 성공하는 사람은 남다르듯 실패하는 사람도 뭔가 다르다

성공에대한 자신감이 없는 사람은 가난의 짐을지고 살아간다. 성공하는 사람의 실행법칙은 성실 도약에 있다

인간이란 그사람의 사고의 집합으로 일의전심무사불성(一意全心無事不成)이라 자기가 하고자하는일에 얼마나 몰두하느냐가 성패의 갈림길을 가르킨다.

1-3 기업의 관리운영

1-3-1. 기업성장기 운영효율화

기업이 성장기에 접어들면 운영 관리 체계화를 통해 지속 가능성을 확보하고 효율성을 극대화하는 것이 중요합니다. 이 시기는 초기의 창업과 달리 더 큰 규모의 자원과 인력을 다뤄야 하며, 다양하고 복잡한 과제를 해결해야 하는 단계입니다. 체계화된 운영 관리는 기업의 성장을 안정적으로 유지하고, 비효율적인 부분을 줄이며, 조직 내 의사소통과 협력을 촉진합니다. 여기서는 운영 관리 체계화를 위한 주요 요소를 차근차근 정리하겠습니다.

① 명확한 조직 구조 수립

성장기 기업은 업무량과 인력 규모가 커지므로 명확한 조직 구조가 필요합니다. 이를 통해 책임과 권한을 분명히 하고, 각 부서 및 팀이 원활하게 협력할 수 있는 환경을 마련해야 합니다.

(1) 직무와 역할의 정의: 초기 단계에서 유연했던 역할이 이제는 더 전문화되고 구체적으로 정의되어야 합니다. 직무별로 책임과 권한을 명확히 하고, 각 직무가 조직의 목표 달성에 어떻게 기여하는지를 이해시켜야 합니다.

(2) 계층 구조와 보고 체계: 효율적인 의사결정을 위해서는 명확한 보고 체계를 수립해야 합니다. 각 관리자는 자신이 담당하는 팀 또는 부서의 성과에 책임을 져야 하며, 경영진은 적시에 필요한 정보를 받을 수 있어야 합니다.

(3) 조직 구조는 변화하는 환경과 기업의 성장에 맞춰 유연하게 변화할 수 있어야 합니다. 하지만 기본적인 체계는 유지되어야 하며, 이를 통해 업무의 혼선을 방지할 수 있습니다.

② 프로세스 표준화

기업이 성장할수록 모든 작업을 임기응변으로 처리하는 것이 어렵기 때문에, 일관되고 체계적인 프로세스 표준화가 중요합니다. 프로세스 표준화는 기업의 생산성, 품질 관리, 비용 절감에 큰 기여를 합니다.

(1) 업무 절차 문서화: 각 부서 및 팀에서 반복되는 업무는 표준화된 절차를 마련하고 문서화해야 합니다. 이를 통해 새로운 직원이 쉽게 업무를 숙지할 수 있으며, 효율성을 높일 수 있습니다.

(2) 자동화 도구 활용: 업무의 일부분을 자동화할 수 있는 시스템을 도입하여 불필요한 수작업을 줄이고, 인적 자원의 활용을 극대화할 수 있습니다. 예를 들어, 재무 관리에서 자동화된 회계 소프트웨어를 도입하거나, 고객 관리 시스템(CRM)을 통해 고객 데이터 관리를 효율화할 수 있습니다.

(3) 프로세스 표준화를 통해 업무의 효율성을 높이고, 오류를 최소화할 수 있으며, 이는 기업 성장의 중요한 기반이 됩니다.

③ 데이터 기반 의사결정

성장기 기업은 직감과 경험에 의존하기보다는 데이터에 기반한 의사결정이 중요해집니다. 데이터를 체계적으로 수집하고 분석하는 것은 기업의 경쟁력을 높이고, 시장 변화에 빠르게 대응하는 데 도움이 됩니다.

(1) 성과 측정 지표 설정: 모든 비즈니스 활동에 대해 명확한 성과 지표(KPI)를 설정하여 성과를 측정하고, 이를 바탕으로 경영진이 적절한 결정을 내릴 수 있도록 해야 합니다. 예를 들어, 매출 성장률, 고객 유지율, 비용 대비 수익률 등을 정기적으로 모니터링하는 것이 필요합니다.

(2) 데이터 분석 시스템 도입: 데이터를 분석하고 해석할 수 있는 시스템을 도입하는 것이 중요합니다. 이를 통해 판매 패턴, 고객 선호도, 시장 변화 등을 분석하고, 기업 전략을 지속적으로 최적화할 수 있습니다.

(3) 데이터 기반의 의사결정은 위험을 최소화하고, 예측 가능한 성장을 가능하게 합니다. 이를 위해 모든 부서가 데이터를 적극 활용할 수 있는 문화도 함께 조성해야 합니다.

④ 재무 및 자원 관리 체계화

기업이 성장하면서 재무 관리와 자원 배분은 더욱 복잡해지므로, 이를 체계적으로 관리할 필요가 있습니다. 재무 및 자원 관리는 기업의 생존을 좌우할 수 있는 중요한 요소입니다.

(1) 예산 관리와 비용 절감: 기업의 자원을 효율적으로 활용하기 위해서는 명확한 예산을 설정하고, 비용 관리 체계를 구축해야 합니다. 모든 부서가 예산 내에서 효율적으로 운영될 수 있도록 지침을 마련하고, 불필요한 비용을 절감할 수 있는 방법을 모색해야 합니다.

(2) 현금 흐름 관리: 기업이 지속적으로 성장하려면 현금 흐름을 철저히 관리해야 합니다. 이를 위해 자금 조달 전략을 세우고, 예상치 못한 재정적 어려움에 대비한 리스크 관리 방안을 마련해야 합니다.

(3) 재무 관리는 기업의 안정성과 성장 가능성을 동시에 보장하는 중요한 요소이며, 이를 통해 기업이 외부 충격에도 유연하게 대응할 수 있습니다.

⑤ 인재 관리 및 조직 문화 강화

기업이 성장할수록 인적 자원의 중요성은 더 커집니다. 우수한 인재를 확보하고, 이들이 지속적으로 성장할 수 있는 환경을 조성하는 것이 기업의 성과에 큰 영향을 미칩니다.

(1) 인재 양성과 교육: 직원들의 역량을 지속적으로 발전시키기 위해 교육 프로그램을 체계적으로 운영해야 합니다. 각 부서의 필요에 맞는 전문 교육을 제공하고, 리더십 개발 프로그램을 통해 차세대 리더를 육성해야 합니다.

(2) 조직 문화 구축: 기업이 성장하면서 조직 문화는 변화를 겪게 됩니다. 긍정적이고 협력적인 조직 문화를 유지하기 위해 경영진은 투명한 의사소통을 장려하고, 직원들의 의견을 존중하는 환경을 조성해야 합니다.

(3) 성과에 대한 공정한 보상 체계를 마련해 동기 부여를 촉진할 수 있습니다. 기업의 성장은 인재에 달려 있으며, 지속적인 인재 관리는 장기적인 경쟁 우위를 확보하는 데 필수적입니다.

1-3-2. 성숙기의 기업 경영전략

성숙기 기업은 주로 시장에서 안정적인 위치를 확보하고, 성장이 둔화된 상태에 있는 기업을 의미합니다. 이 시기에 기업은 이미 성숙된 제품이나 서비스를 제공하고 있으며, 시장 점유율 확대보다는 기존의 시장 지배력을 유지하고 수익성을 최적화하는 것이 중요합니다. 성숙기에 접어든 기업의 경영

전략 효율성은 비용 관리, 운영 효율성, 혁신, 차별화 등 다양한 측면에서 검토될 수 있습니다. 이를 차근차근 정리하면 다음과 같습니다.

① 비용 관리 및 효율성 최적화

(1) 원가 절감: 성숙기에 접어든 기업은 성장기와 달리 매출 확대보다는 원가 절감이 중요한 과제로 부상합니다. 이를 위해 제조 공정의 효율성을 높이고, 불필요한 비용을 줄이는 전략을 사용합니다. 자동화 및 디지털화: 공정 자동화, 디지털 도구 도입 등을 통해 인건비와 운영비를 줄일 수 있습니다.

(2) 규모의 경제: 성숙기 기업은 이미 상당한 규모를 확보했으므로, 대량 구매나 생산을 통해 비용을 줄일 수 있습니다.

(3) 운영 효율성: 생산성과 품질을 동시에 개선하는 전략이 필요합니다. 제조업의 경우 생산 공정을 간소화하거나, 서비스업에서는 고객 응대 프로세스를 최적화하는 등의 방법이 있을 수 있습니다.

② 현금 흐름 및 자본 관리

(1) 현금 유동성 관리: 성숙기 기업은 현금 흐름이 안정적이므로 이를 잘 관리하는 것이 중요합니다. 자산 재배치나 투자 포트폴리오 조정 등을 통해 자본을 효과적으로 사용할 수 있습니다.

(2) 배당 정책 및 주주 환원: 성숙기 기업은 높은 현금을 보유하고 있기 때문에 주주에게 배당을 늘리거나 자사주 매입을 통해 주주 가치를 제고하는 전략을 사용할 수 있습니나.

③ 혁신과 신성장 동력 발굴

(1) 혁신 추구: 성숙기 기업은 시장에서 이미 자리를 잡았지만, 새로운 성장 동력을 찾는 것이 중요합니다. 이를 위해 연구개발(R&D)에 투자하거나, 기술 혁신을 통해 기존 제품을 개선할 수 있습니다.

(2) 사업 다각화: 성숙된 기존 시장 이외의 신규 시장으로 확장을 모색할 수 있습니다. 이를 통해 포트폴리오를 다변화하고 리스크를 분산할 수 있습니다.

(3) M&A(인수합병): 성숙기 기업은 신규 시장 진입이나 기술 확보를 위해

다른 기업을 인수하는 전략을 사용할 수 있습니다.

④ **브랜드 관리 및 차별화 전략**

(1) 브랜드 유지 및 강화: 이미 시장에서 인지도가 높은 성숙기 기업은 브랜드 가치를 지속적으로 관리해야 합니다. 고객 충성도를 유지하고, 경쟁 우위를 지속하기 위한 마케팅 전략이 필요합니다.

(2) 차별화 전략: 시장 포화 상태에서 경쟁자와 차별화된 제품이나 서비스를 제공해야 합니다. 고객에게 독특한 가치를 제공하거나 고객 경험을 향상시키는 데 집중할 수 있습니다.

⑤ **시장 포지셔닝 및 고객 관계 관리**

(1) 기존 고객 유지: 성숙기 기업은 기존 고객과의 관계를 강화하는 것이 중요합니다. 고객 데이터를 분석하여 맞춤형 서비스를 제공하거나, 고객의 피드백을 반영해 제품이나 서비스를 개선할 수 있습니다.

(2) 가격 전략: 성숙기에 접어든 기업은 가격 경쟁이 심화될 수 있습니다. 이에 따라 가격 인하를 통한 시장 점유율 유지를 목표로 하거나, 프리미엄 전략을 통해 높은 부가가치를 제공하는 방법이 있습니다.

⑥ **리스크 관리**

(1) 시장 리스크 대응: 성숙기에는 시장의 성장이 더뎌지므로, 외부 환경 변화에 민감하게 대응해야 합니다. 이를 위해 글로벌 경제 변화, 규제 및 경쟁 환경을 지속적으로 모니터링하고 이에 맞는 대응 전략을 수립하는 것이 중요합니다.

(2) 사업 리스크 다각화: 기존 사업에서 벗어나 새로운 비즈니스 모델이나 서비스를 개발해 리스크를 분산할 필요가 있습니다.

⑦ **글로벌 확장 및 현지화 전략**

성숙기 기업은 국내 시장뿐만 아니라 글로벌 시장으로 확장할 필요가 있습니다. 이를 위해 현지 시장에 맞춘 제품 개발, 유통 채널 강화, 파트너십 구축 등의 현지화 전략을 사용할 수 있습니다.

1-3-3. 쇠퇴기의 쇠퇴방지 재활성화 경영전략

쇠퇴기에 있는 기업은 시장 점유율이 감소하고 수익성이 악화되는 등의 어려움을 겪으며, 생존을 위해 쇠퇴를 방지하고 재활성화를 꾀하는 경영전략을 수립해야 합니다. 이러한 상황에서는 기존의 전략을 대폭 수정하거나 새로운 방향을 모색할 필요가 있습니다. 이를 위해 다음과 같은 체계적인 경영전략을 수립할 수 있습니다.

① 외부 환경 분석과 시장 기회 탐색

쇠퇴기에 있는 기업은 먼저 외부 환경과 시장의 변화를 분석하여 새로운 기회를 찾아야 합니다.

(1) 시장 트렌드 분석: 고객의 변화된 요구, 기술의 발전, 새로운 규제 등을 반영하여 시장의 트렌드를 이해합니다.

(2) 경쟁사 분석: 경쟁사의 대응 전략을 분석하고, 이들이 시장에서 어떤 변화를 이끌고 있는지 파악하여 그들의 약점과 강점을 찾습니다.

(3)* SWOT 분석: 기업의 내부 강점과 약점, 외부 기회와 위협을 분석하여 기업이 집중해야 할 핵심 역량을 찾아냅니다.

② 제품 혁신 및 차별화 전략

제품이나 서비스의 경쟁력을 회복하기 위한 혁신이 필수적입니다. 고객에게 새로운 가치를 제공하는 방법을 모색해야 합니다.

(1)* R&D 투자 강화: 새로운 기술을 적용하거나 제품 혁신을 통해 시장에서 차별화된 제품을 제공할 수 있도록 연구개발에 집중합니다.

(2)* 고객 맞춤화: 고객의 니즈를 정확히 파악하고 그에 맞춘 제품이나 서비스를 제공하는 고객 맞춤화 전략을 통해 차별화된 가치를 제공합니다.

(3)* 핵심 제품 재정립: 현재 제공 중인 제품 중 경쟁력 있는 제품에 집중하고, 성과가 저조한 제품은 과감히 포기하는 선택과 집중 전략을 실행합니다.

③ 비용 구조 개선

쇠퇴기에 접어든 기업은 비용 구조를 효율화하여 이익을 극대화할 수 있는 방법을 모색해야 합니다.

(1)* 프로세스 개선: 운영상의 비효율적인 부분을 제거하고, 생산성 향상을

통해 비용을 절감합니다.

(2)* 아웃소싱 전략: 핵심 역량이 아닌 부문은 외부에 아웃소싱하여 비용을 절감하고, 핵심 사업에 집중할 수 있도록 합니다.

(3)* 자산 구조 조정: 불필요한 자산을 매각하거나 효율적으로 활용함으로써 자금 유동성을 확보합니다.

④ 새로운 시장 진출과 다각화 전략

쇠퇴하고 있는 기존 시장에서 벗어나 새로운 시장을 개척하거나 사업 다각화를 통해 새로운 성장 동력을 찾는 것이 중요합니다.

(1)* 신흥 시장 진출: 현재의 시장이 포화 상태이거나 쇠퇴 중이라면, 신흥 시장으로 진출하여 새로운 수요를 창출합니다.

(2)* 수평적/수직적 다각화: 기존 제품과 유사한 제품으로 시장을 넓히거나, 공급망의 상위 또는 하위 단계로의 다각화를 통해 기업의 수익원을 다변화합니다.

⑤ 브랜드 재활성화 및 마케팅 전략 강화

쇠퇴기에 있는 기업은 소비자와의 관계를 새롭게 설정하고, 브랜드 이미지를 개선해야 합니다. 브랜드 리포지셔닝은 브랜드의 이미지를 재정립하여 쇠퇴해 가는 이미지를 회복하고, 소비자에게 새로운 가치를 전달합니다.

(1) 디지털 마케팅 활용: SNS, 온라인 광고 등을 활용하여 젊은 세대나 새로운 고객층에게 다가가고, 브랜드 인지도를 회복할 수 있도록 마케팅을 강화합니다.

(2) 고객 충성도 강화: 기존 고객들과의 관계를 강화하여 이들의 충성도를 높이는 것이 중요합니다. 로열티 프로그램, 맞춤형 혜택 제공 등을 통해 이를 실현할 수 있습니다.

⑥ 조직 구조와 문화 혁신

쇠퇴기에 있는 기업은 내부 조직과 문화를 혁신하여 보다 유연하고 민첩하게 대응할 수 있도록 변화를 이끌어야 합니다.

(1) 의사결정 구조 간소화: 의사결정 과정을 단순화하고 권한을 하부로 이양하여 빠르게 변화하는 시장 상황에 신속히 대응할 수 있도록 합니다.

(2) 혁신적인 조직 문화 조성: 조직 내 창의성과 자율성을 장려하는 문화를 통해 새로운 아이디어와 변화에 대한 열린 태도를 강화합니다.

(3) 인재 재배치 및 재교육: 변화하는 경영 환경에 맞춰 인재를 재배치하고, 필요하다면 직원들의 역량을 강화할 수 있는 교육 프로그램을 도입합니다.

⑦ **전략적 제휴 및 인수합병**(M&A)

기업이 독자적으로 재활성화 전략을 수행하기 어려울 경우, 외부 기업과의 전략적 제휴나 인수합병을 통해 새로운 자원과 기술을 확보하는 것도 좋은 방법입니다.

(1) 기술적 협력: 혁신적인 기술을 가진 기업과의 제휴를 통해 신제품 개발이나 기술 경쟁력을 강화할 수 있습니다.

(2) 시장 확장 M&A: 새로운 시장으로 진출하거나 고객층을 확대하기 위해 관련 시장에서 경쟁력을 가진 기업을 인수하는 전략을 구사할 수 있습니다.

기업의 관리 운영

요약

▶ 성장기 운영관리

성장기 기업의 운영 관리 체계화는 명확한 조직 구조, 프로세스 표준화, 데이터 기반 의사결정, 재무 관리, 인재 관리 등 다양한 요소를 포함합니다. 각 요소가 상호작용하면서 기업의 지속적인 성장을 지원하며, 이는 효율성과 안정성을 동시에 확보하는 데 중요한 역할을 합니다. 체계화된 관리 시스템은 기업이 복잡해지는 환경 속에서도 신속하고 유연하게 대응할 수 있는 능력을 길러줍니다.

▶ 성숙기 경영전략

성숙기 기업 경영 전략의 핵심은 비용 절감과 운영 효율성 강화, 혁신을 통한 성장 동력 확보, 브랜드와 고객 관리 강화로 요약될 수 있습니다. 성숙기에서는 새로운 시장 진출보다는 기존 시장에서의 경쟁력 유지와 수익성 극대화가 중요하며, 이를 위해 전략적 비용 관리, 브랜드 차별화, 혁신을 통한 경쟁력 유지가 필수적입니다.

▶ 쇠퇴기 시장변화에 대응

쇠퇴기에 있는 기업은 시장의 변화와 내부의 문제를 종합적으로 분석하고, 적극적인 혁신과 구조 개편을 통해 재활성화를 이루어야 합니다. 이러한 경영전략은 단순히 생존을 넘어, 기업이 다시 성장할 수 있는 발판을 마련해줄 것입니다.

성공Point. 3

1. 당신에게 맞는 환경을 선택하라

주변환경을 잘읽어라 작은사람은 환경의 지배를 받고 큰사람은 환경을 조성한다. 주변환경에 잘 동화 함으로써 조언자를 얻어 새로운 환경이 조성되기도 한다. 사람은 일생을 살아감에 있어 선택의 기회를 잘선택하여야 한다. 예를들어 학문의 선택. 직업의 선택. 배우자의 선택등. 자신의 가치관에 적합한 환경을 선택하라 사회를 구성하고 있는 다양한 조직체들은 그들특유의 가치관을 가지고 있다.

2. 감사의 진실을 알라

사람이 행운을 부르고 행운이 행운을 부르며 그행운이 부를 가져온다. 당신이 수입을 올리고 싶으면 감사하는 법을 배워라. 상사에게 감사하고 고객 동료 에게 감사하라 감사의 마음이 잠재의식에 각인되여 당신의 마음을 부자로 만들 것이다. 마음의 부자가되면 협조자들이 생겨 자연 성과를 올릴 수 있고 수입이 향상된다.

1-4 삶의 철학 질서있는사회

1-4-1. 기본 예절과 사회질서

사회인으로서 지켜야 할 기본적인 윤리, 도덕, 사회규범으로 삶의 철학에서 상대의 체면을 세워주거나 손상시키는 형태는 인간관계와 사회적 상호작용에서 중요한 역할을 합니다. 타인을 존중하고 배려하며 경노의 문화와 약자보호 사회를 구축하려면 타인을 존중하고 배려하는 사회를 만드는 것은 매우 중요한 주제입니다.

(1) 상호 존중의 실천

나이, 성별, 직업에 관계없이 모든 사람을 동등하게 대우하며 타인의 의견과 관점을 경청하고 이해하려 노력하며 예의 바른 언어 사용과 태도로 공공장소에서 적절한 품위의 행동을 준수 합니다.

(2) 체면을 세워주는 경우

- 정의: 상대방의 자존감이나 사회적 위상을 높여주는 행동이나 발언을 의미합니다. 장점은 신뢰를 구축할수있고 상대방에게 긍정적인 피드백을 제공하면 신뢰 관계가 형성됩니다. 또한 협력이 증진되며 체면을 세워주면 상대방이 더 협력적으로 행동할 가능성이 높아 집니다. 사회적 유내가 강화되며 긍징적인 상호작용은 시회적 유대를 강화시킵니다.

- 스트레스 감소: 긍정적인 피드백은 상대방의 스트레스를 줄이고 심리적 안정을 제공합니다.

(3) 노인 공경과 약자 보호 문화

어르신들의 경험과 지혜를 인정하고 배우려는 자세가 필요합니다. 대중교통, 공공장소에서 노인 배려하는 예의(禮義) 도덕성이 중요하며 세대 간 소통과 이해 증진 프로그램이 활성화 됨으로서 사회안전에 기여된다. 사회적 약자 보호면에서 장애인, 아동, 저소득층을 위한 실질적 지원체계 구축 실현화와 차별과 편견 해소를 위한 교육 지속이 요망됩니다.

(4) 체면 손상을 주는 경우

정의는 상대방의 자존감이나 사회적 위상을 손상시키는 행동이나 발언을 의미합니다.

단점은 신뢰성이 상실되며 상대방이 불쾌감을 느끼면 신뢰가 깨질 수 있습니다. 갈등 유발로 체면 손상은 갈등을 초래하고 관계를 악화시킬 수 있습니다. 사회적 고립이 상대방이 자신을 방어하려 하거나 관계를 회피할 수 있습니다.

공개적인 비난이나 조롱등 상대방의 실수를 부각시키는 행동이나 의견을 무시하거나 깎아내리는 태도는 조심하여야 합니다.

상대의 체면을 세워주는 행동은 관계형성 유지 및 증진을 위한 중요한 요소이며, 체면을 손상시키는 행동은 갈등과 분열을 초래할 수 있습니다. 따라서, 인간관계에서 체면을 세워주는 것이 더 많은 이익을 가져다주는 경우가 많습니다. 의도적으로 상대방을 존중하고 배려하는 태도가 필요합니다.

① 행복한 삶의 요소

(1) 다정다감한 태도

행복하게 살기 위해서는 다정다감한 태도와 상호작용을 통해 도덕성과 예의를 지키는 것이 중요합니다. 다정다감한 태도란 타인에 대한 관심과 배려, 그리고 감정을 이해하고 공감하는 태도를 말합니다. 그 중요한 신뢰가 구축되어 타인에게 다정하게 대하면 신뢰가 쌓입니다. 긍정적인 관계 형성으로 인간관계에서 긍정적인 상호작용을 통해 더 깊은 유대가 형성됩니다. 정서적 지지로 상대방이 힘들 때 정서적 지지를 제공하여 관계를 강화할 수 있습니다.

(2) 도덕성(道德性)

도덕성의 정의란 옳고 그름을 판단하고, 타인과 사회에 대한 책임을 느끼는 것을 의미합니다. 그러므로 그 중요성은 윤리적 행동과 도덕적으로 행동하면 사회에서 존중받고 신뢰를 얻게 됩니다. 자아존중감(自我尊重感)으로 자신의 행동이 도덕적일 때 자아 존중감이 높아집니다. 사회적 조화성은 도덕성을 갖춘 행동은 사회적 화합과 조화적 발전을 이룹니다.

⑶ 예의(禮義)

예의 정의란 인간상호간 지켜야되는 사회적규범을 말하며 타인에 대한 기본적인 존중과 배려를 나타내는 행동을 의미합니다. 그러무로 그 중요성은 상호 존중: 예의를 지키면 서로를 존중하는 문화가 형성됩니다. 갈등예방: 예의 있는 태도는 오해와 갈등을 줄이는 데 기여합니다. 좋은 인상형성으로 예의 바른 행동은 긍정적인 인상을 남에게 줍니다.

② 상호작용의 절차

⑴ 경청 : 타인의 이야기를 잘 듣고 이해하려는 노력이 필요합니다. 경청은 상대방의 감정을 이해하고 존중하는 첫걸음입니다.

⑵ 공감 : 상대방의 입장에서 생각하고 그들의 감정을 느끼려 노력합니다. 공감은 관계를 깊게 만들어 줍니다.

⑶ 존중(尊重) : 상대방의 의견과 감정을 존중하는 태도를 가져야 합니다. 다양한 관점을 수용하고 존중하는 것이 중요합니다.

⑷ 피드백 : 상대방에게 긍정적이고 건설적인 피드백을 제공해야 합니다. 비판할 때도 조심스럽고 배려 있는 방식으로 전달합니다.

결론적으로 행복한 삶을 위해서는 다정다감한 태도와 도덕성, 예의를 기반으로한 상호작용이 필수 요건입니다 서로를 존중하고 배려하는 관계를 형성함으로써 개인의 행복뿐만 아니라 사회적 조화도 이루어질 수 있습니다.

④ 직장 생활의 윤리

직장생활에서 원활한 관계를 유지하기 위해서는 노사 간 지켜야 할 윤리와 도덕성이 매우 중요합니다. 이러한 원칙들은 조직의 성과와 생산성에도 큰 영향을 미칩니다.

직장에서 업무에 대한 책임감과 성실성 동료와의 협력과 존중 회사 기밀 유지. 공정한 경쟁과 업무 수행은 윤리적 책무라 하겠습니다.

⑴ 상호 존중의 원칙

경영진과 근로자는 서로의 입장을 이해하고 존중해야 하며 인격적 대우와 예의 바른 소통이 기본이고 차별과 괴롭힘 없는 근무환경이 조성되어야 능률이 향상됩니다.

◈ 노사 간 지켜야 할 윤리와 도덕성

(2) 공정한 대우

- 정당한 보상: 근로자는 자신의 노동에 대해 정당한 보상을 받아야 하며, 고용주는 이를 보장해야 합니다. 차별 금지: 모든 직원은 성별, 인종, 나이, 종교 등과 관계없이 동등하게 대우받아야 합니다.

(3) 의사소통의 투명성

- 정보 공유: 경영진과 직원 간의 투명한 정보 공유는 신뢰를 구축하는 데 필수적입니다. 피드백 문화: 상호 간에 정기적으로 피드백을 주고받는 문화가 중요합니다.

(4) 상호 존중

- 존중하는 태도: 동료와 상사, 부하 직원 모두를 존중하는 태도를 가져야 합니다.
- 협력적 관계: 팀워크를 중시하고 서로 협력하는 자세가 필요합니다.

(5) 책임감

- 의무 이행: 각자의 역할과 책임을 다하며, 약속한 사항을 성실히 이행해야 합니다.
- 문제 해결: 문제가 발생했을 때 책임을 회피하지 않고 해결하려는 노력이 필요합니다.

1-4-2 생산성 향상을 위한 협력

공동의 목표를 위한 협력적인 태도는 각자의 역할과 책임을 성실히 수행하며 업무 개선을 위한 건설적인 제안과 수용을 유연하게 함으로 생산성 향상을 제고하게 됩니다.

① 윤리와 도덕성이 조직에 미치는 영향

(1) 조직 문화의 강화

신뢰 구축: 윤리적 행동은 신뢰를 쌓아 조직의 긍정적인 문화를 만듭니다.
직원 만족도: 공정한 대우와 존중은 직원의 직무 만족도를 높입니다.

(2) 성과 향상

동기 부여: 윤리적이고 도덕적인 환경은 직원의 동기를 높이고, 결과적으로 성과를 향상시킵니다. 효율적인 협업은 상호 존중과 협력적인 분위기

는 팀워크를 강화하여 생산성을 높입니다.

(3) 고객 신뢰

브랜드 이미지: 윤리적 경영은 고객의 신뢰를 구축하고, 긍정적인 브랜드 이미지를 만듭니다. 장기적인 관계: 고객과의 신뢰 기반 관계는 장기적인 성과를 가져옵니다.

(4) 결론(結論)

노사 간의 윤리와 도덕성은 조직의 성과와 생산성에 큰 영향을 미칩니다. 공정한 대우, 투명한 의사소통, 상호 존중, 책임감 있는 행동은 모두 조직의 건강한 문화를 만들어 가는 데 필수적입니다. 이러한 요소들이 잘 작동할 때, 조직은 더 높은 성과와 생산성을 달성할 수 있습니다.

② 투명한 의사소통

주요 경영 정보의 적절한 공유 정기적인 노사 협의회 운영 근로자의 의견 수렴 및 피드백 제공으로 상호 신뢰성이 향상되고 생산성이 제고(提高)됩니다.

투명한 의사소통은 조직이나 개인 간의 관계를 강화하고 신뢰를 구축하는 데 매우 중요한 역할을 합니다. 여기에는 몇 가지 방법과 그 결과를 살펴볼 수 있습니다.

(1) 방법(方法)

정직성 유지: 정보를 숨기지 않고 사실을 그대로 전달합니다.명확한 메시지 전달은 복잡한 언어나 전문 용어를 피하고, 누구나 이해할 수 있는 간단한 언어로 소통합니다.

경청은 상대방의 의견이나 피드백을 존중하고 적극적으로 경청합니다.정기적인 업데이드은 중요힌 정보나 변화가 있을 때 주기직으로 소통하어 모두가 같은 정보를 공유하도록 합니다. 비밀 보장은 개인적인 정보나 민감한 사항에 대해서는 철저히 보호하여 신뢰를 쌓습니다.

(2) 결과(結果)

신뢰 구축은 투명한 소통은 사람들 간의 신뢰를 높이고, 더 강한 관계를 형성합니다.

문제 해결의 용이성은 문제가 발생했을 때, 열린 의사소통은 빠른 해결을 돕습니다.

팀워크 향상은 팀원들이 서루의 의견을 존중하ㄱ 이해하게 되어 협력의 분위기가 조성됩니다.성과의 동기부여는 구성원들이 회사나 조직의 방향을 명확히 이해하게 되면, 목표를 향한 동기 부여가 증가합니다.
만족도 증가는 투명한 소통이 이루어질수록 구성원들의 직무 만족도가 높아지는 경향이 있습니다. 결론적으로, 투명한 의사소통은 조직의 건강과 개인의 관계 모두에 긍정적인 영향을 미칩니다.

③ 공정한 보상과 처우개선

(1) 합리적인 임금과 복리후생 제도는 공정한 평가와 승진 기회 제공이 필요하며 근로조건 개선을 위한 지속적 노력을 해나가야 합니다.

(2) 공정한 보상과 합리적인 처우 개선은 조직의 지속 가능성과 직원 만족도를 높이는 데 중요한 요소입니다. 이를 위해 몇 가지 접근 방식을 고려할 수 있습니다.

(3) 공정한 보상 구조는 보상의 기준과 체계를 명확하게 설명하여 직원들이 자신이 받는 보상이 공정하다고 느끼도록 합니다.

(a) 성과 기반 평가: 직원의 성과를 공정하게 평가하고 그에 따른 보상을 제공하여 동기를 부여합니다.

(b) 정기적인 급여검토: 시장 상황에 맞춰 급여를 정기적으로 검토하고 조정하여 경쟁력을 유지합니다.

(c) 직원 의견 수렴: 직원들의 의견을 수렴하여 처우 개선 방향을 설정하고, 그들의 필요를 반영합니다.

(d) 복리후생 강화는 단순한 급여 외에도 건강, 교육, 휴가 등의 복리후생을 확대하여 전반적인 근무 환경을 개선합니다. 이러한 접근 방식들은 직원의 만족도와 충성도를 높여 조직의 성과에도 긍정적인 영향을 미칠 수 있습니다.

④ 안전하고 건강한 일터 조성

산업안전보건 규정 준수하고 쾌적한 근무환경 조성유지 하며 일과 삶의 균형 존중합니다. 이러한 원칙들을 실천하면서 노사가 함께 성장하고 발전하는 건강한 조직문화를 만들어갈 수 있습니다. 안전하고 건강한 일터 조성을 위한 노력은 산업안전보건법의 개정과 함께 진행되고 있습니다.

◈ 주요 내용은 다음과 같습니다:

* 산업안전보건법 개정:

(1) 원청 책임 강화: 도급의 정의를 확대하고, '관계 수급인' 정의를 도입하여 다단계 하청까지도 원도급인 원청의 책임을 명확히 하게 됩니다. 위험장소 확대는 원청 사업장은 전면 적용, 원청이 지배관리 가능한 지정, 제공 장소도 원청의 책임을 포괄하게 됩니다 가중처벌 조항은 동일 범죄를 저지른 경우 1.5배 이내로 가중처벌할 수 있습니다. 하청 산재사망에 대한 원청 처벌을 도입하고, 원청의 산안법 위반 처벌을 1년에서 3년 이하 징역형으로 강화합니다

(2) 안전교육 및 안전보건 조치: 안전교육 의무: 노동자 대표가 원청의 하청 산재예방 조치를 요구하면 사업주가 제공하도록 합니다. 작업환경 측정 및 위험성 평가: 하청 노동자 공정까지 포괄하도록 작업환경 측정, 위험성 평가 조항이 추가됩니다

(3) 사업장 내 안전관리: 작업계획서 및 안전수칙: 사업장에서 실효성 있는 작업계획서 및 안전수칙을 작성하여 이를 잘 준수하도록 지원합니다 자율점검표: 사업장 내 자율점검표를 사용하여 안전 상태를 확인하고 개선합니다

(4) 사회적 인식과 참여: 산업재해 예방: 산업재해의 심각성과 급격한 노동환경의 변화로 인해 새로이 발생하는 안전보건 이슈에 선제적으로 대응할 필요성이 있습니다. 노사 협력은 노동자와 사업주가 함께 안전보건 조치를 수행하며, 노사 협의체 구성, 원ㆍ하청 합동점검 등 외에도 안전교육의 확인의무를 추가합니다

(5) 예시 사례: 우수 사례 발굴: 한국산업안전보건공단은 노·사가 자율적으로 참여하여 성공적인 재해예방 활동을 전개하고 있는 우수 사례를 발굴하여 관련업계에 보급합니다 안전하고 건강한 일터 조성을 위한 노력은 이러한 법적 및 사회적 측면에서 진행되고 있으며, 계속적인 개선과 참여가 필요합니다.

⑤ 공동체 생활(共同体生活)

상호존중의 미덕을위해 사회규법과 질서의 문화의 생활화 이웃에 대한 배려(소음, 쓰레기 처리 등)공공시설 올바른 사용하여 환경보호 의식의 강화 공동체 규칙 준수가 생활화 되어야 합니다. 사회가 건강하게 유지 발전되기 위해서는

다음과 같은 핵심 요소들이 필요합니다.

(1) 기본 예절과 공동체 의식

서로를 존중하는 마음으로 언행(言行)과 행동을 공손이하여 문화시민의 인품을 높이는 태도와 공공장소에서 적절한 품격있는 행동은 양식(良識) 있는 시민이라 하겠습니다.

연장자를 우대하는 전통의 풍습과 약자를 보호 배려하는 인자한 심덕은 홍익인긴의 계승문화라 하겠습니다. 공공시설 보호와 깨끗한 환경을 유지하며 이웃을 배려하는 생활 습관 전통풍습을 이어가는 예절과 공동의식이라 하겠습니다.

(2) 법과 규칙의 준수 문화적 포용

교통법규 준수 공공질서 유지 민주적 절차의 존수 문화적 포용 다양한 문화와 가치관의 인정 소수자에 대한 이해와 배려 세대 간의 소통과 이해등 이러한 요소들이 잘 실천될 때, 우리 사회는 더욱 조화롭고 살기 좋은 공간이 될 수 있습니다. 특히 현대 사회에서는 SNS나 온라인 공간에서도 이러한 상호존중의 문화가 중요해지고 있습니다.

◈ 법과 규칙의 준수와 문화적 포용을 단계별로 정리해 보겠습니다.

1단계: 인식

법과 규칙의 이해: 사회의 법과 규칙이 무엇인지, 그 중요성을 인식합니다.
문화적 다양성의 인식: 다양한 문화의 존재와 그 가치를 이해합니다.

2단계: 교육

법률 교육: 법과 규칙에 대한 교육 프로그램을 마련합니다.
문화 교육: 다양한 문화에 대한 교육을 통해 포용성을 높입니다.

3단계: 참여

커뮤니티 참여: 지역 사회의 법과 규칙을 지키고, 문화 행사에 참여합니다.
다양성 수용: 다양한 문화적 배경을 가진 사람들과의 교류를 촉진합니다.

4단계: 실천

법과 규칙 준수: 법과 규칙을 실제로 준수하며, 이를 실천하는 모습을 보입니다.

문화적 포용 실천: 다양한 문화적 관점을 존중하고 포용하는 행동을 취합니다.

5단계: 평가 및 피드백

자기 평가: 법과 규칙 준수 및 문화적 포용에 대한 개인이나 집단의 행동을 평가합니다.피드백 수집: 주변 사람들로부터 피드백을 받아 개선할 점을 찾습니다.

6단계: 지속적 개선

정기적인 교육: 법과 문화에 대한 지속적인 교육을 통해 인식을 높입니다.

문화적 다양성 증진: 다양한 문화를 수용하고 존중하는 문화를 지속적으로 발전시킵니다.이러한 단계들을 통해 법과 규칙의 준수 문화와 문화적 포용을 강화할 수 있습니다.

제2절

도전은 개척이다

가이드 2: 현재를 인정하며 도전
불굴의 도전정신 미래개척의 초석이된다

2-1. 단계적인 도전
2-1-1. 목표를 이루기위한 단계적인 도전
2-1-2. 현실적 계획에 참고사항 절차 수립
2-1-3. 목표 설정 (SMART)달성을 위한 세부계획

2-2. 계획수립과 목표이행
2-2-1. 기업경영 핵심 전략 수립
2-2-2. 환경요인과 기업의 사회적 책임
2-2-3. 이해관계자 분류와 CSR 전략 수립

2-3. 단계적 성취 (段階的 成就)
2-3-1. 단계적 성취 방법
2-3-2. SMART 목표 설정은 경영 목표 달성 .
2-3-3. 희망 도전 결과 예측

2-4, 가정의 평화 목표의 근원
2-4-1. 가화만사성(家和萬事成)
2-4-2. 법과 질서와 정직 사회 구현

2-1 단계적인 도전

2-1-1 목표를 이루기위한 단계적인도전

어떤 목표를 이루기 위해 단계적으로 도전하는 것은 체계적이고 효과적인 방법입니다. 여기서는 도전 절차를 단계적으로 정리해보겠습니다:

① 목표 설정

⑴ 구체적이고 명확한 목표: 목표는 명확하고 달성 가능해야 합니다. 모호한 목표는 동기를 약하게 만들 수 있습니다.

예) "체중을 줄이고 싶다"보다는 "3개월 안에 5 kg 감량"과 같은 구체적 목표.

⑵ 단기 및 장기 목표: 장기적인 목표 외에도, 작은 단기 목표들을 설정하여 성취감을 느낄 수 있게 합니다.

예) "1주일에 1kg 감량" 같은 작은 목표.

② 현실적 계획 수립

⑴ 단계별 계획: 목표를 이루기 위해 필요한 작업들을 세분화하여 작은 단계들로 나누어야 합니다. 각 단계는 현실적이어야 하며, 필요 시 일정 기간 내에 완료할 수 있어야 합니다.

⑵ 예) 운동 루틴 작성, 식단 계획 등.사원 확인 필요한 사원(시간, 돈, 도구 등)을 체크하고 미리 준비합니다.

③ 실행(施行)

⑴ 계획 이행: 설정된단계를 차근차근 실행합니다. 처음에는 작은목표부터 달성하며 자신감을 쌓아 갑니다.

⑵ 작은 성공 축하: 작은 성과가 있을 때마다 스스로를 칭찬하며 동기부여를 지속합니다.

④ 피드백 및 조정

(1) 진행 상황 평가: 일정 주기로 진행 상황을 점검합니다. 계획이 잘 진행되고 있는지, 문제가 있다면 원인이 무엇인지 파악합니다.

(2) 계획 수정: 예상과 다르게 진행되는 부분이 있다면 유연하게 계획을 수정합니다. 도중에 발생하는 장애물에 맞춰 목표나 전략을 재조정할 필요가 있습니다.

⑤ 일관성 유지 및 지속적인 노력

(1) 꾸준한 목표: 목표 달성을 위해 가장 중요한 것은 꾸준함입니다. 도전의 과정에서 지치는 순간이 오더라도 꾸준한 노력이 필요합니다.

(2) 지속적인 동기부여: 동기부여가 떨어질 때는 목표를 다시 상기하고, 성취하고자 하는 이유를 다시 생각해 봅니다.

2-1-2. 현실적 계획에 참고사항 절차 수립

현실적인 계획을 수립하기 위해서는 명확한 목표와 절차가 필요합니다. 다음은 계획 수립 시 참고할 수 있는 단계별 절차입니다:

① 목표 설정 (SMART 원칙에 따른 목표 수립)

(1) 구체성 (Specific): 목표는 명확하고 구체적이어야 합니다. 누구, 무엇, 어디서, 언제, 왜를 포함하세요.

(2) 측정 가능성 (Measurable): 달성 여부를 측정할 수 있어야 합니다. 정량적 또는 정상적인 지표로 확인 가능해야 합니다.

(3) 달성 가능성 (Achievable): 실현 가능한 목표여야 합니다. 자원과 시간, 능력을 고려하여 설정합니다.

(4) 현실성 (Realistic): 현재 상황과 자원을 반영한 목표여야 하며, 너무 이상적이거나 비현실적이지 않아야 합니다.

(5) 기한 설정 (Time-bound): 달성 기한이 있어야 하며, 그 기한 내에 목표를 이루기 위한 계획을 세워야 합니다.

② 현재 상황 분석

(1) SWOT 분석: 강점(Strengths), 약점(Weaknesses), 기회(Opportunities), 위협(Threats)을 분석하여 현실적인 목표를 설정합니다.

(2) 자원 평가(資源評價): 이용 가능한 자원(시간, 인력, 예산 등)을 평가하여 계획의 현실성을 판단합니다.

③ 우선순위 설정

(1) 긴급성과 중요도 평가: 목표 달성을위해 필요한 작업들을 우선순위에따라 나열하고, 중요한 과제부터 시작합니다.

(2) 프로젝트 분할: 큰 목표를 작은 단계로 나누어 처리함으로써 진행 상황을 쉽게 관리합니다.

④ 실행 계획 수립

(1) 작업 분배: 각 작업에 대한 책임자 및 팀을 배정하고, 역할과 책임을 명확히 규정합니다.

(2) 일정 관리: 각 작업의 마감일을 설정하고, 일정에 맞춰 진행될 수 있도록 관리합니다.

(3) 자원 할당: 필요한 자원(예산, 인력, 장비 등)을 할당하고, 자원이 효율적으로 사용될 수 있도록 계획합니다.

⑤ 리스크 관리

(1) 리스크 식별: 계획 진행 중 발생할 수 있는 잠재적인 문제를 미리 식별합니다.

(2) 대응 계획 수립: 예상되는 리스크에 대한 대처 방안(예: 대체 계획)을 마련합니다.

⑥ 성과 측정 및 피드백

(1) 진행 상황 모니터링: 정기적으로 계획의 진행상황을 점검하고, 목표달성을 위해 필요한 조정을 실시합니다.

(2) 피드백 반영: 성과를 평가하고, 문제점이 있다면 피드백을 반영하여 계

획을 수정하거나 개선합니다.

(3) 결과 평가: 최종 목표가 달성되었는지 여부를 평가하고, 성공 요인 및 개선 사항을 분석하여 향후 계획 수립에 반영합니다.

2-1-3 목표 설정 (SMART)달성을 위한 세부계획

기업 경영 목표를 설정하고 SMART(Specific, Measurable, Achievable, Relevant, Time-bound) 원칙을 적용하여 달성하기 위한 세부 계획을 세우는 과정은 매우 중요합니다. 아래는 SMART 목표 달성을 위한 단계별 세부 계획입니다.

① SMART 원칙 적용 핵심 전략 수립

목표를 달성하기 위한 주요 전략을 수립합니다. 이를 위해 다음의 질문을 고려해야 합니다

(1) 시장 조사: 목표시장을 분석하고 시장 점유율을 증가시킬 수 있는 기회를 파악합니다.

(2) 시장 트렌드, 고객 요구 사항, 경쟁사의 전략 등을 분석.자사 영업계획 수립

(3) 제품 및 서비스 개선: 고객의 요구에 맞는 제품이나 서비스를 제공하기 위해 품질 개선이나 신제품 개발이 필요할 수 있습니다.

(4) 마케팅 전략: 시장 점유율을 확대하기 위해 어떤 마케팅 전략을 사용할 것인지 계획합니다. 온라인 광고, SNS 마케팅, TV 광고, 고객 이벤트 등 다양한 마케팅 채널 고려. 가격 전략: 경쟁사와의 가격 경쟁에서 우위를 점하기 위한 가격 전략을 설정합니다.

② 세부 실행 계획 수립

전략을 실행하기 위한 세부적인 실행 계획을 수립합니다.

(1) 연간 목표 설정: 각 해마다 달성해야 할 소목표를 설정합니다.

(2) 첫해(당년): 시장 점유율 11% 도달, 두 번째 해: 13%, 세 번째 해: 15%. 분기별 목표 설정: 연간 목표를 달성하기 위한 분기별 구체적인 계획을 세웁니다.

(3) 예시(例示): 1분기 – 신규 고객 확보, 2분기 – 기존 고객 유지 전략 강화 등.

(4) 역할 분담 및 책임 설정: 팀별, 부서별로 구체적인 역할과 책임을 할당합니다.

(5) 마케팅팀: 온라인 마케팅 캠페인 실행. 영업팀: 신규 고객 유치.

(6) 자원 배분: 목표를 달성하기 위한 예산과 자원을 계획하고 배분합니다. 마케팅 예산, R&D 예산, 인력 배치 등.

③ 성과 측정 및 피드백

목표 달성 여부를 지속적으로 평가하고 피드백을 통해 전략을 수정하고 재편 합니다.

(1) 성과 평가 지표 설정: 매출, 고객 만족도, 마케팅 리드, 시장 점유율 등 주요 성과 지표(KPI)를 설정합니다.

(2) 정기적 모니터링: 매달, 분기마다 목표 달성 상태를 확인하고, 필요한 경우 전략을 수정합니다.

(3) 피드백 루프: 각 부서와 정기적으로 회의를 통해 피드백을 주고받으며, 개선 사항을 반영합니다.

④ 시간 관리 및 목표 조정

목표 달성에 있어 예상치 못한 변수들이 생길 수 있기 때문에, 주기적인 검토를 통해 목표나 전략을 조정할 필요가 있습니다.

(1) 일정관리: 각단계별로 시간을 계획하고 관리하여 일정내에 목표를 달성하도록 합니다.

(2) 목표 수정: 필요에 따라 목표를 재설정하거나 조정할 수 있습니다.

(3) 예시·제시: 시장 변화나 경쟁사 동향에 따라 목표 상향 조정 또는 변경.

성취를 목표로 단계적인 도전

요약

▶ 성과 평가 및 다음 목표 설정

최종성과 평가 → 최종 목표에 도달했는지 평가하고, 성공 여부를 판단합니다.

다음단계로도전 → 목표가 달성되었다면 그성취를 바탕으로 더큰도전을 설정합니다.

실패했다면 이유를 분석하고 다시 도전할 수 있도록 준비합니다.이런 구조적인 도전 절차를 따르면 목표 달성 가능성이 더 높아집니다.

▶ 커뮤니케이션 관리

정보공유 → 팀간, 이해관계자간 정기적인 소통을 통해 계획의 투명성을 유지합니다.

보고체계수립 → 각단계별 성과와 문제를 보고할수 있는 체계를 구축하여 신속한 의사결정을 지원합니다. 이 절차를통해 현실적이고 효율적인계획을 수립하고, 목표 달성 가능성을 높일 수 있습니다.

▶ 성과 공유 및 보상

목표를 달성하면 그에대한 성과를 적절한 보상을 제공하여 동기를 부여합니다.

성과보고 → 정기적으로 목표달성 상태를 경영진과 직원들이 성과를 공유합니다.

보상제도 → 목표 달성에 기여한 직원들에게 성과급,포상,승진등의 보상을 제공하여 동기부여를 강화합니다. 이렇게 SMART 원칙에 맞춰 세부 계획을 설정하고 실행하는 과정을 통해 목표를 성공적으로 달성할 수 있습니다.

▶ 경영 성공 Point 4

1. 용기를갖고 전략을 수행하라 세상은 넓고 할 일은 많다 시야를 넓혀라.

우물안의 개구리로 주저 앉을 것인가, 용기를 갖고 도약하는 인물이 될것인가?

일반적으로 많은사람들이 할 수 없다. 스스로 포기하는 경향이 있다. 이를 반대로 할수있다는 긍정적인 마인드로 사물을 관찰할 때 사람은 달라질 것이다. 기필코 성공의 각오로 행동으로 옮기면 희망의 싹은 보이기 시작한다. 일을하다보면 장애물에 부딛쳤을 때 능력을 한단계 업그레이드 할 수 있는 기회로 승화화여야 한다.

2. 마음을 바꾸면 운명도 바뀐다.

한 마디로 말하면 당신의 마음을 부정적 비판에서 긍정적이고 능동적이며 생산적으로 바꾸는 것이다 . 성공하는 사람들의 생각과 실행법칙. 당신의 운명은 당신의 마음먹기에 따라 결정된다 마음이 바뀌면 운명도 바뀐다. 마음의 부자가 되면 금전적 부도 따라온다.

2-2 계획수립과 목표이행

2-2-1. 기업경영 핵심 전략 수립

기업 경영에서 핵심 전략을 수립하는 절차와 순서는 체계적인 접근을 통해 기업의 성장을 도모하고 시장에서의 경쟁력을 강화하기 위한 중요한 과정입니다. 일반적으로 아래와 같은 절차와 순서로 진행됩니다.

① **환경 분석** (External & Internal Analysis)

⑴ 외부 환경 분석: 시장 트렌드, 경제 상황, 경쟁사, 법적·정책적 요인 등 기업 외부의 기회를 탐색하고 위협 요인을 파악합니다. 대표적인 분석 도구로는 PEST 분석(정치, 경제, 사회, 기술 분석)과 포터의 5가지 힘 모델(Porter's Five Forces)이 있습니다.

⑵ 내부 환경 분석: 기업 내부의 자원, 역량, 조직 구조, 기술력 등을 평가하여 강점(S)과 약점(W)을 파악합니다. 주요 도구로는 가치 사슬(Value Chain) 분석과 자원 기반 관점(Resource-Based View, RBV)이 있습니다.

② SWOT **분석**

한경 분석을 바탕으로 강점(Strengths), 약점(Weaknesses), 기회(Opportunities), 위협(Threats)을 정리하는 SWOT 분석을 통해 현재의 경영 상태를 종합적으로 파악합니다. 이를 통해 경쟁 우위를 유지하거나 새롭게 확보할 수 있는 방안을 탐색합니다.

③ **비전 및 목표 설정**

기업의 장기적인 비전을 설정하고, 구체적인 목표를 수립합니다. 비전은 기업이 장기적으로 추구하는 방향성을 나타내며, 목표는 이를 실현하기 위한 구체적인 단계로 정의됩니다. 목표는 SMART 원칙(Specific, Measurable,

Achievable, Relevant, Time-bound)에 맞춰 설정해야 합니다.

④ **전략 수립** (Strategy Formulation)

목표 달성을 위한 구체적인 전략을 수립하는 단계입니다. 크게 세 가지 수준으로 나뉩니다:

(1) 기업 수준 전략(Corporate Strategy): 기업 전체의 포트폴리오와 성장 전략을 결정합니다. 예를 들어, 사업 다각화, 인수합병(M&A), 신시장 진출 등이 포함됩니다.

(2) 사업부 수준 전략(Business Unit Strategy): 각 사업부 또는 제품군별로 경쟁 우위를 확보하기 위한 전략을 수립합니다. 대표적으로 차별화 전략, 원가 우위 전략 등이 있습니다.

(3) 기능 수준 전략(Functional Strategy): 마케팅, 생산, 재무, 인사 등의 기능 부문에서 목표 달성을 위한 구체적인 실행 전략을 마련합니다.

⑤ **실행 계획 수립** (Action Plan)

전략을 실행하기 위한 구체적인 계획을 수립하는 단계입니다. 인력, 자원, 시간 등을 어떻게 배분할지에 대한 구체적인 실행 계획과 함께 각 부서별 역할과 책임을 정의합니다.

⑥ **성과 평가 및 관리** (Performance Evaluation & Management)

실행된 전략의 성과를 정기적으로 평가하고, 목표 달성 정도를 측정합니다. 성과 평가를 통해 필요한 경우 전략을 수정하거나 보완할 수 있도록 피드백을 제공합니다. 대표적인 성과 평가 도구로는 BSC(Balanced Scorecard)와 KPI(Key Performance Indicators)가 있습니다.

2-2-2. 환경요인과 기업의 사회적 책임

기업의 경영 전략 수립에서 환경 요인과 **기업의 사회적 책임(CSR, Corporate Social Responsibility)**은 점점 더 중요한 요소로 자리 잡고 있습니다. 이를 이해하고 관리하는 절차를 체계적으로 정리하면 다음과 같습니다.

① 환경 요인 분석 절차

환경 요인은 기업 외부 및 내부 요인으로 구분되며, 기업의 경영 성과에 큰 영향을 미칠 수 있습니다. 이를 분석하는 절차는 다음과 같습니다.

(1) 외부 환경 분석 (External Environment Analysis): 외부 환경은 기업이 직접 통제할 수 없는 요소로 구성되며, 기업이 속한 산업과 시장, 법적, 경제적, 사회적, 정치적 변화 등을 포함합니다. 이를 분석하는 대표적인 도구는 다음과 같습니다.

(2) PEST 분석: 정치적(Political), 경제적(Economic), 사회적(Social), 기술적(Technological) 요인을 분석하여 기업에 미치는 영향을 파악합니다.

(3) 포터의 5가지 힘 모델(Porter's Five Forces): 산업 내의 경쟁 강도를 평가하는 도구로, 경쟁자, 잠재적 진입자, 대체재, 구매자의 교섭력, 공급자의 교섭력을 분석합니다.

(4) 산업 트렌드 분석: 새로운 기술 발전, 법규 변화, 소비자 선호도 변화 등 산업 내 중요한 트렌드를 파악합니다.

(5) 내부 환경 분석 (Internal Environment Analysis): 기업 내부의 자원과 역량, 조직 구조, 경영 시스템 등을 분석하여 현재의 강점과 약점을 파악합니다.

(6) 자원 기반 관점(Resource-Based View, RBV): 기업이 보유한 자원(인적 자원, 물적 자원, 기술력 등)이 지속 가능한 경쟁 우위를 제공할 수 있는지를 평가합니다.

(7) 가치 사슬 분석(Value Chain Analysis): 기업의 활동을 각 기능별로 나누어, 부가가치가 발생하는 부분과 그렇지 않은 부분을 파악합니다.

(8) SWOT 분석: 외부및 내부 환경분석 결과를 종합하여 기업의강점(Strengths), 약점(Weaknesses) 기회(Opportunities), **위협(Threats)**을 도출합니다. 이를 바탕으로 전략적 방향을 설정할 수 있습니다.

② 기업의 사회적 책임 (CSR) 절차

기업의 사회적 책임은 단순히 이윤 창출에만 집중하는 것이 아니라, 기업이 속한 사회와 환경에 긍정적인 영향을 미치기 위한 활동을 의미합니다. CSR 활동을 체계적으로 추진하는 절차는 다음과 같습니다.

(1) CSR 목표 설정

기업의 미션 및 비전과 연계된 사회적 책임 목표를 설정합니다. 이 목표는 기업의 핵심 사업과 관련된 환경적, 사회적, 윤리적 이슈를 다룰 수 있어야 하며, 다음의 주요 분야로 나뉩니다.

(a) 환경 보호: 자원절약, 에너지효율화, 폐기물관리 등 환경에미치는 부정적영향을 최소화하는 활동.

(b) 사회적 공헌: 지역사회에 기여하고, 다양한사회적 문제(빈곤, 교육, 건강 등)를 해결하기 위한 노력.

(c) 윤리적 경영: 정직하고 투명한 경영 활동, 인권 존중, 공정 거래 준수.

(2) 이해관계자 분석

CSR 활동의 영향을 받는 주요 이해관계자를 식별하고, 이들과의 관계를 파악합니다. 주요 이해관계자에는 고객, 직원, 지역 사회, 주주, 공급망 파트너 등이 포함됩니다.

이해관계자의 요구 사항 및 기대를 분석하고, 이를 반영한 CSR 전략을 수립합니다.

다양한 이해관계자와의 대화 채널을 구축하고 소통을 강화합니다.

(3) CSR 전략 수립

CSR 목표와 이해관계자의 요구를 바탕으로 구체적인 CSR 전략을 수립합니다. CSR 전략은 기업의 경영 활동과 통합되어야 하며, 다음과 같은 전략을 포함할 수 있습니다.

(a) 지속 가능한 경영 전략: 지속 가능성을 경영 철학에 통합하고, 이를 바탕으로 새로운 기회를 창출합니다.

(b) 친환경 제품 및 서비스 개발: 환경적책임을 고려한 제품 및 서비스 개발을통해 기업이미지와 경쟁력을 강화합니다.

(c) 사회 공헌 활동: 지역 사회와의 협력을 통해 사회적 가치를 창출합니다. 예를 들어, 기부, 봉사 활동, 교육 프로그램 지원 등이 포함됩니다.

(4) 실행 및 관리

CSR 전략을 실현하기 위한 구체적인 실행 계획을 세우고, 자원 배분, 인력 배치 등을 통해 이를 관리합니다. 기업 내부의 다양한 부서와 협력하여 계획을 실천합니다.

(a) 지속 가능한 공급망 관리: 공급망 내에서 환경적, 사회적 기준을 준수하도록 관리하고 개선합니다.

(b) 기업 내부 교육: CSR에 대한 직원들의 인식을 높이고, 이를 실천할

수 있도록 교육을 실시합니다.

(5) 성과 평가 및 보고

CSR 활동의 성과를 정기적으로 평가하고, 이를 바탕으로 개선점을 찾아내는 과정입니다. 대표적인 평가 도구로는

(a) **지속 가능성: 보고서(Sustainability Report)**가 있으며, 국제적인 보고 기준(GRI, ISO 26000 등)을 따를 수 있습니다.

(b) **지속 가능성: 지표(Sustainability Indicators)**를 통해 CSR 활동의 영향력을 정량적, 정성적으로 평가합니다.

(c) 외부 인증(外部認證): CSR 활동의 신뢰성을 높이기 위해 외부 기관의 인증을 받는 경우도 많습니다.

2-2-3. 이해관계자 분류와 CSR 전략 수립

이해관계자 분류와 CSR(기업의 사회적 책임) 전략 수립은 기업이 사회적, 환경적, 경제적 책임을 다하기 위해 중요한 단계입니다. 이를 구체적으로 정리하면 다음과 같습니다.

① 이해관계자 분류

이해관계자는 기업의 활동에 영향을 주거나 영향을 받는 모든 개인, 그룹 또는 조직을 의미하며, 보통 아래와 같이 분류할 수 있습니다.

1차 이해관계자 (직접 이해관계자)

기업의 활동에 직접적으로 영향을 미치거나 그로 인해 영향을 받는 그룹입니다.

고객: 제품이나 서비스를 구매하거나 사용하는 사람들.

직원: 기업에서 일하는 내부 이해관계자.

주주 및 투자자는 기업의 재정적 성과에 직접적인 이해관계를 가진 사람들.

공급업체 및 파트너는 기업의 생산 및 공급 체인에서 중요한 역할을 하는 업체.

2차 이해관계자 (간접 이해관계자)

기업의 활동에 직접적인 영향을 받지 않지만, 기업의 성공 여부에 간접적

으로 영향을 받는 그룹입니다. 정부 및 규제 기관은 기업의 활동을 규제하거나 법적 틀을 제공하는 기관입니다. 지역사회는 기업이 운영되는 지역에서 기업 활동의 영향을 받는 사람들.

비정부 기구(NGO) 및 시민 단체: 사회적, 환경적, 인권 관련 문제에서 기업의 책임을 강조하는 단체. 미디어는 기업의 활동을 외부에 전달하는 역할을 하는 매체입니다.

3차 내부 이해관계자

기업 내부에서 주요 활동을 수행하며, 조직의 성과와 문화에 밀접한 관련이 있습니다.

경영진: 전략적 의사결정을 내리는 사람들.

이사회: 기업의 중요한 정책 및 방향성을 결정하는 그룹.

4차 외부 이해관계자 기업 외부에 존재하며, 기업의 성과와 활동에 다양한 방식으로 영향을 미치는 그룹입니다.

환경 단체 : 기업의 환경적 책임을 모니터링하고 개선을 요구하는 단체.

경쟁사 : 기업이 속한 시장에서 경쟁 관계에 있는 다른 기업들.

② CSR 전략 수립

이해관계자 분류가 완료되면, 각 이해관계자 그룹에 적합한 CSR 전략을 수립해야 합니다. CSR 전략은 기업의 경제적 성과와 더불어 사회적, 환경적 책임을 균형 있게 달성하기 위한 활동을 말합니다.

②-1 CSR 전략 수립의 주요 단계

(a) 이해관계자의 기대와 요구 분석: 각 이해관계자가 기업에 기대하는 요구 사항을 분석하고, 이에 대한 기업의 대응 방향을 설정합니다. 예를 들어, 고객은 제품의 안전성과 품질을, 직원은 공정한 대우와 안전한 작업 환경을, 지역사회는 환경적 책임을 중시합니다.

(b) CSR 목표 설정: 기업의 미션과 비전에 부합하는 구체적인 CSR 목표를 설정합니다. 예를 들어, 탄소 배출 감소, 근로 조건 개선, 지역

사회 기여 확대 등이 있을 수 있습니다.

(c) CSR 활동 계획 수립: 설정된 목표를 달성하기 위한 구체적인 활동 계획을 수립합니다. 활동은 환경 보호, 사회적 복지, 윤리적 경영, 공정한 노동 조건 보장 등을 포함할 수 있습니다.

㉰ 친환경 제품 개발, 공정무역 제품 사용, 지역사회 봉사 활동, 직원 복지 프로그램 강화 등.

(d) 성과 측정 및 관리: CSR 활동의 성과를 정기적으로 모니터링하고 평가하는 체계를 갖추어야 합니다. 이를 통해 계획된 활동이 효과적으로 이루어지고 있는지, 이해관계자의 기대에 부응하고 있는지를 점검합니다.

㉰ ESG(Environmental, Social, and Governance) 지표를 통한 성과 측정.

(e) 커뮤니케이션 및 투명성 확보: CSR 활동과 그 성과를 이해관계자에게 투명하게 공개하고, 지속적으로 소통하는 것이 중요합니다. 정기적인 보고서 발행, 미디어 발표, 이해관계자 회의 등을 통해 적극적으로 소통할 수 있습니다.

②-2 **이해관계자별** CSR **전략 예시**

(a) 고객(顧客):친환경 제품 개발, 윤리적 마케팅, 제품 안전성을 강화하여야 하고.

(b) 직원에게는: 공정한 대우, 성평등 실천, 건강하고 안전한 근로 환경 제공하며 .주주 및 투자자에게는 지속 기능한 성장 추구, ESG 경영 보고.하여야 합니다.

(c) 지역사회: 지역사회 봉사 활동, 기부 프로그램, 현지 고용 창출.하며 정부 및 규제 기관: 법률 준수, 투명한 경영, 지속 가능성에 대한 정책 참여. 환경 단체: 탄소 배출 저감 노력, 지속 가능한 자원 관리, 폐기물 감축 활동을 실시하여야 합니다.

이러한 것들은 철저한 계획과 빈틈없는 실천에서 성과를 얻을 수 있습니다.

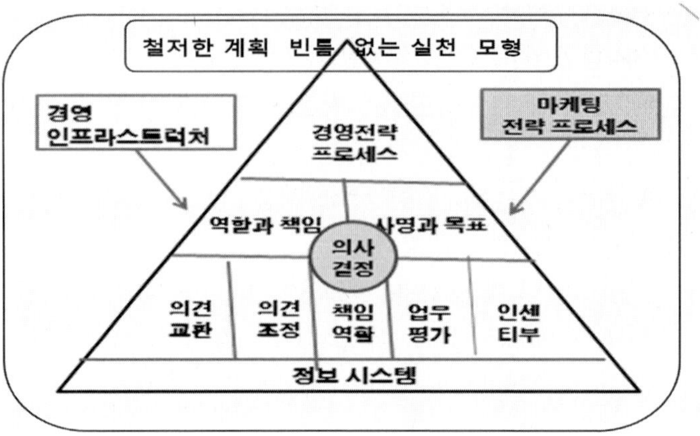

그림 2-1. 철저한 계획과 빈틈없는 실천을 위한 모형

계획수립과 목표이행

요약

▶ 전략 재조정 (Strategy Adjustment)

평가 결과에 따라 필요하면 전략을 수정하거나 새로운 전략을 수립합니다. 시장 환경 변화, 기술 발전, 경쟁 상황에 따라 유연하게 대응할 수 있어야 하며, 장기적인 비전과 목표에 맞춰 조정하는 것이 중요합니다.

이 절차를 반복적으로 실행하고 모니터링하는 것이 성공적인 기업 경영의 핵심입니다.

▶ 전략 개선 및 재조정

성과 평가를 통해 도출된 결과에 따라 CSR 전략을 재조정하고, 필요하면 새로운 목표를 설정하여 지속적인 개선을 추구합니다.

이 절차를 통해 기업은 단순한 경제적 가치 창출을 넘어서, 사회적 가치를 창출하고 환경 보호 및 사회적 책임을 다하는 방향으로 경영을 발전시킬 수 있습니다.

▶ 결론CSR(기업의 사회적 책임) 전략

이해관계자 분류와 CSR 전략 수립은 기업의 지속 가능한 경영을 위해 필수적입니다. 각 이해관계자의 요구를 파악하고 이를 바탕으로 한 CSR 활동을 통해 기업은 사회적 책임을 다하면서도 장기적인 성장을 도모할 수 있습니다.

성공Point. 5

1. 미래의 모습을 그려라

근시안적 통찰력과 거시적 관찰력의 결과는 재화를 얻어내는 방향성이 달라진다. 성공은 냉철한 결단력과 경쟁력에서 결정된다. 결단력과 경생력이 부족해서 눈앞에 이익에만 급급한 근시안적인 사람이 될수 밖에 없다고 변명하지 말라. 결단력과 경쟁력은 과거의 실패와 착오의 경험속에서 자성과 학습으로 충분히 얻을 수 있는 인생의 필수 요소이다.

2. 성공의 꿈을 꾸어라

꿈이없는 자에게는 미래도 희망도 없다. 삶에서 무엇을 원하는지 알지 못하면 아무것도 얻을 수 없다. 꿈은 희망과 용기에 있다. 꿈이없는 사람은 목표가 없는사람이다.

꾸는 사람에게는 꿈이 돈을 불러모아 주는 것이다. 인생에 있어서 꿈이야말로 활력의 원천이다. 인생이 꿈을 꾸는 것이 아니라 꿈이 인생을 만드는 것이다.

2-3 단계적 성취 (段階的 成就)

2-3-1. 단계적 성취 방법

경영 목표 달성을 위한 단계적 성취 방법은 조직의 성과를 높이기 위해 명확한 전략과 체계적인 실행 과정을 통해 목표를 달성하는 접근법입니다. 경영 목표는 복잡하고 장기적인 성격을 띄기 때문에 이를 실현하기 위해서는 구체적인 단계와 전략이 필요합니다. 경영 목표 달성 과정은 기업의 비전, 미션, 목표와 맞물려 있어야 하며, 이를 체계적으로 관리하기 위해서는 아래와 같은 단계적 접근이 중요합니다.

① 목표 설정(目標設定)

(1) 비전과 미션 정의: 경영 목표는 조직의 비전과 미션에 부합해야 합니다. 먼저 조직이 장기적으로 어디로 나아가고 싶은지(비전), 그 과정에서 어떤 가치를 창출할 것인지(미션)를 명확히 해야 합니다.

* 비전: “고객 중심의 글로벌 리더가 된다.”
* 미션: “고객에게 최고 품질의 제품과 서비스를 제공한다.”

(2) SMART 목표 설정: 경영 목표는 구체적이고 측정 가능하며, 현실적이고, 조직에 적합하며 시간 내에 달성할 수 있어야 합니다.

* Specific(구체적): “매출 10% 성장”
* Measurable(측정 가능): “매월 판매 실적 보고를 통해 성과 측정”
* Achievable(달성 가능): “신제품 출시 및 시장 확대 전략을 통해 달성 가능”
* Relevant(연관성): “회사의 성장 전략에 부합”
* Time-bound(기한 설정): “1년 내 목표 달성”

② 세부 계획 수립

(1) 단계별 목표 나누기: 최종 경영 목표를 여러 단계로 나누어 관리합니다. 이를 통해 각 부서나 팀이 책임질 수 있는 작은 목표를 설정하고 성과를 관리합니다.

예 "매출 10% 성장을 목표로 할 경우, 첫 번째 분기에는 신제품 출시, 두 번째 분기에는 마케팅 확장" 등의 단계적 목표 설정.

(2) 우선순위 결정: 중요한 과제와 덜 중요한 과제를 구분하고, 경영 전략에서 중요한 활동에 집중합니다. 모든 목표가 한꺼번에 이루어질 수 없기 때문에, 전략적 중요도에 따라 우선순위를 정해야 합니다. 자원 배분 및 예산 설정: 각 목표를 달성하기 위해 필요한 자원과 예산을 할당합니다. 인적 자원, 물적 자원, 예산 등의 배분이 적절히 이루어져야 목표를 달성할 수 있습니다.

③ 역할 분담 및 실행 계획

(1) 조직 내 역할 분담: 각 목표를 달성하기 위해 각 부서, 팀, 개인의 역할을 명확하게 정의합니다. 누구에게 어떤 책임이 있는지 명확히 해야 목표가 효율적으로 달성됩니다. 예 "마케팅 팀은 고"

(2) 객 유치 전략 수립: 영업팀은 판매 확대. 실행 로드맵 작성: 세부 실행 계획을 수립하고, 이를 실천하기 위한 로드맵을 작성합니다. 로드맵에는 각 목표 달성의 주요 마일스톤과 기한이 포함되어 있어야 합니다.

예 "1월3월: 신제품 연구 및 개발 완료, 4월: 제품 출시, 5월6월: 마케팅 강화."

(3) 성과 지표(KPI) 설정: 각 목표의 성공 여부를 측정할 수 있는 핵심 성과 지표(KPI)를 설정합니다. 이는 목표 달성 진행 상황을 평가하는 데 중요한 역할을 합니다.

예 "매출 목표 달성 여부는 월별 매출 분석, 고객 만족도는 설문 조사 결과로 평가."

④ 실행 및 모니터링

(1) 계획 실행: 수립한 계획을 체계적으로 실행합니다. 모든 팀이 자신에게 주어진 역할과 목표를 달성하기 위해 노력하며, 각 부서 간 협력과 조정이 중요합니다.

(2) 진행 상황 모니터링: 목표 달성의 진행 상황을 지속적으로 모니터링하고, 주기적으로 보고합니다. 이 과정에서 실시간 피드백을 제공하고, 계획과 실적 간의 차이를 파악해 필요한 경우 전략을 수정합니다.

예 "월별 매출 회의, 팀별 성과 보고서 작성."

(3) 리스크 관리: 계획 실행 중 발생할 수 있는 리스크를 예측하고, 이를 관리하기 위한 대책을 마련합니다. 시장 변화, 경쟁 상황, 내부 리소스 문제 등 잠재적인 리스크를 미리 대비해야 합니다.

⑤ 평가 및 피드백

(1) 성과 분석: 목표 달성 후에는 성과를 평가하고, 이를 토대로 피드백을 제공합니다. 각 목표가 얼마나 성공적으로 달성되었는지 분석하고, 개선이 필요한 부분을 확인합니다.

예 "연말 실적 보고서를 통해 목표 달성 평가, 실패한 부분에 대한 원인 분석."

(2) 피드백을 통한 개선: 성과 평가에서 도출된 피드백을 바탕으로 향후 계획에 반영하고, 지속적인 개선을 추구합니다. 이는 경영 목표 달성의 지속적인 성공을 위해 필수적인 과정입니다.

예 "실패한 마케팅 전략 수정, 고객 피드백을 반영한 제품 개선."

⑥ 동기 부여 및 보상

(1) 성취에 대한 보상: 목표가 달성되면 팀원들에게 적절한 보상을 제공해 동기 부여를 유지합니다. 성과 기반 보상 시스템을 도입하면 조직 내 목표 성취율이 높아집니다.

예 "성과급 지급, 우수 직원에게 포상."

(2) 지속적인 동기 부여: 경영 목표를 달성하는 과정에서 직원들의 동기를 유지하는 것도 중요합니다. 이를 위해 팀 내 커뮤니케이션을 강화하고, 목표 달성을 위한 교육 및 훈련을 제공할 수 있습니다.

⑦ 유연성 및 지속 가능성

(1) 유연한 목표 조정: 시장 상황이나 조직 내 변화에 따라 목표를 유연하게 수정할 필요가 있습니다. 환경의 변화를 빠르게 파악하고 이에 맞춰 전략을 조정해야 장기적으로 성공할수 있다.

(2) 지속 가능성 확보: 경영 목표는 단기적인 이익뿐만 아니라 지속 가능한 성장을 위해 설정되어야 합니다. 이를 위해 장기적인 비전을 염두에 두

고 전략을 수립합니다.

2-3-2. SMART 목표 설정은 경영 목표 달성

SMART 목표 설정은 경영 목표를 구체적이고 달성 가능하게 만드는 강력한 도구입니다. SMART는 Specific(구체적), Measurable(측정 가능), Achievable(달성 가능), Relevant(관련성), **Time-bound(시간 제한)**의 약자로, 각 요소는 목표 설정 시 명확한 방향을 제공합니다. 다음은 SMART 목표 설정을 통해 경영 목표를 달성하기 위한 구체적인 프로그램 정리입니다.

① Specific (**구체적**)

경영 목표는 명확하고 구체적으로 설정해야 합니다. 모호한 목표보다는 실질적인 행동과 결과를 염두에 두어야 합니다.

(1) 예시 목표는 "다음 분기까지 매출을 증가시키겠다" 대신, "다음 분기 말까지 신규 고객 50명을 유치하여 매출을 20% 증가시키겠다" 처럼 구체적인 목표로 설정합니다.

(2) 프로그램: 시장 조사, 목표 고객 세그먼트 분석, 판매 전략 개발.

② Measurable (**측정 가능**)

목표 달성 여부를 판단할 수 있도록 목표는 측정 가능해야 합니다.

(1) 예시 목표: "매출을 올리겠다"보다는 "신규 고객 유치로 월 매출을 5000만 원까지 올리겠다"로 측정 가능한 수치를 포함합니다.

(2) 프로그램: 매주 매출 현황 분석, KPI(Key Performance Indicator) 설정 및 정기적인 검토. 예를 들어, 주간 매출, 고객 증가율, 고객 만족도 등을 정량적으로 측정하는 지표를 사용합니다.

③ Achievable (**달성 가능**)

목표는 조직이 실현 가능한 범위 내에서 설정되어야 합니다. 너무 높거나 낮으면 동기부여가 떨어질 수 있습니다.

(1) 예시 목표: "3개월 내에 시장 점유율을 80%로 늘리겠다"는 지나치게 비현실적일 수 있으므로, 현실적인 분석을 통해 "6개월 내에 시장 점유율을 5% 증가시키겠다"와 같이 달성 가능한 목표로 수정합니다.

(2) 프로그램: 자원, 인력, 예산을 고려한 실행 계획 수립. 예산 내에서 광고 집행, 필요한 추가 인력 채용, 내부 교육 등.

④ Relevant (**관련성**)

경영 목표는 회사의 비전과 장기적인 전략에 부합해야 합니다.

(1) 예시 목표: 회사의 장기 목표가 국제 시장 진출이라면, 단기 목표는 해외 시장 조사나 국제 고객 유치로 관련성을 높일 수 있습니다.

(2) 프로그램: 회사의 미션, 비전과 일치하는지 확인하는 평가 프로세스, 내부 전략 회의 등을 통해 목표와 회사 비전의 정렬도를 점검합니다.

⑤ Time-bound (**시간 제한**)

목표는 달성 시점이 명확해야 합니다. 시간 제한이 없으면 동기부여가 약해질 수 있습니다.

(1) 예시 목표: "매출을 올리겠다"는 목표 대신, "2024년 12월까지 매출을 20% 증가시키겠다"처럼 특정 시한을 설정합니다.

(2) 프로그램: 목표 달성을 위한 단계별 일정표 작성, 월간·주간 목표 달성 체크리스트 관리, 정기적인 목표 진행 상황 평가.

2-3-3. 희망 도전 결과 예측

사람은 누구나 성공하기를 바라지만 성공은 저절로 얻어지는 것이 아닙니다. 성공한 인생이 되려면 반드시 지켜야 할 10가지 원칙이 있습니다.

① **힘차게 일어나라**!!

시작이 좋아야 끝이 좋은 법. 육상선수는 심판의 총소리에 모든 신경을 곤두세우고 0.001초라도 빠르게 출발하기 위해 노력합니다. 1년에는 365번의 출발기회가 있습니다. 출발을 어떻게 하느냐에 따라 자신의 운명도 다르게 연출됩니다. 시작이 빨라야 더 많은 기회를 가질 수 있습니다.

② **당당하게 걸어라**!!

인생이란 성공을 향하여 목표를 가지고 끝없이 걸어가는 과정입니다. 당당하게 걷는 사람은 미래가 밝게 보이지만 비틀거리며 걷는 사람은 길이 보이지 않기 마련입니다. 값진 삶을 살기위해 자신감을 갖고 당당하게 걷는 것이 필요합니다.

③ 오늘일은 오늘 끝내라!!

성공하여야 되겠다는 의지가 있다면 항상 미루는 습관에서 벗어나야 합니다. 우리가 살고 있는 것은 오늘이지 내일이 아니기 때문입니다. 오늘 하루에 최선을 다하는 것이 중요합니다.

④ 시간을 정해놓고 책을 읽어라. 책 속에 길이 있다!!

길이없다고 헤매는 사람의 공통점은 책을 읽지 않는데 있습니다. 하루에 30분 이라도 독서시간을 만들어 책을 소화하면 어느새 성장한 자신을 볼 수 있을 것입니다. 이 사회에서 살아남기 위해서는 책을 통한 경험이 필요 합니다.

⑤ 웃는 훈련을 반복하라!!

"최후에 웃은 자가 승리자 이다" 라는 말처럼 웃는 훈련을 해야 합니다. 웃음을 통해 좋은 이미지를 가질 수 있고, 긍정적인 마인드가 생기기 때문입니다.

⑥ 말하는 법을 배워라!!

우리는 말로 사람을 얻기도 하지만 사람을 잃기도 합니다. 해야하는 말과 하지 말아야 하는 말을 구분하는 방법, 이 방법을 제대로 아는 사람이 말을 잘하는 사람이 되는 것입니다.

⑦ 하루 한가지씩 좋은 일을하라!!

인생의 흑자와 적자를 살피지 않으면 내일을 기약할 수 없습니다. 잠자리에 들기 전 하루를 점검하는 시간이 필요 합니다. 좋았던 점과 부족했던 점을 체크하고 내일은 더 나은 하루가 될 수 있도록 합니다. 좋은 일로 하루를 채운 사람의 얼굴은 행복이 가득할 것 입니다.

⑧ 자신을 해방시켜라!!

어떤어려움이라도 마음을 열고 밀고나가면 해결됩니다. 자신의 마음을 열어놓으면 너와 내가아니라 모두가 하나가되어 기쁨가득한 세상을 만들게 됩니다. 마음을 밝히고 자신을 해방시키는 시간을 갖도록 합니다.

⑨ 사랑을 업그레이드 시켜라!!

사랑은 아무나 하는 것이 아닙니다. 처음에 뜨거워던사랑도 시간이 흐름에 따라 차츰 퇴색됩니다. 그래서 자신의 사랑을 뜨거운 용광노처럼 업그레이드 시키는 것이 필요합니다.

⑩ 매일 매일 점검하라!!

생각하는 사람만이 살아 남는 사회 입니다. 생각없이 사는 것은 삶이 아니라 단순한 생존일 뿐입니다. 생각하고 실천하는 삶을 사는 것이 중요 합니다.

단계적 성취 (段階的 成就)

요약

▶ 경영 목표 달성을 위한 단계적 성취 방법 요약

목표 설정: 비전, 미션과 일치하는 SMART 목표 수립.
세부 계획 수립: 목표를 단계적으로 나누고 우선순위, 자원 배분을 명확히 설정.
역할 분담 및 실행 계획: 조직 내 역할 분담과 실행 로드맵 작성.
실행 및 모니터링: 계획을 실행하고 진행 상황을 지속적으로 모니터링.
평가 및 피드백: 성과 평가 후 개선 사항 반영.
동기 부여 및 보상: 성취에 대한 보상과 지속적인 동기 부여 제공.
유연성 및 지속 가능성: 변화에 맞춰 목표 조정 및 장기적인 성장 전략 수립.

이러한 단계적 성취 방법은 경영 목표를 체계적으로 달성하고 조직의 성과를 지속적으로 향상시키는 데 필수적인 과정입니다.

▶ SMART 목표 설정 프로그램 전체 예시

목표 설정: "2024년 12월까지 온라인 채널을 통한 매출을 30% 증가시키겠다."
분석 단계: 시장 조사 경쟁사 분석 현재 매출 데이터 분석
실행 계획: 신규마케팅 캠페인진행 고객 만족도개선 프로그램 도입 팀별 목표할당
진행 점검: 월별 매출 모니터링 분기별 목표 재조정 성과 평가와 피드백 제공
최종 평가: 목표 달성 여부 평가 달성된 목표와 개선점 분석

이처럼 SMART 방식으로 경영 목표를 설정하고, 이를 기반으로 구체적인 실행 프로그램을 구성함으로써 목표를 체계적이고 효과적으로 달성할 수 있습니다.

성공Point. 6

1. 머리를 숙여야 할때는 숙여리

머리를 숙일 줄 모르는 교만한 사람과 필요에 따라 머리를 숙일 줄 아는 사람 중에 누가 성공의 키를 잡을것인가? 큰인물은 인생목표를 실현하는 과정에서 자신만만하게 걸어 갈때도 있지만 상황에 따라서는 허리를 굽이고 머리를 숙이며 조심스레 눈치도 살필줄아는 지혜도 필요하다. 매사는 완벽한 능력을 발휘하는 만능주의자는 없다. 큰인물이 되려면 때로는 여러사람의 도움이 필요로 하는 어린아이로 돌아가 볼 필요가 있다.

2. 부정적인 의식이 가난의 텃밭을 일군다

부정의식이 앞서면 관찰 분석이 부정적이기 때문에 가치의 필요성이 발견되지 않는다. 반면 긍정적인 정신 자세를 가진 사람은 창조적으로 행복과 조화를 이끌어 낸다. 이 세상에 불가능한 일은 존재하지 않는다. 모든일은 실현가능하다 현실적으로 불가능한 일이 발생하는 이유는 불가능하다고 믿는 사람들이 존재하기 때문이다. 인생은 지기기 믿는데로 전개된다는 사실을 잊지말라.

2-4 가정의 평화 목표성취의 근원

2-4-1. 가화만사성(家和萬事成)

① 가화만사성이 왜 필요한가

가정(家庭)은 이 사회의 기초적인 조직입니다. 부모형제자매(父母兄弟姉妹)의 혈육이 성장하고 교육하며 같이 살아가는 공동의 장이기도 합니다. 고로 가화만사성(家和萬事成)은 "집안이 화목하면 모든 일이 잘된다"는 뜻으로, 가족 간의 화합과 소통의 중요성을 강조합니다.

◈ 다음과 같은 이유로 필요성이 강조됩니다.

(1) 정서적 안정: 가족이 화목하면 심리적으로 안정감을 느끼고 스트레스를 줄일수 있습니다.

(2) 문제 해결: 갈등이 적은 가정에서는 문제 발생 시 서로 협력하여 해결하기 쉽습니다.

(3) 성장과 발전: 화목한환경은 개인의 성장과발전을 촉진하며, 서로의꿈과 목표를 지지할수 있습니다.

(4) 사회적 관계: 가정이 화목하면 외부 관계에서도 긍정적인 영향을 미쳐, 더 넓은 사회에서도 건강한 관계를 형성할 수 있습니다.

(5) 전통과 가치 전달: 가족 간의 화합은 전통과 가치를 자연스럽게 전달하는 데 도움을 줍니다.

결국, 가화만사성은 행복한 가정을 이루고, 나아가 건강한 사회를 만드는 데 기여하는 중요한 원천을 이루게 됩니다.

② 가화만사성의 진리(家和萬事成眞理)

"가화만사성"은 한국의 전통적인 속담으로, "가정이 화목하면 모든 일이 잘된다"는 의미입니다. 이 속담은 가족의 중요성과 화합이 개인의 삶에 미치는 긍정적인 영향을 강조합니다.

◈ 아래는 "가화만사성"의 진리를 체계적으로 정리한 내용입니다.

(1) 정의와 의미: 가화(家和)는 가족 간의 화목과 친밀감을 더 하며. 만사성(萬事成)은 모든 일이 잘 이루어짐. 결론적으로, 가족의 화목이 개인의 삶과 사회에 긍정적인 영향을 미친다는 메시지를 전달합니다.

(2) 가족의 역할

- 정서적 지원: 가족은 개인의 정서적 안정을 돕고 스트레스를 완화하는 역할을 합니다.
- 사회적 기반: 가족은 사회적 관계의 기초로, 개인의 사회적 기능 향상에 기여합니다.
- 가치관 형성: 가족은 도덕적 가치와 규범을 가르치며, 이를 통해 사회적 책임감을 길러줍니다.

(3) 화목의 중요성: 상호존중은 가족 간의 건강한 의사소통을 이끌어내며 갈등을 줄입니다.협력과 지원은 화목한 가정은 구성원 간의 협력을 촉진하고 어려움을 함께 극복하는 힘을 줍니다.

긍정적인 환경이 안정된 가정에서 자녀에게 긍정적인 환경을 제공하여 성장에 도움을 줍니다.

(4) 사회적 영향

- 안정된 사회: 화목한 가정이 많을수록 사회 전반의 안정성과 안전성이 높아집니다.
- 경제적 효과: 가족이 화목할 때, 개인의 경제적 안정과 생산성이 증가합니다.
- 전통문화의 계승: 가족의 화합은 전통문화와 가치의 계승에도 기여합니다.

결론적으로 "가화만사성"은 단순한 속담이 아니라, 건강한 가정이 개인과 사회에 미치는 다양한 긍정적 영향을 잘 나타내는 진리입니다. 가정의 화목을 위해서는 서로의 의견을 존중하고 소통하는 노력이 필요하며, 이를 통해 만사형통을 이룰 수 있습니다.

이와 같은 원리를 바탕으로, 우리는 더 나은 가정과 사회를 만들어 나갈 수 있습니나.

③ 가화만사성이 사회에 미치는 영향

"가화만사성"은 가정의 화목이 모든 일이 잘 풀린다는 의미로, 한국 사회에서 중요한 가치로 여겨집니다. 이 개념은 여러 측면에서 사회에 긍정적인 영향을 미칩니다.

(1) 정신적 안정: 가족이 화목하면 개인의 정서적 안정이 높아져 스트레스 관리와 정신 건강에 도움이 됩니다.

(2) 사회적 연대감: 가족 간의 유대가 강하면 지역 사회와의 연결도 강화됩니다. 이는 공동체의 결속력을 높이고, 이웃 간의 상호 지원을 촉진합니다.

(3) 사회적 가치관: 가정에서의 화합은 자녀에게 긍정적인 가치관을 심어주어, 그들이 성장했을 때도 사회에 기여할 수 있는 인재로 성장하게 합니다.

(4) 경제적 안정: 화목한 가정은 가정 내 경제 관리가 잘 이루어져 경제적 안정성을 높이는 데 기여합니다. 이는 사회 전체의 경제적 안정에도 긍정적인 영향을 미칠 수 있습니다.

하지만 가화만사성이 강조될 때, 가족의 중요성이 지나치게 부각되어 개인의 선택이나 다양성이 무시될 위험도 존재합니다. 이러한 균형을 잘 맞추는 것이 중요합니다.

④ 가화만사성이 자녀 교육에 미치는영향

"가화만사성"은 자녀의 정서적 교육에 매우 중요한 영향을 미칩니다. 그 구체적인 영향은 다음과 같습니다.

(1) 정서적 안정감: 화목한 가정은 자녀에게 안전한 환경을 제공합니다. 이는 자녀가 자신을 표현하고 감정을 이해하는 데 도움이 됩니다. 안정된 가정은 정서적 안전감을 느끼게 해 주어, 스트레스를 효과적으로 관리할 수 있게 합니다.

(2) 모델링 효과: 부모의 행동은 자녀에게 강한 영향을 미칩니다. 부모가 서로 존중하고 이해하는 모습을 보여주면, 자녀는 건강한 인간관계를 맺는 법을 배우게 됩니다. 이로 인해 정서적 지능이 높아질 수 있습니다.

(3) 의사소통 기술: 화목한 가정에서는 의사소통이 활발하게 이루어집니다.

자녀는 부모와의 대화를 통해 감정을 표현하고, 갈등을 해결하는 방법을 배울 수 있습니다. 이는 나중에 친구나 동료와의 관계에서도 중요한 기술이 됩니다.

(4) 사회적 기술 발달: 가족 내에서의 긍정적인 상호작용은 자녀가 사회적 기술을 배우는 데 도움을 줍니다. 타인의 감정을 이해하고 공감하는 능력은 건강한 대인 관계를 형성하는 데 필수적입니다.

(5) 문제 해결 능력: 가정에서의 갈등이나 어려움을 함께 해결하는 경험은 자녀에게 문제 해결 능력을 키워줍니다. 가족이 협력하여 문제를 극복하는 과정을 통해 자녀는 resilience(회복탄력성)를 배우게 됩니다.

(6) 정서적 표현의 자유: 화목한 가정에서는 자녀가 자신의 감정을 자유롭게 표현할 수 있는 환경이 조성됩니다. 이는 감정을 억누르지 않고 건강하게 표현하는 방법을 배우는 데 기여합니다.

결론적으로, 가화만사성은 자녀의 정서적 교육에 있어 매우 긍정적인 영향을 미치며, 자녀가 건강하게 성장하는 데 중요한 기반이 됩니다. 이러한 환경에서 자란 자녀는 나중에 더 나은 사회 구성원으로 성장할 수 있습니다.

2-4-2. 법과 질서와 정직 사회 구현

① 국민의 법질서의식 국민의 의무

교통법규 준수 세금 납부의 의무 폭력 및 범죄 행위 금지 타인의 재산권 존중 국민의 법질서의식과 의무이행의식에 대해 체계적으로 살펴보면

(1) 법질서의식의 중요성

사회 안정성 유지의 기본. 공정한 사회 실현의 토대. 개인의 권리와 의무의 균형보장

(2) 주요 시민 의무

(a) 기본적 의무: 납세의 의무. 국방의 의무. 교육의 의무. 근로의 의무. 환경보전의 의무

(b) 일상적 의무: 교통법규 준수. 공공질서 유지. 폐기물 분리수거. 이웃 배려

(3) 의무이행의식 강화 방안: 시민교육 강화. 법교육 프로그램 확대. 모범사

례 홍보. 위반 시 적절한 제재 조치

(4) 법질서의식 향상을 위한 과제: 공정한 법 집행. 투명한 행정처리. 부패 방지. 시민참여 확대

(5) 기대효과: 사회 신뢰도 상승. 범죄율 감소. 행정효율성 증가. 국가 경쟁력 향상 더 나은 사회를 만들기 위해서는 국민 개개인의 자발적인 법질서 준수와 의무이행이 필수적입니다. 이는 단순한 규칙 준수를 넘어, 공동체의 지속가능한 발전을 위한 기본 토대가 됩니다. 특히 현대 사회에서는 새로운 형태의 시민의식(예: 디지털 시민의식)도 중요해지고 있어, 이에 대한 관심과 실천도 필요합니다.

② 정직과 신뢰 사회적 책임

◈ 도덕적 평화로운 사회,정직과 신뢰의 문화국민이 되려면. 약속 이행 거짓말과 사기 행위 금지, 정직한 상거래, 신용 유지 도덕적이고 평화로운 사회를 만들기 위한 중요한 가치들에 대해 함께 생각해보겠습니다. 정직과 신뢰의 문화를 만들기 위해서는 다음과 같은 요소들이 중요합니다:

(1) 개인적 차원: 일상생활에서 정직하게 행동하기. 약속을 지키고 책임감 있게 행동하기. 타인을 존중하고 배려하는 태도 기르기

(2) 사회적 차원: 법과 규칙을 준수하기. 공정한 경쟁과 거래 문화정착. 부패와 비리에 대한 감시와 제재. 투명한 의사결정 과정 확립

(3) 교육적 차원: 어린 시절부터 도덕성 교육 강화. 올바른 가치관 형성을 위한 인성교육. 시민의식 함양을 위한 사회교육

(4) 제도적 차원: 공정한 법집행 시스템 구축. 내부고발자 보호제도 강화. 정보 공개와 투명성 확보

이러한 노력들이 개인, 가정, 학교, 직장 등 사회 전반에서 실천될 때 진정한 정직과 신뢰의 문화가 정착될 수 있습니다.

특히 중요한 것은 각자가 작은 것부터 실천하는 자세입니다. 우리 모두가 정직하고 신뢰받는 사회 구성원이 되기 위해 노력한다면, 더 나은 사회를 만들어갈 수 있을 것입니다.

③ 사회적 책임(社會的責任)

국민의 사회적책임. 기업의 사회적책임 공정한경제활동 정리요망
투표 등 시민의 의무 이행. 자원봉사와 사회공헌. 공정한 경제활동. 차별 금지

◈ 사회적 책임에 대해 체계적으로 정리해 드리겠습니다.

⑴ 국민의 사회적 책임: 준법정신과 시민의식 실천. 공동체 의식을 바탕으로 한 상호 배려. 납세의 의무 성실히 이행. 환경보호와 자원 절약 실천. 봉사활동과 기부를 통한 사회 공헌 투명하고 공정한 경제활동 참여

⑵ 기업의 사회적 책임(CSR):
- 경제적 책임 ; 고용 창출. 납세 의무 이행. 주주 이익 보호
- 법적 책임 ; 공정거래법 준수. 소비자 보호. 근로기준법 준수
- 윤리적 책임 ; 투명경영 실천. 부패 방지. 윤리경영 실천
- 자선적 책임 ; 사회공헌활동. 지역사회 발전 기여. 환경보호 활동

⑶ 공정한 경제활동:
- 공정거래 원칙 ; 자유로운 시장 경쟁 보장. 독과점 방지. 담합 금지
- 소비자 권리 보호; 정확한 정보 제공. 품질 보증. 피해 구제
- 노동자 권리 보장 ; 적정 임금 지급. 안전한 근로환경 제공. 차별 금지

이러한 사회적 책임은 지속가능한 발전을 위한 필수 요소이며, 모든 경제주체가 함께 노력해야 합니다.

④ 디지털 윤리

디지털 시대의 개인정보 보호, 저작권 보호, 그리고 사이버 폭력 예방을 위한 주요 방안들을 설명해드리겠습니다:

⑴ 개인정보 보호: 강력한 비밀번호 사용 및 정기적 변경. 개인정보 제공 시 신중한 판단. 공공 와이파이 사용 시 VPN 활용. 중요 계정의 2단계 인증 설정. 불필요한 개인정보 수집 거부

⑵ 저작권 보호: 콘텐츠 사용 전 저작권 확인. 적법한 라이센스 구매. 출처 명확한 표기. 공정이용 범위 준수. 저작물 무단 복제/배포 금지

⑶ 사이버 폭력 예방: 온라인 에티켓 준수. 혐오 발언/차별적 표현 자제. 타인의 프라이버시 존중. 신고/차단 기능 적극 활용. 증거자료 보관

(4) 제도적 방안: 디지털 리터러시 교육 강화. 관련 법제도 정비 및 처벌 강화. 플랫폼 사업자의 모니터링 의무화. 피해 신고 및 구제 절차 간소화 이러한 노력들이 개인과 기업, 정부 차원에서 종합적으로 이루어져야 효과적인 보호가 가능할 것입니다. 특히 중요한 것은 디지털 시민의식을 높이고 서로를 배려하는 문화를 만드는 것입니다.

⑤ 의사소통(意思疏通)

조직에서의 효과적인 소통 기법에 대해 설명해 드리겠습니다:

(1) 쌍방향 의사소통: 상하급자 간의 자유로운 의견 교환. 적극적인 경청과 피드백 제공. 정기적인 미팅과 면담 실시

(2) 명확한 의사전달: 핵심 메시지를 간단명료하게 전달. 구체적인 예시와 데이터 활용. 문서화를 통한 기록 유지

(3) 소통 채널의 다양화: 대면 미팅. 이메일, 메신저. 사내 인트라넷. 공식/비공식 모임

(4) 투명한 정보 공유: 조직의 비전과 목표 공유. 의사결정 과정의 투명성 확보. 주요 정보의 적시 공유

(5) 소통 문화 조성: 수평적 소통 문화 장려. 건설적인 피드백 문화 형성. 구성원의 의견을 존중하는 분위기 조성

(6) 갈등 관리: 갈등 상황에서의 적절한 중재. 문제 해결 중심의 대화. 감정적 대응 지양 이러한 규범들은 우리 사회를 더 살기 좋은 곳으로 만드는 기본이 됩니다. 각자가 이를 실천할 때 더 건강하고 안정된 사회를 만들 수 있습니다.

제3절

변치않는 희망과 노력

가이드 3: 불변의진실 자연의 원리

불변의 자연은 심은대로 노력 속에 수확된다.

3-1. 불변의 진실

3-1-1. 변치않는 희망의 빛

3-1-2. 이기적 독선과 이타적 배려의 최종

3-1-3. 이기적 독선과 이타적 배려가 미치는 영향

3-1-4. 우월적 독선과 소통경영의 결과

3-2. 사회에서 본 성공한 사람과 성공한 기업인

3-2-1. 사회에서 본 성공한 사람의 기준

3-2-2. 사회에서 본 성공한 기업인의 정의

3-2-3. 성공한 사람/기업인의 인생관과 기업관

3-3. 사람의 태도와 습관이 성공에 미치는 영향

3-3-1. 마음의 태도가 성공에 미치는 영향

3-3-2. 생활습관이 성공에 미치는 영향

3-3-3. "불변의 진실"과 "사필귀정"

3-4. 사즉생.생즉사/이기심과 이타심

3-4-1. 필사즉생 필생즉사(必死卽生必生卽死)

3-4-2. 이타심과 이기심(利他心/利己心)

3-1 불변의 진실

3-1-1. 변치않는 희망의 빛

인간이 미래에 대해 변치 않는 희망을 가지는 이유는 그 뿌리에서부터 깊은 철학적, 감정적, 사회적 기반을 가지고 있습니다. 이러한 희망은 인류의 진보와 생존, 행복을 위한 원동력이 되어왔습니다. 그럼 이를 차근차근 정리해 보겠습니다.

① 인간의 본성: 희망은 본능적인 것

⑴ 생존 본능(生存本能): 인간은 고난과 어려움 속에서도 살아남으려는 강한 본능을 가지고 있습니다. 이 과정에서 희망은 중요한 역할을 하며, 미래에 더 나은 상황이 올 것이라는 믿음이 생존을 위한 동기를 부여합니다.

⑵ 심리적 회복력(心理的回復力): 인간은 심리적으로 좌절하거나 실망하더라도 다시 일어설 수 있는 힘을 가지고 있습니다. 이를 심리학에서는 "회복탄력성"이라 하며, 이는 미래를 향한 희망에서 비롯됩니다.

② 역사적 경험: 희망이 만든 진보

⑴ 인류의 발전(人類發展): 인류의 역사는 전쟁, 재난, 질병 등 수많은 위기 속에서도 끊임없는 발전을 이루어 왔습니다. 인간은 이러한 역사적 경험을 통해 위기 속에서도 발전할 수 있다는 믿음을 가지게 되었습니다. 이는 과거의 교훈을 바탕으로 미래에 대한 희망을 유지하는 중요한 이유입니다.

⑵ 과학과 기술의 진보(科學 技術 進步): 과학기술의 발전은 인간의 삶을 급격하게 변화시켜 왔습니다. 의료기술의 발전, 정보통신기술의 혁신 등은 앞으로도 삶의 질을 높이고, 인류가 당면한 문제들을 해결할 수 있는 실마리를 제공할 것이라는 희망을 줍니다.

③ 철학적 관점: 미래는 열려 있다

⑴ 불확실성 속의 가능성: 철학적으로, 미래는 항상 불확실하지만 동시에 무한한 가능성을 내포하고 있습니다. 미래는 아직 결정되지 않았기 때문에, 인간은 그 가능성을 긍정적으로 보고 그 속에서 희망을 찾습니다.

⑵ 자유의지와 선택(自由意志 選擇): 인간은 자신이 미래를 선택하고 결정할 수 있다는 신념을 가지고 있습니다. 자유의지를 통해 더 나은 선택을 할 수 있다는 믿음은 희망의 중요한 원천입니다.

④ 종교와 영성 더 큰 목적과 연결된 희망

⑴ 종교적 신념(宗教的信念): 많은 종교는 고통과 시련을 극복하고 궁극적인 구원이나 해탈에 이를 수 있다는 믿음을 가르칩니다. 이는 인간이 겪는 고통을 일시적인 것으로 보고, 궁극적으로는 더 나은 미래가 기다리고 있다는 희망을 품게 만듭니다.

⑵ 영성적 관점(靈性的 觀點): 종교 외에도 영적인 접근은 인간이 우주의 일부로서 더 큰 목적과 연결되어 있다는 믿음을 제공합니다. 이는 인생의 의미와 목적을 찾는 과정에서 희망을 불러일으킵니다.

⑤ 사회적 연대와 공동체의 힘

⑴ 공동체의지지: 인간은 사회적 동물로서, 서로에게서 위로와 지지를 받으며 공동의 목표를 향해 나아갑니다. 공동체의 연대감은 어려운 상황에서도 희망을 잃지 않도록 하는 강력한 힘이 됩니다.

⑵ 세대 간의 희망: 부모 세대는 자식 세대가 자신들보다 더 나은 삶을 살기를 희망하며, 이 희망은 세대를 이어 전해져 내려옵니다. 이는 교육, 문화, 경제적 발전을 통해 구체화됩니다.

⑥ 예술과 문학 희망을 표현하는 매개체

⑴ 예술의 역할(藝術 役活): 예술과 문학은 고통과 절망을 표현하면서도 그 속에서 희망의 메시지를 전달하는 강력한 매개체입니다. 인간은 예술을 통해 미래에 대한 희망을 공유하고, 현실을 넘어서 더 나은 가능성을 상상합니다.

⑵ 창의적 상상력(創意的 想像力): 인간의 창의력은 끊임없이 새로운 세상,

새로운 방법을 탐구합니다. 이는 현실의 한계를 넘어설 수 있다는 믿음을 주며, 희망의 원천이 됩니다.

⑦ 교육과 지식의 힘

(1) 미래 세대에 대한 투자: 교육은 미래에 대한 희망을 구체화하는 중요한 방법입니다. 지식의 축적과 전파는 인류가 더 나은 사회를 만들 수 있다는 믿음을 강화합니다.

(2) 지식의 확장(知識 擴張): 지식의 발전은 인간의 문제 해결 능력을 증가시키고, 더 나은 미래를 만들어갈 가능성을 확대합니다.

⑧ 환경과 지속 가능성

(1) 지속 가능한 미래를 위한 노력: 인간은 자연과 공존하며 미래를 지속 가능하게 만들기 위한 노력을 계속하고 있습니다. 환경 문제에 대한 경각심과 해결책을 찾기 위한 국제적인 협력은 인류가 지속 가능한 미래를 만들어 갈 수 있다는 희망을 제공합니다.

(2) 인간의 미래에 대한 희망은 단순한 낙관주의가 아니라, 깊은 철학적 사유와 역사적 경험, 사회적 노력에서 비롯된 것입니다. 이런 희망은 인류가 더 나은 삶을 향해 계속 나아가도록 돕는 강력한 원동력입니다.

3-1-2. 이기적 독선과 이타적 배려의 결과

이기적 독성과 이디적 배려의 최종 결과를 각각 비교하면 다음과 같은 특성이 나타납니다.

① 이기적 독성 (Selfish Toxicity)**의 결과**:

(1)* 개인의 이익 우선: 이기적인 행동은 단기적으로 개인의 이익을 극대화하는 경향이 있습니다. 개인이 즉각적인 이득이나 편익을 누릴수 있지만, 이는 종종 다른 사람들의 손해로 이어집니다.

(2)* 신뢰의 파괴: 타인과의 관계에서 신뢰가 깨지기 쉽습니다. 이기적인 행동은 장기적으로 인간관계에 부정적인 영향을 미쳐, 다른 사람들로부터 배척당하거나 불신을 유발할 수 있습니다.

(3)* 고립과 소외: 결국 이기적인 행동이 지속되면 사람들은 그와의 관계를

멀리하거나 끊을 수 있습니다. 이는 개인의 사회적 고립을 초래할 수 있으며, 더 깊은 심리적 고통을 유발할 수 있습니다.

(4)* 사회적 반발: 이기적인 행동은 종종 집단 내에서 갈등을 일으키고, 장기적으로는 개인이 속한 공동체의 분열을 초래할 수 있습니다.

② 이타적 배려 (Altruistic Consideration)**의 결과**

(1)* 공동체의 이익 증진: 이타적인 행동은 타인과 공동체의 복지와 행복을 증진시키는 결과를 낳습니다. 단기적으로는 개인이 손해를 볼수있지만, 장기적으로는 모두에게 긍정적인 영향을 줍니다.

(2)* 신뢰와 유대 강화: 이타적 배려는 인간관계에서 신뢰를 형성하고 강화시키는 중요한 요소입니다. 사람들이 서로를 신뢰할 수 있는 환경에서는 협력과 상호 지원이 촉진됩니다.

(3)* 긍정적 평가와 존경: 이타적인 사람은 사회적으로 긍정적인 평가를 받으며, 존경받을 가능성이 높습니다. 이러한 평판은 개인의 사회적 지위를 높이고, 사회 내에서 더 많은 기회를 제공받을 수 있습니다.

(4)* 심리적 만족(心理的 滿足): 이타적인 행동은 자존감과 심리적 만족을 높이는 경향이 있습니다. 타인을 돕는 과정에서 행복감을 느끼고, 삶의 의미를 더 깊게 인식할 수 있습니다.

3-1-3 이기적 독선과 이타적 배려가,미치는 영향

경영자의 이기적 독성과 이타적 배려는 조직에 미치는 영향을 두 가지 상반된 차원에서 분석할 수 있습니다. 각각의 경영 스타일은 기업의 성과, 조직 분위기, 그리고 장기적인 성공에 다른 결과를 초래합니다.

① 이기적 독성 경영

이기적 독성 경영이란 경영자가 개인의 이익을 최우선으로 하고, 권력을 남용하거나 독단적인 결정을 내리는 행태를 의미합니다. 이는 단기적으로는 이익을 낼 수 있지만, 장기적으로 조직에 큰 해악을 끼칠 수 있습니다.

(1) 특징(特徵):

- 권위적 리더십: 경영자가 자신의 뜻을 강요하고, 직원들의 의견을 무시

하거나 경청하지 않음.

- 단기 성과 중심: 조직의 장기적인 성장보다는 개인적 보상을 우선시하며, 빠른 성과를 중시함.
- 내부 갈등 증가: 이기적인 경영자의 행동은 팀 내 갈등을 유발하고, 협력을 저해할 수 있음.
- 신뢰의 저하: 직원들은 경영자를 신뢰하지 않게 되고, 이는 생산성과 동기 부여에 부정적인 영향을 미침.
- 높은 이직률: 독단적이고 이기적인 경영 스타일로 인해 직원들의 불만이 커지고, 결국 이직률이 상승할 수 있음.

(2)결과(結果):

- 단기적 이익 증가: 이기적 경영자는 초기에는 높은 압박을 통해 빠른 성과를 낼 수 있으나. .장기적 손실: 조직 내 신뢰가 무너지고, 직원들의 동기와 생산성이 감소하면서 장기적으로는 지속적인 성장에 장애물이 됨. 인재 유출과 함께 기업의 명성이 손상될 수 있음을 유의하여야 한다.

② 이타적 배려 경영

반면에, 이타적 배려 경영은 경영자가 조직과 직원의 복지, 성장, 그리고 성공을 우신시하는 경영 스타일을 말합니다. 이러한 접근 방식은 장기적인 관점에서 긍정적인 결과를 가져옵니다.

(1) 특징(特徵):

- 협력적 리더십: 경영자가 직원들과 열린 대화를 통해 결정을 내리고, 팀워크를 중시함.
- 장기적 성장 목표: 단기적인 이익보다 조직의 지속 가능한 성장과 발전에 초점을 맞춤.
- 직원 복지 중시: 직원들의 복지, 개발, 및 행복에 관심을 가지며, 이를 통해 직무 만족도를 높임.
- 신뢰 구축: 경영자가 진정성 있게 직원들을 대하며 신뢰 관계를 형성함으로써 조직의 결속력을 높임.
- 낮은이직률: 긍정적인 근무 환경을 통해 직원들의 충성도를 높이고, 이

직률을 낮춤.

(2) 결과(結果):

- 장기적 성과 향상: 직원들이 경영자에게 신뢰를 가지고 자신의 역량을 충분히 발휘할 수 있는 환경을 제공함으로써 생산성과 혁신이 촉진됨.
- 조직 문화의 강화: 건강하고 긍정적인 조직 문화는 장기적으로 기업의 명성을 높이고, 우수 인재를 끌어들일 수 있음.
- 지속 가능한 성장: 이타적인 경영은 단기적인 성과에 집착하지 않고 장기적인 성공과 성장에 초점을 맞추기 때문에 기업의 지속 가능성이 높아짐.

3-1-4 우월적 독선과 소통경영의 결과

경영자의 우월적 독선과 소통의 중지 경영은 경영자가 조직 내에서 권위를 남용하거나, 다른 사람의 의견을 무시하는 태도로 조직을 운영할 때 발생하는 상황을 의미합니다. 이러한 경영 스타일은 조직의 성과와 분위기, 장기적인 성과에 다양한 부정적인 결과를 초래할 수 있습니다.

① 우월적 독선 경영

우월적 독선 경영이란 경영자가 자신의 능력이나 지식을 과신하고, 다른 사람의 의견이나 피드백을 무시하며 일방적으로 결정을 내리는 행태를 말합니다. 이러한 리더십은 조직 내에서 독단적이고 권위적인 분위기를 조성하게 됩니다.

특징(特徵):

- 독단적인 의사결정: 경영자는 자신의 의견을 절대시하고, 조직 내 다른 구성원들의 의견을 반영하지 않음.
- 권력 남용: 권위를 통해 자신의 생각을 강요하고, 자신의 능력을 과대평가함으로써 주변의 조언이나 비판을 무시함.
- 의사소통 단절: 경영자는 상하 관계를 분명히 구분하고, 직원들이 자유롭게 의견을 제시하기 어렵게 만듦.
- 창의성 억제: 직원들의 의견이 무시되면서 혁신과 창의적인 아이디어가

나오기 어려운 환경이 조성됨.

결과(結果):

- 조직 내 불만 증가: 경영자의 독단적 태도는 직원들에게 불만을 유발하고, 팀 내 협력이 저하될 수 있음.
- 결정의 질 저하: 다양한 의견을 반영하지 않기 때문에 경영자가 내리는 결정의 질이 떨어질 수 있으며, 중요한 요소들을 간과할 가능성이 높음.
- 장기적인 성과 악화: 독단적 결정은 단기적으로는 성과를 낼 수 있을지 모르지만, 장기적으로 조직의 신뢰를 저해하고, 지속적인 성장을 방해할 수 있음.

② 소통의 중시 경영(疏通 重視 經營)

소통 중시 경영은 조직 내외부의 원활한 의사소통을 통해 조직의 성과를 극대화하고, 구성원 간의 신뢰와 협력을 강화하는 경영 방식을 의미합니다. 이러한 경영 방식을 채택하는 기업은 소통을 중요한 전략적 자원으로 간주하여 지속적인 소통 환경을 조성합니다.

특징(特徵):

- 개방적 의사소통: 모든 구성원이 자유롭게 의견을 나누고, 의사결정에 참여할 수 있는 환경을 조성합니다. 계층 간의 장벽을 허물고 상향식, 하향식, 수평적 소통을 촉진합니다.
- 투명성 강화:경영진과 직원 간의 소통이 투명하게 이루어지며, 중요한 정보나 결정 사항이 신속하게 공유됩니다. 기업의 목표, 방향, 성과 등에 대한 정보를 구성원들에게 개방하여 신뢰를 구축합니다.
- 피드백 시스템 활성화: 구성원들의 의견을 수렴하고 즉각적인 피드백을 제공하여 의사소통이 지속적으로 이루어질 수 있는 구조를 마련합니다. 정기적인 설문 조사나 간담회를 통해 조직의 문제점을 파악하고 개선점을 찾습니다.
- 리더십 역할 강화 : 리더는 소통의 중심에 서서 구성원들의 의견을 듣고, 이를 반영한 의사결정을 내려야 합니다. 리더는 구성원 간의 신뢰를 구축

하고, 소통을 통해 갈등을 해결하는 역할을 합니다.

- **디지털 소통 도구 활용 : 이메일, 메신저, 화상 회의 등 다양한 디지털 도구를 통해 실시간 소통이 가능하도록 합니다.특히 원격 근무 환경에서는 더욱 중요한 요소로 작용합니다.**

결과(結果):

- 구성원 만족도 및 참여도 증가: 투명하고 원활한 소통으로 구성원들이 자신의 의견이 존중받고 있다는 느낌을 받으며, 직무 만족도가 높아집니다. 직원들이 조직에 대한 소속감과 책임감을 갖고, 적극적으로 업무에 참여하게 됩니다.
- 조직 문화 개선: 상호 신뢰와 존중을 바탕으로 한 소통은 긍정적인 조직 문화를 형성합니다. 불필요한 갈등이 줄어들고, 협력적이고 창의적인 분위기가 조성됩니다.
- 의사결정 속도 및 품질 향상 : 다양한 관점에서 나온 의견을 수렴하여 보다 나은 의사결정을 내릴 수 있습니다. 구성원들의 신속한 피드백을 통해 문제 해결 속도가 빨라지고, 실수가 줄어듭니다.
- 혁신 및 창의성 촉진: 자유로운 소통 환경에서 구성원들은 새로운 아이디어를 제시하고 실험할 수 있는 분위기가 조성됩니다. 이는 조직의 혁신과 창의성을 촉진하여 경쟁력을 강화합니다.
- 성과 향상 : 소통 중시 경영은 구성원의 사기 진작, 의사소통 장애 감소, 업무의 효율성 증대로 이어져 결과적으로 기업의 성과를 높입니다. 직원들의 동기부여가 향상되며, 생산성과 수익성도 긍정적으로 영향을 받습니다.
- 소통 중시 경영은 단순히 내부 조직의 소통만을 의미하는 것이 아니라, 고객 및 파트너와의 외부 소통을 통해서도 긍정적인 결과를 얻을 수 있습니다. 이러한 경영 방식은 기업의 지속 가능성을 높이는 중요한 요소로 작용합니다.

불변의 진실 요약

요약

이기적 독선은 단기적으로는 개인의 이익을 증진시킬 수 있으나, 장기적으로는 사회적 고립, 신뢰 상실, 공동체 붕괴 등 부정적인 결과를 초래합니다.

이타적 배려는 즉각적인 개인적 손실을 감수할 수 있지만, 장기적으로는 긍정적인 인간관계, 공동체의 복지 증진, 심리적 만족 등 좋은 결과로 이어집니다.

즉, 이타적 배려는 개인과 공동체 모두에게 지속 가능한 긍정적인 영향을 미치는 반면, 이기적 독성은 결국 개인의 사회적 지위와 행복을 저해할 수 있습니다.

이기적 독선 경영은 초기에는 성과를 낼 수 있지만, 조직 내 신뢰를 약화시키고 장기적으로는 부정적인 결과를 초래할 가능성이 큽니다. 이타적 배려 경영은 장기적인 관점에서 더 높은 성과와 지속 가능한 성장을 촉진하며, 건강한 조직 문화를 형성하는 데 중요한 역할을 합니다. 조직의 성공을 위해서는 단기적 성과보다는 장기적인 신뢰와 협력, 그리고 지속 가능한 성장 전략이 필요합니다.

경영 성공Point. 7

1. 자기긍정(自己肸靜)

민주사회에서 대중적인 평가도 중요하지만. 시대흐름의 시류에의한 평가보다는 정도에의한 세인의 긍정적인 평가가 영원하리라. 자신의 행위에 대해서 스스로 판단할수 있다. 자기관리의 기본이다. 스스로 내리는 자기평가야 말로 가장정확한 평가일 것이다. 정당한 노력으로 소신을 다했다면 언젠가는 정당한 평가를 받을수있다는 것을 믿어라.

2. 긍정적인 사고로 성공한 사람처럼 행동하라

성공한 사람처럼 행동하면 당신은 성공을 향하여 나가고 있는 것이다. 성공과 실패는 드러난 사실이 아니라 그것을 느끼는 사람의 마음속에서 시작된다. 마음을 긍정적인 상태로 유지하면 첫째 인생을 활기차게 살 수 있는 꿈을 그리게 되고 둘째 할수있다는 신념으로 셋째 행동력을 높일수 있다. 행복의 싹은 위기와 재난속에서 피어난다. 문제를 해결하는 방법은 뜻박의 기회에서 찾아오기도 한다. 긍정적인 노력이 기회의 문을 열게된다.

3-2 사회에서 본 성공한 사람과 성공한 기업인

3-2-1. 사회에서본 성공한사람의 기준

사회에서 성공한 사람을 정의하는 기준은 개인의 가치관이나 사회적 관점에 따라 다를수 있지만, 일반적으로 다음과 같은 기준을 통해 성공 여부를 판단할 수 있습니다.

① 직업적 성공

- 경제적 안정: 높은 소득을 얻거나 재정적으로 독립할 수 있는 사람.
- 직책과 책임: 조직 내에서 중요한 직책을 맡고 있거나, 자신의 분야에서 리더로 인정받는 사람.
- 업무 성과: 직장에서 우수한 성과를 내고, 그로 인해 승진하거나 인정받는 사람.

② 사회적 인정

- 명성: 사회적, 직업적으로 널리 알려지거나, 인정받는 사람.
- 네트워킹: 다양한 인맥을 통해 영향력을 발휘할 수 있는 사람.
- 사회적 기여: 봉사, 자선 활동 등 사회에 긍정적인 영향을 미치는 활동을 하는 사람.

③ 개인적인 성취

- 목표 달성: 자신의 목표를 명확히 설정하고, 이를 달성한 사람.
- 자기 발전: 끊임없이 배우고 성장하며, 자기 계발에 힘쓰는 사람.

④ 균형 잡힌 삶

- 일과 삶의 균형: 직업적인 성공뿐만 아니라 가정생활, 취미 등 개인적인 삶에서도 만족을 이루는 사람의 심리적 만족감은 행복감, 삶에대한 긍정적인 태도, 자존감을 갖춘 사람.

⑤ 도덕적·윤리적 기준

- 도덕적 행동: 사회적 성공뿐만 아니라, 도덕적 원칙을 지키며 행동하는 사람.
- 신뢰와 존경: 주위 사람들로부터 신뢰와 존경을 받는 사람.

이와 같은 요소들이 결합되어, 사회에서 성공한 사람으로 평가됩니다. 성공의 기준은 주관적일 수 있으므로 개인에 따라 다를 수 있습니다.

3-2-2. 사회에서본 성공한 기업인의 정의

사회에서 "성공한 기업인"으로 평가되는 사람에 대한 정의는 여러 측면에서 다양한 요소들이 반영될 수 있습니다. 일반적으로 성공한 기업인은 다음과 같은 기준을 충족하는 경우에 해당합니다.

① 재정적 성공

- 기업의 성장: 기업이 지속적으로 성장하고, 매출과 수익이 꾸준히 증가하는 것을 이끈 기업인.
- 재정적 안정: 회사를 경제적으로 안정적으로 운영하고, 금융 위기나 도전 속에서도 회사를 유지한 기업인. 시장 점유율: 특정 산업에서 시장의 중요한 점유율을 확보한 기업을 이끄는 사람.

② 혁신과 창의성

- 혁신적인 제품/서비스 개발: 기존의 시장을 변화시키거나 새로운 시장을 개척하는 혁신적인 아이디어를 실현한 기업인. 창의적 경영 전략: 독창적인 경영 방식이나 비즈니스 모델을 통해 경쟁 우위를 확보한 사람. 기술 및 트렌드 리더십: 새로운 기술을 적극적으로 도입하고 미래 지향적인 비전을 제시하는 기업인.

③ 사회적 책임과 기여

- 기업의 사회적 책임 (CSR): 환경 보호, 인권 존중, 공정 거래 등의 사회적 책임을 다하며, 사회에 긍정적인 영향을 미치는 경영을 실천한 기업인. 사회적 기여: 자신 활동, 사회 환원, 교육 및 고용 창출 등 사회에 실질적

인 기여를 한 기업인. 기업 문화 형성: 직원들이 자부심을 가지고 일할 수 있는 조직 문화를 형성한 기업인.

④ **리더십과 경영 능력**

- 효과적인 리더십: 조직의 성장을 이끄는 뛰어난 리더십을 발휘하여 팀을 이끌고, 조직 내에서 좋은 성과를 창출한 기업인.
- 위기 관리 능력: 경제적 불황이나 위기 상황에서 회사를 성공적으로 운영하고 이를 극복한 사람. 인재 양성: 우수한 인재를 육성하고, 기업 내에서 건강한 인재 관리 시스템을 구축한 경영자.

⑤ **글로벌 영향력**

- 국제적 성공: 자국뿐만 아니라 국제적으로 성공한 기업을 이끄는 기업인. 해외 시장에서 경쟁력을 발휘하고, 글로벌 시장에서 인정받는 경영자가 이에 해당됩니다.
- 글로벌 네트워크: 국제적인 파트너십을 형성하고, 전세계적으로 영향력을 미친기업인.

⑥ **윤리적 경영**

- 도덕적 리더십: 비즈니스를 윤리적으로 운영하며, 투명성, 공정성을 기반으로 한 경영 철학을 가진 사람. 신뢰와 존경: 거래처, 직원, 고객, 주주들로부터 신뢰받고 존경받는 기업인.

3-2-3 성공한 사람/기업인의 인생관과 기업관

성공한 사람과 기업인이 되기 위해 필요한 인생관과 기업관은 개인의 성향이나 산업에 따라 다를 수 있지만, 공통적으로 중요한 몇 가지 요소들이 있습니다. 이를 인생관과 기업관으로 나누어 정리해 보겠습니다.

① **인생관** (Life Philosophy)

(1) 목표 지향성 (Goal-Oriented)

- 명확한 목표 설정: 성공한 사람들은 장기적인 목표와 그 목표를 달성하기 위한 단기 목표를 명확하게 설정합니다.

- 끊임없는 자기개발: 개인적 발전을 멈추지 않고 새로운 기술과 지식을 습득하며 자신을 끊임없이 업그레이드합니다.

⑵ 긍정적인 사고방식 (Positive Mindset)

- 실패를 기회로 삼음: 실패를 좌절로 받아들이기보다는 배움의 기회로 삼고, 이를 통해 개선하는 자세가 중요합니다.
- 도전 정신: 어려운 상황에서도 포기하지 않고 지속적으로 도전하는 태도가 필요합니다.

⑶ 자기 책임 의식 (Self-Responsibility)

- 책임감 있는 태도: 자신의 성공이나 실패에 대해 다른 사람을 탓하지 않고, 모든 결과에 대해 책임을 지는 자세를 갖습니다.
- 자기 관리: 체력, 시간, 감정을 잘 관리하여 최적의 상태를 유지하는것이 중요합니다.

⑷ 균형감 (Balance)

- 일과 삶의 균형: 일을 열심히 하면서도 가족, 건강, 여가 등 인생의 다른 중요한 부분과의 균형을 유지하는 것이 장기적인 성공을 위한 필수적인 요소입니다.

⑸ 봉사와 나눔 (Service and Giving Back)

- 사회적 책임 의식: 성공한 사람들은 자신의 성공을 사회에 환원하며, 나눔을 통해 더 큰 의미를 찾습니다.

② **기업관** (Business Philosophy)

⑴ 고객 중심 사고 (Customer-Centric Thinking)

- 고객의 요구 파악: 고객의 문제를 해결하는 제품이나 서비스를 제공하고, 고객의 필요를 최우선으로 생각하는 것이 기업의 성공에 필수적입니다.
- 지속적인 피드백 수용: 고객의 의견을 귀 기울여 듣고 이를 개선해 나가는 프로세스가 중요합니다.

⑵ 혁신과 변화 수용 (Innovation and Adaptability)

- 변화에 대한 유연성: 시장 상황이나 기술 변화에 빠르게 적응하고, 기업 내부에서도 새로운 아이디어와 변화를 수용하는 유연성을 가져야 합니다.
- 지속적인 혁신: 혁신은 더 나은 제품과 서비스를 제공하기 위한 필수

적 요소로, 시장에서 경쟁력을 유지하는 핵심입니다.

(3) 장기적인 비전 (Long-Term Vision)

- 단기 이익보다 장기적 성장에 집중: 성공적인 기업가는 단기적인 이익보다는 장기적인 비전을 가지고, 지속 가능한 성장을 도모합니다.
- 리스크 관리: 성공적인 기업가는 리스크를 예측하고 이를 관리하는 능력이 뛰어나며, 급격한 변동성에도 잘 대처할 수 있습니다.

(4) 사람이 자산이다 (People Are Assets)

- 직원의 중요성 인식: 기업의 성장은 직원의 성장과 밀접하게 연결되어 있음을 이해하고, 직원의 성장과 행복을 위한 투자에 아낌없이 지원합니다.
- 팀워크 강조: 개인의 능력보다 팀 전체의 성과를 중시하고, 협력적인 조직문화를 구축하는 것이 중요합니다.

(5) 윤리적 경영 (Ethical Management)

- 윤리와 투명성: 기업의 성공을 위해서는 윤리적 기준을 준수하고, 투명하고 공정한 경영을 통해 신뢰를 쌓는 것이 중요합니다.
- 사회적 책임 (CSR): 기업은 이익을 넘어 사회에 긍정적인 영향을 미칠 수 있는 경영 방식을 추구해야 합니다.

윤리경영과 사회적 책임은 불가분의 양립적 관계로 경영자의 인격 智仁勇이 수반되었을 때 사회적 책임 실현이 가능 함으로 禮德을 가치로 추구하는 기업가 정신이 사회에 공헌하여 장수기업의 기반이 구축된다 하겠습니다. 성공의 의지는 가치추구의 기본으로 성장기업으로 정착될 것입니다. 그림 3-1 참고

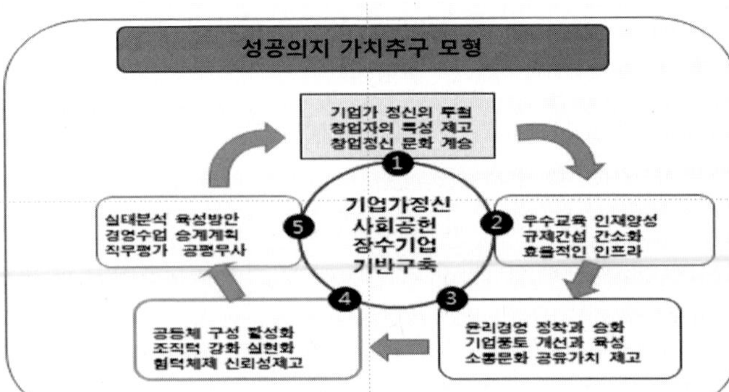

그림 3-1. 성공의지 가치추구 모델

성공한사람과 성공한기업인

요약

▶ 성공은 긍정적사고와 목표와 책임감

성공한 사람과 기업인이 되기 위해서는 명확한 목표, 긍정적 사고, 책임감과 같은 인생관을 바탕으로 개인의 성장을 추구해야 합니다. 동시에 고객 중심, 혁신 및 윤리적 경영과 같은 기업관을 통해 시장에서 신뢰받고 지속 가능한 성장을 이루는 것이 필수적입니다.

▶ 장기적 비전

지속 가능한 성장: 단기적 이익보다는 장기적인 성장과 발전을 목표로 회사를 운영한 사람. 미래 지향적인 비전 제시: 변화하는 시장 환경 속에서도 회사의 비전과 전략을 유연하게 조정하고, 지속 가능한 성장을 이끄는 능력. 성공한 기업인은 단순히 재정적인 성과뿐만 아니라, 혁신적인 리더십, 사회적 기여, 윤리적 경영, 장기적 비전 등 다양한 측면에서 성공을 이루어 사회적으로도 긍정적인 평가를 받는 사람입니다.

경영 성공Point. 8

1. 가난을 삶의 원동력으로 삼아라

가난은 절망이 아니라 기회와 동기의 부여이다. 그런데 왜 가난에서 벗어나지 못할까? 첫째로 그들은 자신이처한 현 상황을 비꿀수있는 능력이 자신에게 있다는 사실을 믿지 않는다. 둘째로 인생의 본질을 땀과 눈물을통해 느끼는 만족감을 모른다.

가난을 삶의 원동력으로 삼는 성공의 큰 인물. 물론 가난이 성공의 필수조건은 아니다. 끊임없이 목표를 향하여 나아가는 도정정신이다. 그들은 곤경에 빠질수록 왕성한 도전정신을 불태운다. 당신은 모든 것을 바꿀 수 있는 능력이 있다는 사실을 잊지말라.

2. 행복을 꿈꾸거든 주위 사람에게 사랑과 기쁨을 베풀어라

인정은 다른사람을 위한 것이 아니라 자신을 위한 것이다. 다른사람에게 기쁨을 주는 마음이 없으면 재산이 늘어나기는 어렵다. 행운이나 재산 성공이란 좇아가서 움켜쥘수 있는 성질의 것이 아니다. 사람을 매개로 사람에 의해 도모되는 것이 행운이고 성공이다.

타인에게 베푼기쁨은 당신의 내부에 존재하는 보물창고에 싸인다. 결국 당신을 행복으로 이끈다. 풍요로운 삶을 바란다면 우선 보물창고에 투자하라.

3-3 사람의 태도와 습관이 성공에 미치는 영향

3-3-1. 마음의 태도가 성공에 미치는 영향

마음의 태도는 성공에 있어서 중요한 역할을 합니다. 긍정적이거나 발전적인 마음가짐은 도전과 실패를 극복하고, 지속적으로 목표를 추구하는 데 중요한 요소입니다. 마음의 태도가 성공에 미치는 영향을 다음과 같이 정리할 수 있습니다.

① 긍정적 태도와 낙관주의

긍정적인 태도를 가진 사람들은 실패나 어려움 속에서도 희망을 잃지 않고 도전을 계속합니다. 낙관주의는 목표를 추구할 때 장기적으로 인내심을 유지하고, 더 창의적이며 효율적인 문제 해결 방식을 찾는 데 도움을 줍니다.

연구에 따르면, 긍정적인 생각은 실제로 뇌의 기능을 향상시켜 더 나은 의사결정과 성과를 가져오는 데 기여할 수 있습니다.

② 회복 탄력성 (Resilience)

마음의 태도는 역경을 대하는 방식에 큰 영향을 미칩니다. 회복 탄력성이 높은 사람들은 실패를 성장의 기회로 받아들이며, 실패에 좌절하기보다 배움의 기회로 삼습니다. 이들은 반복되는 실패에도 불구하고 재도전하며, 성공에 가까워질 가능성이 큽니다.

③ 성장 마인드셋 (Growth Mindset)

캐롤 드웩(Carol Dweck)의 연구에서 소개된 개념으로, 성장 마인드셋을 가진 사람들은 자신의 능력이 노력을 통해 발전할 수 있다고 믿습니다. 이들은 어려운 과제나 문제에 부딪힐 때 좌절하기보다 더 많은 노력을 기울이며, 지속적인 자기개발에 집중합니다.

반면, 고정 마인드셋을 가진 사람들은 자신의 능력이 한정되어 있다고 생각해 실패를 두려워하고 도전의 기회를 포기하는 경향이 있습니다.

④ **자기 효능감** (Self-efficacy)

자기 효능감이 높은 사람들은 자신이 어떤 일을 해낼 수 있다는 믿음을 가지고 있습니다. 이 믿음은 목표를 설정하고 그것을 이루기 위해 꾸준히 노력하는 동력이 됩니다. 성공적인 사람들은 일반적으로 자신이 가진 능력과 자원을 활용해 문제를 해결할 수 있다고 확신하며, 이러한 믿음이 실제 성취로 이어지는 경우가 많습니다.

⑤ **자기 규율과 인내**

성공은 종종 장기적인 목표를 추구하는 과정에서 달성됩니다. 이때 중요한 요소는 자기 규율과 인내입니다. 마음의 태도가 중요한 이유는 자기 규율을 유지하는 데 큰 영향을 미치기 때문입니다. 목표를 향해 꾸준히 나아가고, 즉각적인 만족을 포기하며, 긴 시간 동안 헌신할 수 있는 태도는 성공의 중요한 열쇠입니다.

⑥ **스트레스와 감정 관리**

성공을 추구하는 과정에서 스트레스와 감정 조절 능력은 매우 중요합니다. 부정적인 감정에 압도되지 않고, 차분하게 문제를 해결할 수 있는 능력은 마음의 태도에 달려 있습니다. 긍정적인 태도를 유지하면 어려운 상황에서도 스트레스에 잘 대처할 수 있으며, 더 나은 성과를 이끌어낼 수 있습니다.

3-3 2 생활습관이 성공에 미치는 영향

생활습관이 성공에 미치는 영향은 매우 크며, 건강한 습관과 일상 속의 실천들이 개인의 성과와 목표 달성에 직결됩니다. 성공을 이끄는 생활습관의 주요 요소들을 다음과 같이 정리할 수 있습니다:

① **규칙적인 수면**

- 성공에 미치는 영향: 규칙적인 수면은 집중력과 생산성을 높이고, 의사결정 능력을 향상시킵니다. 충분한 수면을 취하면 뇌가 더 잘 기능하고, 창의력과 문제 해결 능력이 향상됩니다.
- 추천 습관: 매일 일정한 시간에 자고 일어나며, 7-8시간의 수면을 유지하

는 것이 좋습니다.

② **균형 잡힌 식습관**

• 성공에 미치는 영향: 건강한 식단은 에너지를 제공하고, 정신적 명료함을 유지하는 데 도움을 줍니다. 특정 영양소가 부족하면 피로감이 생기고, 집중력이 떨어질 수 있습니다.
• 추천 습관: 균형 잡힌 식사를 하고, 과도한 가공식품과 설탕 섭취를 줄이며, 신선한 채소와 과일, 단백질을 섭취하는 것이 중요합니다.

③ **규칙적인 운동**

• 성공에 미치는 영향: 운동은 신체적 건강뿐만 아니라 정신적 건강에도 긍정적인 영향을 미칩니다. 스트레스를 줄이고, 기분을 개선하며, 신체적 활동이 생산성을 높일 수 있습니다.
• 추천 습관: 매일 30분 이상의 유산소 운동이나 스트레칭을 실천하며, 주기적으로 신체를 움직이는 것이 좋습니다.

④ **효율적인 시간 관리**

• 성공에 미치는 영향: 시간을 효율적으로 관리하면 더 많은 목표를 달성할 수 있으며, 우선순위를 정해 중요한 일을 처리하는 능력이 향상됩니다.
• 추천 습관: 할 일을 목록으로 작성하고, 중요한 일부터 처리하며, 집중력을 높이는 시간 관리 기법을 활용하는 것이 좋습니다(예 포모도로 기법).

⑤ **긍정적인 사고방식**

• 성공에 미치는 영향: 긍정적인 사고는 어려운 상황에서도 동기부여를 유지하고, 문제를 해결하려는 의지를 강화합니다. 긍정적 사고방식은 스트레스에 대한 저항력을 키워주며, 장기적으로 더 많은 성취를 가능하게 합니다.
• 추천 습관: 감사하는 마음을 키우고, 문제에 직면할 때마다 해결책을 찾으려는 태도를 유지하는 것이 중요합니다.

⑥ **자기계발과 학습**

• 성공에 미치는 영향: 지속적인 학습과 자기계발은 새로운 기회를 만들고,

다양한 분야에서 성장할 수 있는 기회를 제공합니다. 새로운 지식과 스킬을 배워나가는 과정은 개인의 경쟁력을 높이고, 직업적 성공을 이끌 수 있습니다.

- 추천 습관: 매일 독서나 강의를 통해 새로운 지식을 습득하고, 자신의 목표에 맞는 분야에서 끊임없이 학습하려는 노력이 필요합니다.

⑦ 건강한 인간관계 유지

- 성공에 미치는 영향: 인간관계는 개인의 정서적 안정과 직장 내 성과에 중요한 영향을 미칩니다. 건강한 대인관계는 신뢰를 쌓고, 협력과 소통을 통해 목표를 더 효과적으로 달성할 수 있게 해줍니다.
- 추천 습관: 주변 사람들과의 소통을 중요시하고, 긍정적이고 건설적인 대화로 관계를 유지하는 것이 중요합니다.

⑧ 스트레스 관리

- 성공에 미치는 영향: 과도한 스트레스는 건강과 성과에 부정적인 영향을 미칠 수 있습니다. 스트레스를 관리하면 감정적 균형을 유지할 수 있고, 장기적인 목표 달성에 더 집중할 수 있습니다.
- 추천 습관: 명상, 호흡 운동, 취미 생활 등을 통해 스트레스를 효과적으로 관리하는 것이 중요합니다.

3-3-3 "불변의 진실"과 "사필귀정"

우리 사회에서 흔히 사용되는 중요한 개념으로, 도덕적이고 윤리적인 교훈을 내포하고 있습니다. 이 두 가지를 각각 살펴보면 다음과 같습니다.

① 불변의 진실 (不變/眞實)

⑴ 의미(意味):

불변의 진실은 시간이 지나도 변하지 않는 진리 또는 사실을 의미합니다. 이는 인간의 주관적인 생각이나 관점에 의해 흔들리지 않는 변함없이 존재하는 진리입니다.

⑵ 철학적 배경:

고대 철학자들은 우주의 원리나 자연 법칙처럼 변하지 않는 것들이 있나고 믿었습니다. 플라톤의 이데아론에서도 모든 사물의 본질은 시간과 공간을 초월하여 존재한다고 보았으며, 이런 본질이 바로 불변의 진실에 가까운 개념입니다.

(3) 현대적 해석:

현대 사회에서 불변의 진실은 과학적 사실이나 도덕적 기준에 대한 확신을 나타내는 경우가 많습니다. 예를 들어, "모든 사람은 평등하다"라는 진리나 자연 법칙에 기반한 과학적 사실은 시간이나 환경이 바뀌더라도 변하지 않는 진실로 여겨집니다.

사람의 태도와 습관이 성공에 미치는 영향

요약

▶ 성공은 마음의 태도에서

마음의 태도는 성공에 있어 필수적인 요소로, 긍정적이고 성장 지향적인 태도는 실패를 극복하고 꾸준히 목표를 추구하게 합니다. 자신에 대한 믿음과 지속적인 노력, 인내심이 결합될 때, 그 결과는 성공으로 이어질 가능성이 큽니다.

▶ 성공은 자기관리에서

성공은 하루아침에 이루어지지 않으며, 지속적인 생활습관의 변화와 실천이 중요합니다. 규칙적인 수면, 식습관, 운동, 시간 관리, 긍정적 사고, 학습, 인간관계, 스트레스 관리 등 다양한 측면에서의 건강한 습관들이 모여 개인의 성과와 성공을 결정짓습니다.

경영 성공 Point. 9

1, 당신이 처한 환경

사람은 환경의 지배를 받느냐 환경을 조성하느냐 기로에 선다. 위인은 환경을 조성하나 범인은 환경의 지배를 받는다고 한다. 진실한 자아는 그사람의 영혼이다. 영혼을 다스리는 주인은 바로 가슴속에 담긴 꿈과 포부이다. 작은 인물은 꿈과 포부가 없기 때문에 방황하기 마련이다. 반면 큰 인물은 가슴속에 확고한 인생의 목표가 있기 때문에 고난과 역경 앞에서도 흔들리지 않고 불우환경을 개선하며 자신의 꿈을 실현한다.

장래에 어떤사람이 될지 결정했다면 그 모습을 상상하면서 모방성을 가져라. 일종의 자기 수련이나. 가난이든 치욕이든 좌절이든 지금 당신이처한 현실을 이상적으로 받아 들여라. 당신의 꿈과 포부를 잃지 않는다면 환경의 지배를 당하지 않고 당신의 꿈을 이루어 나갈 것이다.

2. 타인의 삶을 존중하라. 상대를 먼저 배려하라.

세상에서 출세하는데는 두가지 방법이있다. 남을 딛고 올라서든가 남의 충직한 발판이 되어주던가 하는 것이다. 부를 이루는 방법은 사람과 사람과의 관계라는 매개를 통하여 성공과 부의 기회를 엮는 방법이다. 성공하기 위해서 가장 중요한 것은 무엇인가? 다른사람의 삶을 존중하고 원활한 인관계를 만들고 유대관계를 소중이 여기는 생활문화 조성이다.

돈이 필요하다면 우선 인간관계를 소중이 여겨라 그러면 돈은 저절로 따라온다. 성공한 사람들은 모두 이 진리를 피부로 느끼며 터득한 사람들이다.

3-4 사즉생 • 생즉사/이기심과 이타심

4-1-1. "필사즉생 필생즉사"(必死卽生 必生卽死)

① 필사즉생 필생즉사의 원리

"필사즉생 필생즉사" 용어는 이순신 장군이 명량 대첩에서 12척의 배로 330척의 왜군 함대를 격파할 때 사용한 용어로 위기에 접했을 때 휘하 군사들에게 용기와 사명을 준 정신과 관련된 개념으로, '죽음을 각오해야만 살 수 있다'는 의미를 담고 있습니다. 이용어는 현 경쟁사회에서도 사용되며 이 원칙은 두 가지 중요한 개념을 포함합니다.

①-1 필사즉생 (必死卽生): 죽음을 각오하고 최선을 다하면 생존할 수 있다는 생각입니다. 이는 불확실한 상황에서 결단력과 용기를 갖고 임하는 태도를 강조합니다. 두려움을 극복하고 목표를 향해 전진해야 한다는 메시지를 담고 있습니다.

①-2 필생즉사 (必生卽死): 살기 위해서는 오히려 죽음을 생각해야 한다는 뜻입니다. 이는 생존을 위해서라도 항상 최악의 상황을 염두에 두고 대비하라는 의미로, 안주하지 않고 끊임없이 성장하고 발전하라는 교훈을 줍니다.

이 두 원칙은 개인의 각오와 태도를 강조하며, 어려운 상황에서도 긍정적인 마인드로 최선을 다하라는 지향점을 제시합니다. 결국, 이 개념들은 인생의 어려움을 극복하고 더 나은 자신으로 나아가는 데 필요한 정신적 지침을 제공합니다.

② 어원의 진리가 사회에 미치는 영향

"필사즉생, 필생즉사"는 개인의 삶과 사회 전반에 여러 가지 방식으로 긍정적인 영향을 미칠 수 있습니다.

②-1 진리(眞理)

ⓐ 결단력과 용기: 이 원칙은 개인이 두려움을 극복하고 어려운 상황에서도 결단을 내릴 수 있도록 합니다. 이는 삶의 다양한 도전에 맞서 싸우는 데 필요한 정신력을 강화합니다.

ⓑ 목표 지향적 태도: 생존을 위한 각오가 필요하다는 것은 개인이 목표를 설정하고 이를 위해 노력해야 함을 의미합니다. 이는 자기 계발과 성장의 중요한 동기가 됩니다.

ⓒ 위기 대처 능력: 필사즉생의 마음가짐은 위기 상황에서 더 효과적으로 대처할 수 있는 능력을 배양합니다. 이는 개인의 문제 해결 능력을 향상시키는 데 기여합니다.

③ 사회에 미치는 영향

ⓐ 협력과 연대: 이 정신은 개인이 어려움을 극복하기 위해 서로 협력하도록 유도합니다. 이는 사회적 연대감을 증진시키고 공동체의 결속력을 강화합니다.

ⓑ 혁신과 변화: 불확실한 상황에서의 적극적인 대처는 새로운 아이디어와 혁신을 촉진합니다. 이는 사회가 변화하고 발전하는 데 기여합니다.

ⓒ 위기 극복의 문화: 사회 전반에 걸쳐 필사즉생의 정신이 확산되면, 위기 극복을 위한 문화가 형성됩니다. 이는 재난이나 위기 상황에서 사회가 보다 효과적으로 대응할 수 있도록 합니다.

결론적으로, "필사즉생, 필생즉사"는 개인의 성장과 사회의 발전에 중요한 역할을 할 수 있는 원칙으로, 더 강하고 resilient한 사회를 만드는 데 기여합니다.

④ 위기극복좌 목적 성취의 가치

"필사즉생, 필생즉사"의 원리는 위기 극복과 목적 성취에 있어 중요한 가치와 지침을 제공합니다. 이 원리가 어떻게 구체적으로 작용하는지 살펴보겠습니다.

④-1 위기 극복(危機克服)

ⓐ 정신적 준비: 위기 상황에서 '죽음을 각오한다'는 자세는 불확실성에 대한 두려움을 줄여줍니다. 이는 개인이 위기를 냉정하게 바라보고 효과적으로 대처할 수 있는 기반이 됩니다.

ⓑ 행동력(行動力): 절박한 상황에서는 즉각적인 행동이 요구됩니다. 이 원리는 주저하지 않고 결단을 내릴 수 있도록 하여, 빠른 대처와 실행력을 높입니다.

ⓒ 유연한 사고: 어려운 상황에서 다양한 해결책을 모색하는 능력이 강화됩니다. 필사즉생의 정신은 창의적이고 유연한 사고를 촉진하여 새로운 접근법을 시도하게 합니다.

④-2 목적 성취(目的成就)

ⓐ 목표 지향성: 생존을 위한 각오가 목표 달성을 위한 동기를 제공합니다. 목표에 대한 헌신이 강화되어, 개인이 목표를 향해 지속적으로 노력하도록 만듭니다.

ⓑ 인내와 끈기: 필생즉사의 원리는 어려운 상황에서도 포기하지 않고 계속해서 목표를 추구하는 태도를 강조합니다. 이는 인내심과 끈기를 기르는 데 도움을 줍니다.

ⓒ 자기 성장: 목표를 달성하기 위한 과정에서 개인은 많은 경험을 쌓고 성장하게 됩니다. 이 과정은 자신의 한계를 넘어서는 데 기여하며, 개인의 잠재력을 극대화합니다.

④-3 결론(結論)

"필사즉생, 필생즉사"의 원리는 위기 극복과 목적 성취에 있어 중요한 역할을 합니다. 이는 개인의 정신적 강인함을 키우고, 목표에 대한 헌신을 증진시키며, 어려운 상황에서도 긍정적인 결과를 이끌어내는 데 기여합니다. 이러한 가치들은 개인의 삶뿐만 아니라 사회 전반의 resilience와 발전에도 큰 영향을 미칩니다.

⑤ 위기극복의 전략적 전술적 가치

이순신 장군은 임진왜란 동안 여러 차례의 전투에서 승리하며 한국 역사에서 중요한 인물로 남아 있습니다. 그의 위기 극복 전략과 전술은 다음과 같은 가치가 있습니다.

⑤-1 전략적 가치

ⓐ 전략적 우위 확보: 이순신은 적의 움직임을 철저히 분석하고, 아군의 지형적 이점을 활용하여 전투를 계획했습니다. 예를 들어, 명량 해전에서는 좁은 해협을 이용해 적의 수적 우위를 무력화했습니다.

ⓑ 정보 수집과 활용: 이순신은 정찰과 정보를 중시하여 적의 동태를 파악했습니다. 이는 적의 전략에 대한 사전 대비와 신속한 대응을 가능하게 했습니다.

ⓒ 일관된 목표: 그는 국가와 국민을 지키기 위한 확고한 목표를 가지고 있었고, 이를 위해 모든 자원을 동원했습니다. 이러한 목표 의식이 전투의 동기를 부여했습니다.

⑤-2 전술적 가치

ⓐ 기동성과 유연성: 이순신의 전술은 빠른 기동성을 바탕으로 하여 적의 예상치를 벗어난 전투 방식으로 승리했습니다. 그는 적의 진형을 무너뜨리는 데 효과적인 공격을 감행했습니다.

ⓑ 부대 운영의 효율성: 이순신은 소규모의 부대를 효과적으로 운용하여 불리한 상황에서도 승리를 이끌어냈습니다. 이를 통해 자원과 병력을 최대한 활용했습니다.

ⓒ 정신적 지도력: 그의 리더십은 군사뿐 아니라 국민에게도 큰 영향을 미쳤습니다. 그는 군사들이 사신감을 갖고 싸울 수 있도록 독려하며, 결속력을 강화했습니다.

⑤-3 결론(結論)

이순신 장군의 위기 극복 전략과 전술은 단순한 군사적 승리를 넘어, 현대 사회에서도 여전히 교훈이 되는 가치들을 제공합니다. 결단력, 철저한 준비, 유연한 대처, 그리고 강력한 리더십은 어려운 상황에서도 긍정적인 결과를 이끌어낼 수 있는 중요한 요소들입니다. 이러한 가치들은 역사 속에서뿐만 아니라 현재의 다양한 위기 상황에서도 적용될 수 있습니다.

⑥ 경쟁사회에서 종사지에게 주는 교훈적 가치

"필사즉생 필생즉사"는 경쟁 사회에서 종사자에게 여러 가지 교훈적 가치를 제공합니다. 이 원칙은 개인의 마음가짐과 태도에 큰 영향을 미치며, 직장 내에서의 행동과 대처 방식을 형성하는 데 기여합니다.

⑥-1 결단력과 용기

ⓐ 두려움 극복: 경쟁 사회에서는 불확실성과 위기가 자주 발생합니다. 필사즉생의 정신은 두려움을 극복하고 용기 있게 행동하도록 합니다.

ⓑ 신속한 의사결정: 빠른 변화에 대응하기 위해서는 결단력이 필요합니다. 이 원칙은 자신감을 가지고 결정을 내리도록 합니다.

⑥-2. 목표 지향성

ⓐ 명확한 목표 설정: 목표를 향한 헌신이 중요함을 강조합니다. 이는 개인이 경력 발전이나 성과 향상에 집중하도록 합니다.

ⓑ 지속적인 노력: 필생즉사의 원리는 목표 달성을 위해 끈기와 인내가 필요하다는 점을 일깨워줍니다.

⑥-3 창의적 문제 해결

ⓐ 위기 속의 기회 발견: 어려운 상황에서 새로운 아이디어와 접근법을 찾는 데 도움이 됩니다. 위기를 기회로 전환할 수 있는 사고 방식을 촉진합니다.

ⓑ 적응력: 변화하는 환경에 유연하게 대처하는 능력을 기릅니다. 이는 경쟁에서 우위를 점하는 데 중요합니다.

⑥-4 협력과 연대

ⓐ 팀워크 강화: 위기 극복의 과정에서 동료와의 협력을 강조합니다. 공동의 목표를 위해 함께 노력하는 것이 중요함을 알려줍니다.

ⓑ 소통의 중요성: 필사즉생의 정신은 원활한 소통과 정보 공유의 필요성을 강조하여 조직의 유기적인 운영을 촉진합니다.

⑥-5 자기 발전

ⓐ 지속적인 학습: 어려운 상황에서의 경험은 개인의 성장과 발전에 기여합니다. 실패와 성공을 통해 배우는 태도를 배양합니다.

ⓑ 정신적 강인함: 고난을 통해 더욱 강한 자신을 만들어가는 과정을 강조하며, 이는 개인의 경력에도 긍정적인 영향을 미칩니다.

ⓒ 결론(結論)적으로 "필사즉생, 필생즉사"는 경쟁 사회에서 종사자에게 결단력, 목표 지향성, 창의적 문제 해결, 협력, 자기 발전 등의 중요한 가치를 제공합니다. 이러한 교훈은 개인의 직업적 성공뿐만 아니라

조직의 성과에도 큰 영향을 미치며, 더 나아가 건강한 직장 문화를 형성하는 데 기여합니다.

4-1-2 이타심과 이기심(利他心/利己心)

이타심과 이기심에 이타심즉이(利他卽利己)란말이 있습니다. 왜 그럴까요? 한번 알아보겠습니다.

① 이타심과 이기심의 진리

①-1 이타심의 본질

타인의 행복과 이익을 고려하고 배려하는 마음가짐입니다. 장기적이고 지속가능한 관계 형성의 기반을 구축하게되고 사회적 신뢰와 협력을 증진시키는 요소가 됩니다.

①-2 이기심의 본질

자신의 이익만을 추구하는 성향으로 안목의 시야가 좁아자고 단기적 이익에 집중으로 독선과 정보부족 상태를 초래합니다. 타인과의 관계에서 갈등을 유발할 수 있음으로 고립을 가저올 우려가 있습니다.

② 이타심 소유자가 성공률이 더 높은 이유

②-1 신뢰 구축

이타적인 사람은 타인을 배려하는 마음을 가지고 있어 소통이 원활해저 주변으로부디 정보 획득이 원활해서 상황 판단이 용이해 짐으로써 신뢰를 얻기 쉬워집니다. 좋은 평판은 사회적/직업적 기회로 이어짐으로 사회활동 영역을 넓여 나가게 됩니다.

②-2 네트워크 효과

이타심 소유자는 타인을 도움으로써 더 넓은 대인관계 인맥이 형성되어 돌아가는 상황의 정보 교환이나 사물의 협의 등 고견을 들어 판단력을 높일 수 있어 가치성을 인정받게 되며 필요할 때 도움을 받을 수 있는 상호호혜(相互好惠)적 관계 구축의 네트워크 효과를 창출합니다.

②-3 창의성과 혁신

이타적인 성품을 가진사람은 다양한 관점에서 다양한 의견을 수용하는 열린 마음으로 혁신을 추구하기 때문에 창의성이 발현되어 새로운 가치성이 창조됨으로 협업을 통한 시너지 효과 창출하여 업무영역이나 부(富)를 이룰 수 있습니다.

②-4 정서적 안정

다른사람에게 도움을 준다는 것은 언제나 마음이 안정되어 긍정적인 대인관계를 넓여 나가게 되고 낙관적인 성향으로 스트레스가 감소되어 높은 정서적 지능으로 효과적인 의사소통 및 발전적인 요소들을 발견하게 됩니다.

②-5 지속가능한 성장

장기적 관점에서의 지속 가능한 의사결정은 상호 호혜와 상부상조(相扶相助)할 수 있는 결과물이어야 가능하게 됩니다. 고로 실리(實利)를 바탕으로 한 조직이 윤리적 책임 경영으로 인하여 지속가능한 성장에 성공 할 수 있습니다.

이타심은 단순히 도덕적 가치를 넘어 실질적인 성공으로 이어지는 중요한 요소라고 할 수 있습니다. 다만 건강한 이타심은 자신을 완전히 희생하는 것이 아니라, 자신과 타인의 이익을 모두 고려하는 균형 잡힌 태도라는 점을 기억할 필요가 있습니다.

③ 창의성·혁신성이·네트워크 효과와 력량

네트워크 효과를 극대화하는 창의적 역량과 전략은 다음과 같습니다:

③-1 사용자 가치 창출

사용자들이 실제로 필요로 하는 문제 해결하고 독창적이고 차별화된 가치를 제안하여 사용자 경험(UX) 최적화에 기여 합니다. 창의성(Creativity)은 자유로운 사고, 협력적인 환경 등.

새로운 아이디어, 접근법 또는 해결책을 생성하는 능력이며, 문제 해결과 아이디어 발전의 근본적인 요소로, 개인과 조직의 성장과 발전에 기여, 속신 요소 입니다.

③-2 네트워크 확장성

네트워크 효과 (Network Effect) 정의는 사용자 수가 증가할수록 서비스나 제품의 가치가 상승하는 현상을 가져 옵니다. 중요성은 사용자가 많아질수록 더 많은 데이터와 피드백이 축적되어 제품이나 서비스의 개선과 성장을 촉진 합니다. 초기 핵심 사용자 확보 전략으로 자연스러운 바이럴 효과가 유도되어 플랫폼의 확장 가능한 설계를 이룹니다.

③-3 상호작용 활성화

사용자간 연결과 소통 촉진 커뮤니티 형성 지원하며 네트워크 참여등 동기를 부여합니다. 역량 창출 (Capability Building)은 조직이 지속적으로 발전할 수 있는 능력이나 자원을 개발하는 과정에서 교육, 경험 축적, 기술 도입 등으로, 지속 가능한 경쟁력을 확보하고, 변화하는 환경에 적응하기 위한 기초가 됨으로 상호작용 활성화에 기여합니다.

③-4 지속적 혁신

혁신성 (Innovation)의 정의는 창의적인 아이디어를 실현하여 실제로 가치를 창출하는 과정.

종류 제품 혁신, 프로세스 혁신, 비즈니스 모델 혁신 등. 중요성은 경쟁우위를 제공하고, 시장의 변화에 적응할 수 있도록 도와 주는데 있습니다. 사용자 피드백 기반을 개선하고 신기술 도입과 적용하며 새로운 기능과 서비스 개발을 촉진합니다.

결론적으로 이 네 가지 요소는 서로 긴밀하게 연결되어 있습니다. 창의성이 혁신성을 촉진하고, 혁신성은 네트워크 효과를 활용하여 더욱 많은 가치를 창출합니다. 또한, 역량 창출은 이러한 과정들을 지원하며 조직이 지속적으로 성장하고 발전할 수 있게 만듭니다. 이를 통해 기업은 변화하는 시장에서 경쟁력을 유지할 수 있습니다. 이러한 요소들이 선순환하면서 네트워크 효과가 증폭되고 플랫폼의 가치가 높아지게 됩니다. 지속적인 혁신과 개선을 통해 사용자들에게 더 나은 가치를 제공하는 것이 핵심입니다.

④ 이타심 소유자는 정서적 안정과 지속성장이 가능한가

이타심 소유자는 정서적 안정과 지속 가능한 성장을 이룰 수 있습니다. 배려와 공감을 기반으로 하며, 이는 긍정적인 인간관계를 형성하고 정서적 지지를 받을 수 있는 이타심은 타인에 대한 기회를 제공합니다.

지속가능한 정서적 성장을 위해서는 다음과 같은 점들이 중요합니다.

④-1 건강한 자기돌봄의 토대

자신을 먼저 돌보는 것이 이기적인 것이 아닙니다. 자신의 정서적/신체적 건강이 있어야 타인도 도울 수 있습니다. 정서적 안정은 이러한 건강한 관계에서 비롯되며, 이타심이 강한 사람들은 타인과의 연결을 통해 긍정적인 감정을 경험하고 스트레스를 줄이는 데 도움을 받을 수 있습니다.

④-2 균형 잡힌 이타심의 실천

자신의 한계를 인정하면서 돕기는 것이지 무조건적인 희생이 아닌 상호 존중하는 관계를 맺는 것이 균형 잡힌 이타심의 실천입니다. 정서적 안정은 이러한 건강한 관계에서 비롯되며, 이타심이 강한 사람들은 타인과의 연결을 통해 긍정적인 감정을 경험하고 스트레스를 줄이는 데 도움을 받을 수 있습니다.

④-3 지속가능한 성장을 위한 방법

작은 것부터 실천하며 점진적으로 확장하는 것이 도움을 주고받는 과정에서 오는 보람 느끼기게되고 타인의 성장을 돕는 것이 결국 자신의 성장으로 이어지는 것입니다.

관계인간관계 개선: 이타적인 행동은 건강한 관계를 형성하고 유지하는 데 도움이 됩니다. 이러한 는 정서적 지원을 제공하며, 이는 개인의 성장에 기여합니다.

④-4 정서적 안정을 위한 습관

규칙적인 자기 돌봄 시간 확보하고 건강한 경계 설정하며 감정을 조정하고 인정하며 표현하는 생활 습관이 필요합니다. 자기 이해 증진은 타인을 돕고 이해하는 과정에서 자신에 대한 통찰을 얻을 수 있습니다. 이는 자기 반성을 촉진하고, 자신의 가치관이나 목표를 재조정하는 데 도움을 줍니다. 사회적 기술 향상은 이타심은 공감 능력과 의사소통 능력을 향상시키며, 이러한 기술들은 개인의 사회적 상황에서 더 나은 성과를 가져올 수 있습니다.

이러한 균형잡힌 접근이 결국 진정한 의미의 이타심을 실천하고 정서적으로도 안정된 성장을 이루는 길이 될 것입니다. 지속적인 성장에 있어서도, 이타심은 자신과 타인의 발전을 동시에 도모할 수 있는 기반이 됩니다. 다른 사람을 도우며 얻는 경험과 배움은 개인의 성장에도 기여하게 됩니다. 따라서,

이타심은 정서적 안정과 개인적 성장 모두에 긍정적인 영향을 미칠 수 있습니다.

⑤ 자기돌봄 토대로 이타심의 실천 성공자의길

자기돌봄과 이타심의 균형은 삶을 조금 더 활기있게 만들어 줍니다. 그 이유는 다음과 같습니다.

⑤-1 자기돌봄의 중요성

신체적, 정신적 건강 관리철저와 충분한 휴식과 영양을 섭취하며 스트레스 관리와 취미 생활을 활성화하며 자신의 한계를 인정하고 존중하며 일상을 생활화 합니다. 스트레스 감소는 타인을 돕는 행동은 긍정적인 감정을 유발하고 스트레스를 감소시키는 데 도움이 됩니다. 정서적 안정은 개인적 성장을 촉진하는 중요한 요소입니다

⑤-2 균형 잡힌 이타심

타인을 돕되 자신을 소진시키지 않고 건강한 경계선 설정하며 주는 지혜의 질거움을 아는 인품이되어야 지속 가능한 봉사의 기여를 하게 된다는 것입니다. 인간관계 개선의 이타적인 행동은 건강한 관계를 형성하고 유지하는 데 도움이 됩니다. 이러한 는 정서적 지원을 제공하며, 이는 개인의 성장에 기여합니다. 이타심 소유사는 개인적 성장에 긍정적인 영향을 미칠 수 있습니다

⑤-3 성공으로 가는 길

자기돌봄과 이타심이 서로를 강화하는 건강한 자아상을 바탕으로 한 관계 형성은 진정성 있는 네트워크 구축이라 하겠습니다. 장기적 관점에서의 성장은 이러한 요소들이 조화롭게 작용할 때, 지속 가능한 성공이 가능합니다. 다만 이는 하룻밤에 이루어지는 것이 아니라 꾸준한 실천과 노력이 필요한 과정입니다.

- 목표 및 의미 추구: 이타적인 행동은 개인의 삶에 더 깊은 의미를 부여할 수 있으며, 이는 개인적인 목표를 설정하고 달성하는 데 긍정적인 영향을 미칩니다.

결론적으로, 이타심은 개인적 성장에 다양한 방식으로 기여할 수 있습니다.

제4절

노력과 인내는 성취의 자원

가이드 4: 노력과 인내로 만물 성취

4-1. 노력과 인내는 무쇠도 녹여낸다

4-1-1. 노력에는 천재도 못 당한다
4-1-2. "인내와 의지는 무쇠도 녹여낸다"
4-1-3. 극복의 의지는 험난한 태산도 넘을 수 있다

4-2. 새로운 길차자

4-2-1. 생각을 바꾸어야 길이생긴다
4-2-2. 아는 것 만큼 보이고 들린다
4-2-3. 백가지 지식보다 한가지 실현이 중요

4-3. 정직사회 정의사회 구현의 길

4-3-1. 공짜도 거짓도 존재할 수 없다
4-3-2. 진실과 정의 실현을 위하여 체계화
4-3-3. 부폐와 가짜의 난무 그 사회 결과

4-4. 긍정과 부정의 심리동태

4-4-1. 긍정과 부정의 심리가 사회에 미치는 영향
4-4-2. 배려와 배타(配慮/排他)

4-1 노력과 인내는 무쇠도 녹여낸다

4-1-1. 노력에는 천재도 못 당한다

"노력에는 천재도 못 당한다"는 말은 재능보다는 꾸준한 노력과 끈기가 더 중요하다는 의미를 담고 있습니다. 이 격언을 체계적으로 분석하고 정리하면 다음과 같습니다.

① 재능과 노력이란 무엇인가?

(1)* 재능(才能): 특정한 분야에서 타고난 능력이나 소질을 의미합니다. 예술, 과학, 스포츠 등 다양한 분야에서 빠르게 성과를 내거나 학습 속도가 뛰어난 사람들에게 주로 사용됩니다.

(2)* 노력(努力): 재능과 상관없이 일정한 목표를 향해 꾸준하게 시간과 에너지를 투입하는 행위입니다. 인내와 끈기가 요구되며, 반복과 연습을 통해 능력을 키우는 과정입니다.

② 재능의 한계

(1) 단기적인 성과: 재능은 초기에 빠르게 성과를 낼 수 있지만, 그만큼 한계에 다다를 수 있는 시점도 빠릅니다. 지속적인 발전을 이루기 위해서는 결국 노력이 필요합니다.

(2) 집중력과 끈기 부족: 재능이 뛰어난 사람일수록 처음에는 쉽게 만족할 수 있어, 꾸준한 노력을 소홀히 할 가능성이 큽니다. 이는 장기적으로 성장을 방해하는 요인이 될 수 있습니다.

③ 노력의 힘

(1)* 꾸준함의 가치: 노력을 통해 작은 발전을 꾸준히 쌓아가는 것이 중요합니다. '10,000시간의 법칙'처럼 특정 분야에서 전문가가 되기 위해서는 오랜 시간의 집중적 연습이 필수입니다.

(2)* 피드백과 성찰: 노력을 통해 지속적으로 자신의 상태를 피드백 받고 개선해 나가면, 자신만의 학습 전략과 문제 해결 방법을 만들어 나갈 수 있습니다.
성장의 한계 극복: 꾸준한 노력을 통해 재능에 의존하지 않고도 자신만의 속도로 성장하며, 새로운 한계점을 넘을 수 있습니다.

④ 실제 사례

(1) 스포츠(운동): 많은 운동선수들이 타고난 신체적 능력을 뛰어넘는 성과를 내기 위해 수년간의 체계적인 훈련과 연습을 통해 성공을 거두었습니다. 예를 들어, 마이클 조던은 그의 농구 실력이 처음에는 비범하지 않았지만, 그의 끊임없는 연습과 노력이 그를 전설적인 선수로 만들었습니다.

(2)* 예술 및 학문: 아인슈타인과 같이 초기에는 특별한 재능이 두드러지지 않았던 인물들이 지속적인 탐구와 연구를 통해 위대한 업적을 이룬 사례가 많습니다.

⑤ 노력과 재능의 조화

(1)* 재능의 보완: 타고난 재능이 있는 사람도 꾸준한 노력을 통해 그 재능을 갈고 닦아야만 그 진정한 가치를 발휘할 수 있습니다. 노력은 재능을 극대화하는 도구입니다.

(2)* 노력의 승리: 꾸준한 노력은 재능이 없는 사람이라도 높은 수준에 도달할 수 있게 합니다. 일관된 노력은 재능을 가진 사람조차도 압도할 수 있는 힘을 발휘합니다.

⑥ 결론(結論)

- 장기적인 관점에서 노력의 중요성: 재능이 있는 사람도 지속적인 노력 없이는 일정 한계에 부딪힐 수밖에 없습니다. 반면, 노력은 시간이 지나면서 점진적으로 성과를 이끌어내어 결국 큰 성취를 이룰 수 있게 합니다. 따라서 꾸준한 노력은 재능을 뛰어넘는 힘을 가질 수 있습니다.

4-1-2 "인내와 의지는 무쇠도 녹여낸다"

"인내와 의지는 무쇠도 녹여낸다"라 함은 끈기와 강한 의지가 있으면 아무리 어려운 일도 해낼 수 있다는 뜻을 담고 있습니다. 이 표현은 겉으로는 불가능해 보이거나 극복하기 힘든 상황도 포기하지 않고 계속 노력하면 성과를 얻을 수 있다는 교훈을 전달합니다.

① 합리적으로 이 표현을 정리하면 다음과 같습니다:

⑴ 인내의 중요성: 어려운 상황이나 큰 도전 앞에서 사람들은 쉽게 포기할 수 있습니다. 하지만 인내는 시간을 두고 꾸준히 노력하는 태도를 의미하며, 이로 인해 조금씩 성과가 쌓여 나가게 됩니다.

⑵* 의지의 힘:(意志力): 의지는 어떤 상황에서도 목표를 향해 흔들리지 않는 마음가짐을 뜻합니다. 의지가 강하면 상황이 어렵더라도 결단력 있게 문제를 해결하려는 노력을 지속할 수 있습니다.

⑶ 점진적인 성과: 무쇠처럼 단단한 물체도 지속적인 열을 가하면 결국 녹아내립니다. 마찬가지로, 사람이 목표를 향해 끈질기게 나아갈 때 결과는 시간이 걸리더라도 결국 달성된다는 비유입니다.

⑷* 현실적 적용: 현실에서도 큰 성취는 단번에 이루어지지 않으며, 많은 시간과 노력이 필요합니다. 중요한 것은 포기하지 않고 꾸준히 나아가는 자세입니다.

개인의 삶에서 어떤 목표나 문제를 해결하는 데 있어 끈기와 결단력이 얼마나 중요한지를 강조하며, 결국 성공은 시간과 노력이 합쳐졌을 때 가능하다는 메시지를 전하고 있습니다.

② 인내의 정의와 역할

⑴ 인내(忍耐)**는 어려운 상황 속에서도 참고 견디며 계속해서 노력하는 태도를 의미합니다.

인내는 흔히 장기적인 목표를 달성하는 데 필수적입니다. 어떤 일이든 큰 성취를 이루려면 단기적인 좌절이나 실패에 굴하지 않고 꾸준히 나아가야 합니다.

⑵ 인내의 예: 마라톤 선수들이 목표 지점에 도달하기 위해 꾸준히 달리는

것처럼, 작은 진전들이 쌓여 큰 성과로 이어집니다.

③ 의지의 힘과 그 의미

(1)** 의지(意志)**는 자신의 목표를 이루기 위해 굳은 결심을 하고 끝까지 나아가는 마음을 뜻합니다. 이는 단순한 바람이나 소망을 넘어서, 구체적인 행동을 수반하는 결단입니다. 강한 의지를 갖고 있으면, 어려움이나 유혹에 쉽게 흔들리지 않고 목표를 향한 길을 고수할 수 있습니다.

(2)** 의지의 예: 학업이나 직장 생활에서 도중에 포기하고 싶을 때, 자신이 세운 목표를 기억하며 끝까지 버텨내는 것

④ 무쇠가 녹는다는 비유의 구체적 의미

무쇠는 매우 단단하고 녹이기 힘든 금속입니다. 이는 일반적으로 극복하기 어려운 상황이나 큰 도전을 상징합니다. 그러나 지속적인 열과 시간의 누적은 결국 그 단단한 무쇠도 녹여낼 수 있습니다. 이는 꾸준한 노력과 의지의 불씨가 모이면, 처음에는 불가능해 보이던 일도 결국 해결할 수 있다는 의미를 전달합니다.

- 구체적 예: 수십 년에 걸쳐 과학자들이 끊임없이 연구한 끝에 불가능해 보였던 우주 탐사가 결국 현실이 된 것처럼, 지속적인 연구와 노력은 거대한 성과를 가능케 합니다.

⑤ 실제 삶에서의 적용

이말이 전달하는 핵심 메시지는 어떠한 도전도 인내와 의지로 극복할 수 있다는 것입니다. 예를 들어, 학업이나 직장에서 큰 목표를 세운 경우, 그 목표는 종종 처음에는 달성하기 어려워 보입니다. 하지만 매일 조금씩 목표를 향해 나아가고, 포기하지 않는다면 결국 성공할 수 있다는 교훈을 줍니다. 성공한 사업가, 운동선수, 예술가들 역시 수많은 실패와 좌절을 겪었지만, 끝까지 포기하지 않고 노력했기 때문에 성공할 수 있었던 사례들이 많습니다.

⑥ 현대적 관점에서의 의미

오늘날에도 이말은 유효하며, 장기적인 프로젝트나 목표 달성 과정에서의

끈기를 강조하는 교훈으로 사용될 수 있습니다. 현대 사회에서의 도전들은 종종 복잡하고 장기적인 노력을 요구하므로, 이런 경우 이말은 계속해서 희망을 주는 지침이 됩니다.특히 끊임없이 변하는 환경 속에서도 한 가지 목표를 향해 집중하고 노력하는 자세가 성공으로 이끌 수 있음을 시사합니다. 궁극적으로 우리가 긴 시간 동안 꾸준히 노력하고, 강한 의지를 지닌다면, 처음에는 불가능해 보이는 일도 해낼 수 있다는 깊은 교훈을 전달합니다.

4-1-3 극복의 의지는 험난한 태산도 넘을 수 있다

극복의 의지는 험난한 태산도 넘을 수 있다"는 말은, 어떤 어려움이든지 그것을 극복하려는 강한 의지가 있다면 극복할 수 있다는 의미를 담고 있습니다. 이를 구체적으로 정리하면 다음과 같습니다.

① 강한의지 닌제의 극복

• 강한 의지의 중요성: 이 말은 의지의 힘이 모든 어려움과 장애물을 이겨낼 수 있는 가장 중요한 요소임을 강조합니다. 어떤 일이든 이겨내려는 마음이 있다면 해결의 실마리를 찾을 수 있습니다.

⑴* 어려움의 상징성: 험난한 태산은 극복하기 힘든, 혹은 불가능해 보이는 큰 어려움이나 도전을 비유합니다. 이 말에서 태산은 곧 인생에서 마주하는 커다란 장애나 난관을 상징합니다.

⑵* 의지의 효과: 아무리 힘든 상황이더라도 이를 극복하려는 확고한 의지가 있다면, 어떤 어려움도 넘을 수 있음을 의미합니다. 이는 내적 동기부여와 끊임없는 노력을 통해 문제를 해결할 수 있음을 암시합니다.

⑶ 희망과 긍정적인 메시지: 이 말은 도전적인 상황 속에서 포기하지 않고 계속해서 노력하라는 긍정적인 교훈을 전달합니다. 자신에게 주어진 어려움에 좌절하지 말고, 의지를 잃지 않으면 언젠가는 해결책이 찾아진다는 희망을 줍니다.

“극복의 의지는 험난한 태산도 넘을 수 있다”는 말은 현대인들이 업무에서 마주하는 다양한 도전과 난관을 극복하는 데 큰 도움이 되는 교훈을 제공합니다. 이를 업무 환경에서 구체적으로 적용할 수 있도록 설명하면 다음과 같습니다.

② 업무에서의 의지력

업무는 종종 스트레스, 긴장, 복잡한 문제들로 가득 찬 태산과 같습니다. 이런 환경에서 성공하려면 의지력과 끈기가 필수적입니다. 의지가 강하면 업무에서 마주하는 문제나 실패에도 굴하지 않고, 끝까지 해결책을 찾으려는 자세를 유지할 수 있습니다. 이는 특히 장기적인 프로젝트나 큰 성과를 내야 하는 중요한 업무에서 중요한 역할을 합니다.

③ 불가능해 보이는 목표 달성

현대인의 업무는 종종 도전적인 목표 설정과 마감 시간에 맞춘 결과 도출이 요구됩니다. 처음에는 '불가능해 보이는 목표'도 강한 의지로 꾸준히 노력하면 현실적인 계획으로 변화할 수 있습니다. 어려운 목표를 세웠을 때, 그 목표가 너무 커서 압도될 때조차도 극복하려는 의지가 있다면 점진적으로 한 걸음씩 나아갈 수 있습니다. 작은 성취의 연속이 모여 결국 큰 목표를 달성할 수 있습니다.

④ 난관에서 배우고 성장하기

업무 중 예상치 못한 문제나 실패는 흔히 일어나는 일입니다. 하지만 이런 난관을 넘으려는 의지가 있다면 단순히 문제를 해결하는 것에 그치지 않고, 더 나은 방식으로 문제를 해결하고 미래에 대비할 수 있는 능력을 기르게 됩니다. 즉, 실패를 성장의 기회로 삼고, 난관을 극복하며 더 강해질 수 있습니다. 이 과정에서 얻는 성장은 직원 개인뿐만 아니라 팀 전체의 역량을 강화할 수 있습니다.

⑤ 스트레스 관리와 의지력의 관계

업무 스트레스는 의지를 약하게 만들 수 있습니다. 그러나 의지력은 스트레스 속에서 꾸준히 목표를 향해 나아가는 힘을 줍니다. 의지력과 정신적 회복력(레질리언스)은 상호 보완적인 관계입니다. 의지가 강할수록 스트레스를 더 잘 관리할 수 있고, 스트레스를 잘 관리하면 의지가 약해지지 않도록 유지할 수 있습니다. 이는 어려운 프로젝트나 복잡한 상황 속에서도 침착함을 유지하고, 문제를 논리적으로 해결할 수 있는 능력을 높여줍니다.

⑥ 팀워크와 의지력

업무는 혼자서 하는 것이 아닌 팀과의 협업이 중요한 경우가 많습니다. 팀원 중 한 사람이 강한 의지를 보이면, 그 의지가 팀 전체에 긍정적인 영향을 미칩니다. 의지는 전염성이 있어, 어려운 상황에서 동료들이 포기하려 할 때 강한 의지로 도전을 지속하는 모습은 팀원들에게 동기를 부여하고, 전체 팀의 분위기를 살릴 수 있습니다. 이는 팀워크를 강화하고 목표를 달성하는 데 매우 중요한 역할을 합니다.

⑦ 자기 계발과 지속적인 노력

업무에서 성공하려면 단순히 기술이나 능력만이 아니라 지속적인 자기 계발과 학습이 필요합니다. 의지를 가지고 새로운 기술을 배우고 자신의 한계를 극복하려는 마음가짐이 없다면, 빠르게 변화하는 업무 환경에서 뒤처질 수 있습니다. 업무에서 성공하려면 꾸준한 학습과 자기 계발을 위한 노력이 필요하며, 그 기반에는 끊임없이 도전하고자 하는 의지가 깔려 있어야 합니다.

⑧ 긍정적인 마인드셋

"극복의 의지"는 긍정적인 마음가짐과도 밀접한 관련이 있습니다. 업무에서 예상치 못한 문제나 좌절을 경험할 때, 긍정적으로 생각하고 해결책을 찾으려는 의지가 있다면 더 나은 결과를 이끌어낼 수 있습니다. 어려움에 직면할 때 포기하지 않고 이를 기회로 삼으려는 자세가 업무 성과에 큰 차이를 만들어 냅니다.

"노력하는 자에게는 천재도 못당한다"

노력은 쇠도 녹인다는 말은 인간사에있어 어떠한 어려움이 있어도 노력과 인내의 극복의 의지만 있다면 기업이 쇠퇴의 위기에 처하여도 정신일도하사불성(精神一到何事不成)이라 쇠퇴기업도 기업혁신의 노력으로 장수기업으로 이어질수 있습니다. 그림 4-1 기업혁신노력으로 장수기업으로 진입 모형을 참고하여 불멸의 기업육성에 기여도를 높이기 바랍니다.

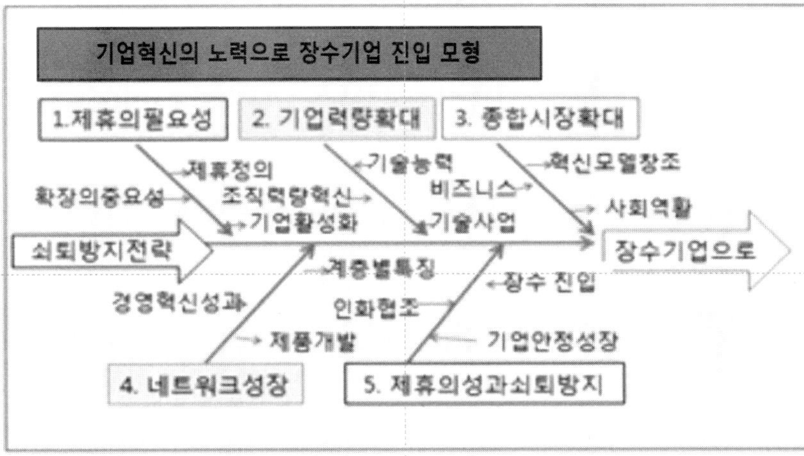

그림 4-1. 기업혁신의 노력으로 장수기업으로 진입 모형

노력과 인내는 무쇠도 녹여낸다

요약

▶ 끝없는 자기혁신

* 끝없는 자기 개선: 노력은 자신을 성장시키고 한계를 극복하는 과정입니다. 천재가 일시적인 성공을 거두더라도, 꾸준한 노력 없이는 장기적인 성공을 보장할 수 없습니다. 이러한 체계적인 노력의 중요성은 다양한 분야에서 성공을 이끄는 기본 원리라고 할 수 있습니다.

▶ 요약(要約)

"극복의 의지는 험난한 태산도 넘을 수 있다"는 말은 현대인들이 업무에서 경험하는 다양한 도전과 난관을 극복하는 데 중요한 지침이 됩니다. 강한 의지와 포기하지 않는 태도를 유지하면서 끊임없이 학습하고 성장하려는 자세를 가진다면, 어떤 어려움도 결국 해결할 수 있습니다. 이는 개인적인 성취뿐만 아니라 팀의 성과에도 긍정적인 영향을 미치며, 장기적으로 성공적인 업무 성과를 이끌어낼 수 있는 중요한 요소입니다.

성공Point. 10

1. 타인의 성공을 도와라

사회는 공동의 장이다 경쟁심리가 너무강하고 이기적일 때. 자신의 성공만을 바라는 소인이 될 우려가 있다. 큰 인물은 개인의 우수성보다는 집단의 우수성을 중시한다. 타인의 성공을 질투하거나 시기하지말라. 성공의 내면을 배워라. 세상은 넓다. 당신의 주변에 있는사람들을 경쟁자가 아닌 진정한 협력자 동반자로 만들어라.

2. 요행수를 노리고 무리수를 두지마라

정상에 오르려 애쓰지 마라. 그다음은 내리막 길이다. 오르막이 있으면 내리막이 있다.

만약 남을속여 돈을 번다면 당시자신도 언젠가는 하늘의 제재를 받고 많은 돈을 날리게 된다 속이면 속임을 당하는 것이다. 속이는 행위는 당신마음에 독약을 투여하는 것과 같다. 독 때문에 고통을받는 것은 바로 당산 자신이라는 것을 잊지마라.

4-2 새로운 길찾기

4-2-1. 생각을 바꾸어야 길이 생긴다

"생각을 바꾸어야 길이 생긴다"라는 말은 우리의 사고방식이나 태도를 변화시킬 때 새로운 기회와 가능성이 열린다는 의미입니다. 변화는 우리의 삶에 중요한 영향을 미치며, 그 방향을 결정할 수 있습니다. 이를 체계적으로 정리하면 다음과 같습니다.

① 변화의 필요성 인식

- 현실 인식: 현재 상황을 객관적으로 평가하고, 개선이 필요한 부분을 파악합니다. 변화는 필요성을 느낄 때 시작됩니다. 고정관념 탈피는 과거의 성공 방식이나 익숙한 것에 집착하지 않고, 새로운 방법을 시도하는 것이 필요합니다.

② 생각의 전환

- 긍정적 사고: 문제에 직면했을 때 이를 기회로 바라보고, 실패를 두려워하기보다는 배우는 과정으로 생각하는 태도가 중요합니다. 유연한 사고는 상황에 맞게 생각을 유연하게 조정하며, 새로운 관점에서 문제를 바라볼 수 있어야 합니다.

③ 목표 설정과 계획 수립

- 명확한 목표 설정: 변화를 위한 구체적이고 실현 가능한 목표를 설정하는 것이 필요합니다. 명확한 목표가 있으면 방향성을 잃지 않게 됩니다.세부계획 수립은 목표를 이루기위한 단계별 계획을 수립하고, 이를 실천할 수 있는 구체적인 전략을 마련합니다.

④ 행동과 실행

- 작은 실천부터 시작: 큰 변화를 이루하기 위해서는 작은 변화부터 차근

차근 실천하는 것이 중요합니다.꾸준한 노력은 변화는 한순간에 이루어지지 않습니다. 꾸준한 노력이 필수적입니다.

⑤ 피드백과 수정

- 자기 점검: 변화 과정을 주기적으로 점검하고, 목표와의 간극을 평가합니다. 이를 통해 잘못된 부분을 수정할 수 있습니다. 유연한 조정은 상황의 변화에 맞추어 계획을 수정하거나 방향을 조정할 수 있어야 합니다.

⑥ 환경과의 조화

- 주변 환경 분석: 변화는 내적 변화뿐만 아니라 외부 환경과의 상호작용 속에서 이루어집니다. 환경의 변화에 민감하게 반응할 수 있어야 합니다.
- 지지 시스템 구축: 변화를 지속적으로 유지하기 위해서는 가족, 친구, 동료 등 주변 사람들의 지지와 협력이 필요합니다.

4-2-2. 아는 것 만큼 보이고 들린다

"아는 것 만큼 보이고 들린다"는 말은 사람이 알고 있는 만큼 세상을 이해하고 해석할 수 있다는 의미입니다. 즉, 지식이나 경험의 범위가 그 사람이 인지하고 받아들이는 세계의 한계를 정한다는 철학적 관점입니다. 이는 지각과 인식의 관계를 설명하는 말로, 우리가 이미 알고 있는 것들이 새로운 정보나 현상을 해석하는 데 중요한 역할을 한다는 생각입니다. 이 문장을 통해 도출할 수 있는 정의와 실용적 효율화 방안을 아래와 같이 정리할 수 있습니다.

① 정의(定意)

- 인지적 한계: 우리가 세상을 보고 듣는 방식은 우리 지식의 범위 안에서만 가능하다는 개념. 사람은 경험과 학습을 통해 세상을 해석하고 이해하지만, 그 한계는 자신이 알고 있는 것에 의해 결정된다.

(1) 자기 확증 편향: 사람들은 자신이 이미 알고 있거나 믿고 있는 정보를 더 잘 받아들이는 경향이 있음. 새로운 정보도 기존의 지식 틀 안에서 해석됨.

⑵ 학습과 인식의 상호작용: 새로운 것을 배우면 세상을 바라보는 시각이 달라질 수 있으며, 이는 더 많은 것을 보고 듣고 느낄 수 있는 능력을 확장시킴.

② 실용적 효율화 방안

이 철학적 개념은 다양한 실제 상황에서 효율적으로 활용될 수 있습니다. 이를 몇 가지 예시로 구체화해 보겠습니다.

⑴ 학습의 중요성: 지식의 확장은 더 많은 것을 배우고 경험함으로써 세상을 더 넓게 볼 수 있음. 즉, 학습은 우리가 세상을 더 정확하게 이해하는데 중요한 역할을 함. 이 과정에서 독서, 교육, 여행 등을 통해 새로운 경험과 정보를 습득하는 것이 중요.

⑵ 학습 피라미드 활용: 정보를 단순히 받아들이는 것을 넘어서 실제로 사용하거나 가르치면 더 깊이 이해하게 되며, 세상을 더 넓게 볼 수 있는 능력이 확장됨.

③ 정보 수용과 해석 능력 강화

⑴ 비판적 사고: 새로운 정보를 접할 때 기존의 지식 틀에 얽매이지 않고 다양한 관점에서 분석하고 비판적으로 사고하는 습관을 기름. 이를 통해 기존의 편견이나 제한된 사고를 극복하고 더 깊이 있는 이해를 추구할 수 있음.

⑵ 다양한 경험의 중요성: 특정 분야나 문화에 국한되지 않고 다양한 분야와 문화를 접하면 더 넓은 관점에서 세상을 이해할 수 있음. 이는 직업적 선택, 인간관계, 사회적 판단 등에 있어 더 유연하고 넓은 사고를 할 수 있도록 돕는 요소가 됨.

④ 의사소통과 협업

⑴ 상대방의 관점 이해: 자신이 아는 것만큼 세상을 보게 된다는 사실을 인식하면, 상대방이 가지고 있는 경험이나 지식의 한계를 이해하는데 도움이 되고 이를통해 의사소통시 더 효과적으로 상호이해를 도모할수 있음

⑵ 효율적인 팀워크는 다양한 배경과 지식을 가진 사람들과의 협업은 세상을 바라보는 다양한 시각을 결합하여 더 풍부한 아이디어와 해결책을

도출하는 데 기여함. 이로써 의사결정 과정에서 오류를 줄이고 효율성을 높일 수 있음.

⑤ **개인의 성장과 발전**

(1) 자기 성찰: 자신이 알고 있는 것에 한계를 두지 않고, 항상 새로운 지식과 경험을 쌓기 위해 노력하는 자세가 필요함. 이는 자기계발을 촉진시키고, 더 넓은 관점에서 인생을 바라볼 수 있게 함.

(2) 오픈 마인드: 새로운 정보를 받아들이는 유연한 사고방식을 유지하는 것이 중요함. 이는 세상을 더 많이 보고, 이해할 수 있도록 도와주며, 인간관계나 사회적 상황에서 더 적응력 있게 행동할 수 있게 함.

4-2-3. 백가지 지식보다 한가지 실천 결실이 중요하다.

말은 "아무리 많은 지식이 있어도, 실제로 행동으로 옮겨서 결과를 얻는 것이 더 중요하다"는 의미를 담고 있습니다. 이를 직장인들에게 유용한 교훈으로 정리해보면 다음과 같은 지침이 될 수 있습니다.

① **지식은 출발점, 실천은 목적지**

아무리 많은 지식을 쌓아도, 그 지식이 실제 업무에서 활용되지 않으면 의미가 없습니다. 배운 것을 작은 것이라도 실천에 옮기는 것이 성장을 이끕니다.

② **완벽함을 기다리지 말고 시작하라**

많은 직장인들이 완벽하게 준비된 후에만 일을 시작하려고 합니다. 그러나 작은 실천도 반복되면 큰 변화를 만듭니다. 완벽한 준비보다는 실천을 우선으로 생각하세요.

③ **결과로 말하라**

회의나 보고서에서 멋진 아이디어를 제시하는 것도 중요하지만, 그것이 실제로 성과로 이어지는 것이 진정한 능력입니다. 좋은 계획을 세우는 것보다, 그 계획을 실행해 결과를 만드는 것이 중요합니다.

④ **실패를 두려워하지 말고 도전하라**

실천하는 과정에서 실패는 피할 수 없습니다. 하지만 실패도 중요한 배움의 기회입니다. 실패를 교훈 삼아 다시 도전하는 용기가 필요합니다.

⑤ 지속 가능한 실천

한번의 실천으로 모든 것이 해결되지는 않습니다. 중요한 것은 꾸준히 반복하고 개선해나가는 실천입니다. 작은 성공을 지속적으로 쌓아가는 것이 큰 성과로 이어집니다.

⑥ 팀과의 협력 속에서 실천하기

혼자만의 실천보다는 팀과 협력하여 함께 실천하는 것이 더 큰 성과를 낼 수 있습니다. 자신의 역할을 충실히 이행하면서, 동료들과 협력하여 목표를 달성해 나가는 것이 중요합니다. 직장에서 중요한 것은 배운 지식을 어떻게 적용해 구체적인 결과를 만들어내는가입니다. 지식은 실천을 통해 더욱 가치 있게 변합니다.

⑦ 새로운 길 찾아 미래를 개척할 때

우리가 새로운 길 찾아 미래를 개척할때에는 새로운 가치관이 인식 되어야 합니다 그럼으로 새로운가치관에 입각하여 사물을 관찰하고 정보를 흡수하여 새로운 진로의 모형을 그릴수 있기 때문입니다. 진로의 모형이 확정되면 이를 실천하여 결과를 도출해야 되기 때문에 그과정에 그림 4-2. 가치창조 혁신의 새로운 모형을 참고하면 유익한 지름길이 될 것입니다.

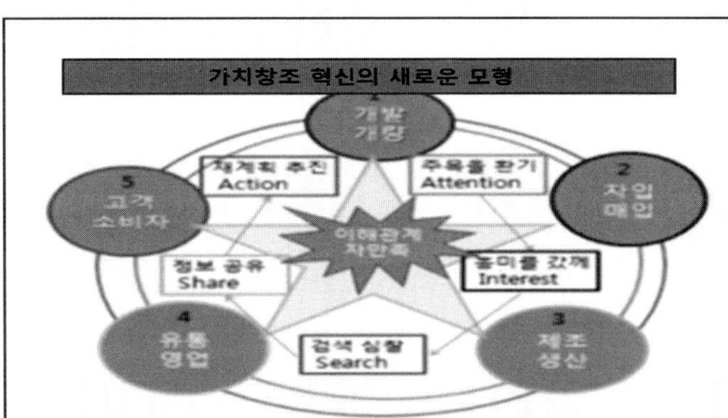

그림 4-2. 가치창조 혁신의 새로운 모형

새로운 길 찾아

요약

▶ 변화의 결과와 지속성

성과 평가: 변화의 결과를 평가하고, 성과를 축적함으로써 성취감을 느끼는 것이 중요합니다.

지속적인 발전: 변화는 한 번에 끝나는 것이 아니라 계속해서 발전하고 성장해 나가는 과정입니다.

이러한 체계적인 과정은 생각을 바꾸고, 새로운 길을 여는 데 중요한 역할을 하며, 궁극적으로 우리의 삶을 더 나은 방향으로 이끌어줍니다.

▶ 결론적으로

"안는 것만큼 보이고 들인다"는 말은 우리가 가진 지식과 경험이 세상을 이해하는 데 얼마나 중요한 역할을 하는지 보여줍니다. 이를 통해 우리는 학습과 경험을 통해 지속적으로 성장하고, 비판적 사고와 열린 마음을 유지하여 더 넓은 세상을 이해할 수 있는 능력을 기를 수 있습니다.

성공Point. 11

1. 독선을 버려라

시야가 좁을수록 자신의 생각이 옳다는 주장이 강하다. 지휘급의 독선과 아집은 그조직의 수준으로 미래를 위하여 간부들의 자질개선이 요구된다. 타인의 말에 귀를 기울여라.

과도한 자신감에 사로잡혀 독선하지 말라. 사람은 누구나 편견이나 선입견에서 자유로울수 없다. 다양한 의견들을 개진할 수 있게 기회를 주어라. 창의적인 공통분모를 찾아라. 잘못된 주장인지 알면서 체면과 지위 때문에 끝까지 고집하는 것은 조직을 망치는 길이다.

2. 사소한 성공에 오만하거나 거만하지 말라.

그릇이차면 넘치는 법. 자기소양과 능력에따라 자기의 그릇 크기는 조정된다. 사람이 자만하면 더 성장할수 없다. 벼는 익을수록 머리를 숙인다고 했다. 일이 잘풀리거나 순조로울 때일수록 겸손하며 보답의 자세로 마음을 갖추고 있으면 더 많은 돈이들어온다. 돈이란 사람의 인격을 바꾸는 매력체이다. 돈이 고개숙여 들어올 때 돈과 같이 고개를 숙여라.

4-3 정직 · 정의 사회 구현의 길

4-3-1. 공짜도 거짓도 존재할 수 없다

"공짜도 거짓도 존재할 수 없다"는 진실과 정직을 바탕으로 한 사회를 구현하려는 사상적 관점에서 출발합니다. 이러한 사상은 도덕적 원칙, 사회적 규범, 그리고 교육적 이념에 깊이 연결되어 있으며, 정직한 사회를 만들기 위해 다음과 같은 체계적인 요소를 강조할 수 있습니다.

① 철학적 기반: 정직과 도덕성

⑴ 정직의 본질: 정직은 사회의 근본적인 덕목으로, 신뢰와 윤리를 바탕으로 형성됩니다. 개인과 사회는 진실에 기반해야만 서로 간의 신뢰를 유지할 수 있습니다.

⑵ 공자 사상의 도덕적 기반: 공자의 핵심 사상 중 하나는 **인의(仁義)**로, 이는 인간성, 윤리, 정의로움을 포함합니다. 정직한 사회는 바로 이러한 도덕적 기반 위에서 가능해집니다.

② 교육과 도덕적 수양

⑴ 교육의 역할: 공자는 교육을 통해 개인이 도덕성을 배양하고, 사회 질서를 유지해야 한다고 강조했습니다. 도덕적 수양을 통해 개인이 스스로의 행동에 책임을 지고, 거짓 없이 행동하도록 교육하는 것이 필수적입니다.

⑵ 덕치(德治): 공자의 덕치는 리더가 도덕적인 모범을 보여 백성들이 자연스럽게 이를 따르는 것을 의미합니다. 정직한 사회는 교육을 통해 지도자가 모범을 보이며, 백성들이 스스로 도덕적인 행동을 실천하는 구조가 필요합니다.

③ 법과 규범의 체계

⑴ 정의로운 법 제정: 법은 사회의 윤리적 기준을 명확히 제시하고, 거짓과

불의가 존재하지 않도록 해야 합니다. 법이 공정하게 적용되고, 거짓말과 부정한 행동이 엄격하게 처벌될 때, 사회는 진실에 기초한 질서를 유지할 수 있습니다.

(2) 규범 준수: 사회 구성원들이 일관된 규범을 준수해야만 정직한 사회가 유지됩니다. 공자는 '예(禮)'의 중요성을 강조했으며, 이는 도덕적 규범과 사회적 질서를 의미합니다.

④ 사회적 신뢰와 책임

(1) 신뢰의 중요성: 공자는 사람 간의 신뢰를 사회적 관계의 핵심으로 보았습니다. 사회 구성원이 서로를 신뢰하고 진실되게 대할 때, 사회는 더 나은 방향으로 발전할 수 있습니다. 신뢰가 무너진 사회에서는 도덕성과 정직이 자리를 잃게 됩니다.

(2) 책임 있는 행동: 각 개인은 자신이 속한 사회에서 정직하게 행동할 책임을 가지고 있습니다. 이를 통해 사회 전반에 걸쳐 정직함이 유지되고, 거짓이 설 자리를 잃게 됩니다.

⑤ 지도자의 역할

(1) 도덕적 리더십: 공자의 가르침에 따르면, 지도자는 도덕적 모범이 되어야 합니다. 지도자가 정직하고 도덕적인 행동을 실천할 때, 그 사회 구성원들도 자연스럽게 이를 따르게 됩니다. 지도자는 사회의 거울이며, 사회의 도덕적 기준을 세우는 데 중요한 역할을 합니다.

(2) 민본주의(民本主義): 공자는 백성을 소중히 여기는 민본주의 사상을 강조했습니다. 지도자가 백성의 의견을 경청하고, 공정하고 투명하게 통치할 때, 사회는 자연스럽게 거짓 없이 운영될 수 있습니다.

⑥ 정직한 사회의 장기적 효과

(1) 사회적 조화: 정직은 사회적 조화를 이루는 중요한 요소입니다. 개인과 집단이 서로 신뢰하고 협력할 수 있는 기반을 제공함으로써 사회는 더 안정적이고 지속 가능한 발전을 이룰 수 있습니다.

(2) 도덕적 발전: 도덕적 기준이 높은 사회는 장기적으로 더 많은 발전을 이루게 됩니다. 경제적, 정치적, 문화적으로 성숙한 사회는 도덕성과 정직

을 중시하는 사회입니다.

결론적으로 "공짜도 거짓도 존재할 수 없다"는 말은 정직과 도덕성을 핵심으로 하는 사회를 지향하는 사상입니다. 이를 실현하기 위해서는 교육, 법, 신뢰, 지도자의 역할, 사회적 책임 등이 유기적으로 결합되어야 하며, 이는 사회 전반의 도덕적 기준을 높이고, 장기적으로 정의롭고 조화로운 사회를 이루는 데 기여할 것입니다.

4-3-2. 진실과 정의 실현을 위하여 체계화

진실과 정의 실현은 사회의 기본적인 가치로, 개인과 공동체의 관계를 형성하고 발전시키는 데 필수적입니다. 이를 체계적으로 정리해보면 다음과 같은 주요 요소들이 있습니다.

① 진실의 개념

- 객관적 사실: 진실은 객관적으로 존재하는 사실이나 사건을 의미합니다.
- 주관적 인식: 개인의 경험이나 관점에 따라 진실이 다르게 인식될 수 있습니다.
- 진실과 허위의 구별: 진실을 인식하고 허위 정보를 분별하는 능력이 중요합니다.

② 정의의 개념

- 공정성: 정의는 모든 개인에게 공평하게 대우하고 권리를 존중하는 것을 의미합니다.
- 법과 규칙: 정의는 법과 사회 규범에 따라 이루어져야 하며, 법의 공정한 집행이 필요합니다.
- 복지와 평등: 정의는 사회적 불평등을 해소하고 모든 사람의 기본적 권리를 보장하는 것을 포함합니다.

③ 진실과 정의의 관계

- 진실의 중요성: 진실이 확립되어야 정의가 실현될 수 있습니다. 진실이 없으면 정의로운 판단이나 결정을 내리기 어렵습니다.

- 사회적 신뢰: 진실이 실현되면 사회적 신뢰가 구축되며, 이는 정의의 구현에 필수적입니다.

④ 진실과 정의 실현을 위한 방법

- 교육: 진실과 정의의 중요성을 알리고, 비판적 사고 능력을 배양하는 교육이 필요합니다.
- 법적 제도: 공정한 법 체계를 구축하고, 법의 평등한 집행을 통해 정의를 실현해야 합니다.
- 사회 참여: 시민들이 적극적으로 사회 문제에 참여하고 목소리를 내는 것이 중요합니다. 이는 민주주의의 기본 원칙을 실현하는 방법입니다.

⑤ 사례와 실천

- 인권 보호: 인권을 보장하고 증진하는 활동을 통해 진실과 정의를 실현하는 사례들이 많습니다.
- 사실 확인: 가짜 뉴스나 허위 정보에 대한 사실 확인과 투명한 정보 공개가 필요합니다.
- 정의 운동: 다양한 사회적 정의를 위해 노력하는 단체와 개인들의 활동이 중요합니다.

결론(結論)

진실과 정의는 개인의 삶뿐만 아니라 사회 전체의 안정과 발전에 필수적인 요소입니다. 이를 실현하기 위해서는 개인, 정부, 사회가 함께 노력해야 하며, 지속적인 교육과 참여가 요구됩니다.

◈ 진실과 정의의 실현한 후 사회

개인의 여러 측면에 긍정적인 영향을 미치며, 그 결과는 다음과 같이 정리할 수 있습니다.

① 사회적 안정

- 신뢰 구축: 진실과 정의가 실현되면 개인과 공동체 간의 신뢰가 증가하여 사회적 안정성이 높아집니다.

- 갈등 감소: 공정한 정의가 이루어지면 사회적 갈등이 줄어들고, 다양한 이해관계자 간의 조화로운 관계가 형성됩니다.

② 인권 보호

- 인권 존중: 진실과 정의의 실현은 개인의 기본적인 인권을 존중하고 보호하는 데 기여합니다.
- 불평등 해소: 사회적 불평등이 줄어들고, 모든 개인이 평등한 대우를 받을 수 있는 환경이 조성됩니다.

③ 법의 지배 강화

- 법적 안정성: 공정한 법 집행과 정의의 실현은 법의 지배를 강화하고, 법적 안정성을 제공합니다.
- 사법 시스템 신뢰: 시민들은 사법 시스템에 대한 신뢰를 가질 수 있게 되어, 법적 절차에 대한 협력도가 증가합니다.

④ 경제적 발전

- 투자 유치: 정의로운 사회는 외부 투자자들에게 매력적이며, 경제적 발전에 긍정적인 영향을 미칩니다.
- 사회적 책임: 기업들이 사회적 책임을 다하게 되어, 윤리적인 비즈니스 관행이 증진됩니다.

⑤ 시민 참여 증진

- 민주적 참여: 진실과 정의가 보장된 사회에서는 시민들이 정치와 사회 문제에 적극적으로 참여하는 경향이 높아집니다.
- 사회적 책임감: 시민들은 자신이 속한 사회에 대한 책임감을 느끼고, 이를 개선하기 위한 행동에 나서게 됩니다.

⑥ 문화적 발전

- 공정한 표현: 진실과 정의가 보장되는 사회에서는 다양한 의견과 문화가 존중받고 자유롭게 표현됩니다.
- 창의성과 혁신: 자유로운 환경은 창의성과 혁신을 촉신하며, 다양한 사

회적, 문화적 발전을 가져옵니다.

4-3-3. 부폐와 가짜의 난무 그 사회 종말

부패와 가짜가 난무하는 사회는 여러 측면에서 심각한 문제를 초래하며, 장기적으로는 사회적, 경제적, 정치적 붕괴로 이어질 수 있습니다. 이러한 사회가 종말에 이르는 경로와 그 결과, 그리고 이를 방지하기 위한 방법을 정리하면 다음과 같습니다.

① 부패와 가짜가 난무하는 사회의 결과

(1) 정치적 불안과 혼란: 부패는 법치주의를 약화시키고, 정의와 공정성을 무너뜨립니다. 정권이나 공공기관이 부패에 연루되면 국민들은 정부에 대한 신뢰를 잃게 되고, 이는 정치적 불안으로 이어질 수 있습니다. 정치적 혼란이 커지면 쿠데타나 무정부 상태로 빠질 가능성도 있습니다.

(2) 경제적 불평등 심화: 부패로 인해 자원과 기회가 공정하게 분배되지 않으면, 소수의 권력자들이 부를 독점하게 되고 대다수 국민은 경제적 어려움에 직면하게 됩니다. 가짜 정보를 퍼뜨리거나 잘못된 경제적 데이터를 조작하는 것도 경제적 붕괴를 촉진합니다.

(3) 사회적 분열과 불신: 부패가 만연한 사회에서는 개인 간, 집단 간 불신이 심화됩니다. 신뢰가 무너지면 협력이나 연대가 약해지고, 사회적 갈등과 분열이 더욱 커질 수 있습니다.

(4) 법과 질서의 붕괴: 부패는 법 집행의 공정성을 훼손시키고, 권력자나 부유층이 법 위에 군림하게 만들 수 있습니다. 결국 법치가 무너져 사회 질서가 붕괴되고 범죄율이 급증할수 있습니다.

(5) 국가적 쇠퇴와 국제적 고립: 부패한 사회는 국제적으로 신뢰를 잃고, 외국 투자자나 국제기구의 지원을 받기 어렵게 됩니다. 이는 경제 성장을 저해하고, 국가의 전반적인 쇠퇴를 불러올 수 있습니다.

② 부패와 가짜 정보의 난무를 방지하기 위한 방안

(1) 강력한 법적 제도 구축: 부패를 방지하기 위해서는 강력하고 독립적인 사법 기관과 감시 기구가 필요합니다. 부패에 연루된 공직자나 기업이 신속하고 공정하게 처벌받을 수 있도록 법적 제도가 뒷받침되어야 합니다.

(2) 투명성 강화: 정부와 공공기관의 운영을 투명하게 관리하여 부패가 발생할 여지를 줄이는 것이 중요합니다. 투명한 정보 공개, 예산 관리 시스템 개선 등을 통해 국민이 정부 활동을 감시할 수 있어야 합니다.

(3) 언론과 시민 사회의 역할: 자유롭고 독립적인 언론은 부패를 폭로하고 국민의 알 권리를 보호하는 중요한 역할을 합니다. 또한 시민단체와 비영리 기구가 부패를 감시하고 개혁을 요구하는 목소리를 낼 수 있어야 합니다.

(4) 교육과 윤리 의식 강화: 사회 전반에 걸쳐 윤리적 가치를 확립하고, 부패의 위험성을 교육하는 것이 중요합니다. 부패는 단순한 법적 문제뿐 아니라 도덕적 문제이기도 하므로, 학교 교육과 공공 캠페인을 통해 부패의 해악을 알리는 것이 필요합니다.

(5) 국제 협력 강화: 부패와 가짜 정보는 국경을 넘나들기 때문에 국제 사회의 협력도 필수적입니다. 국제적 규제와 감시 체계를 통해 부패 방지 노력을 공동으로 추진할 수 있어야 합니다.

(6) 정보의 신뢰성 강화: 가짜 정보가 사회에 미치는 해악을 막기 위해서는 사실 확인을 강화하고, 신뢰할 수 있는 정보를 제공하는 시스템을 마련해야 합니다. 디지털 미디어 시대에서는 온라인 플랫폼이 가짜 뉴스를 차단하고, 정보의 신뢰도를 높이기 위한 조치를 취해야 합니다. 부패와 가짜 정보의 만연은 사회의 모든 영역에서 부정적인 결과를 초래할 수 있으며, 이를 방지하기 위해서는 강력한 법적 제도와 투명성, 시민 참여, 윤리 교육 등이 필수적입니다.

(7) 정의사회 구현은 부패와 가짜를 추방하여야 가능하여 집니다 그러무로 복지사회 구현을 가져올수 있습니다 복지사회구현은 경제적 안전위에서 실현이 가능하게 됩니다 경제적 안전은 기업의 활성화에 있읍으로 기업은 사회적책임을 다하고 사회는 기업을 존중하는 문화가조성될 때 세계에서 존경받는 문화국민이 될것이다. 고로 행복사회 실현은 가짜를 추방하고 경제적 안정속에 언행일치(言行一致)하는 신뢰사회에 있다 행복사회구현의 핵심은 모든 조직경영의 합리화 선진화에 있다. 그림 4-3. 참고

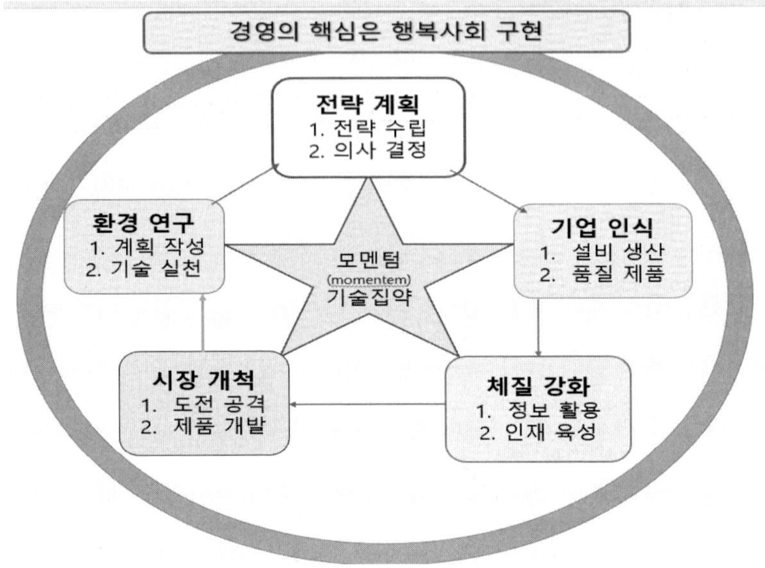

그림 4-3. 기업경영의 핵심은 복지사회구현

정직, 정의 사회 구현의 길

요약

결과(結果)

- 사회적 비용: 거짓말은 개인의 도덕성을 훼손할 뿐만 아니라, 사회 전반에 걸쳐 신뢰를 저하시키고 경제적, 사회적 비용을 증가시킵니다. 이는 궁극적으로 사회적 조화와 안정성을 해치는 원인이 됩니다.
- 정신적 고통: 개인이 거짓말을 하게 될 경우, 이는 자신에게 심리적인 부담과 불안을 초래합니다. 사람들은 거짓말을 숨기기 위해 추가적인 노력을 해야 하며, 이러한 스트레스는 삶의 질을 저하시킵니다.

결론(結論)

진실과 정의의 실현은 단순한 이상이 아니라, 사회의 지속 가능한 발전을 위한 필수 조건입니다. 이를 통해 안정적이고 공정한 사회가 형성되며, 개인의 행복과 공동체의 번영이 동시에 이루어질 수 있습니다. 이러한 긍정적인 결과는 모든 구성원이 함께 노력할 때 더욱 강화됩니다.

경영 성공Point. 12

1. 일을 즐겨라

일을 즐기는데서 방법은 생겨난다. 생각을 바꿔야방법이 생겨난다. 일은 고된 업무라고만 여기지말고 일을 즐거운 오락으로 생각을 바꾸어보라. 성공자는 일 자체가 즐거움이요 흥미를 느끼며 희망이기 때문이다. 일을 좋아하는 주된 요인은 일자체에서 즐거움을 얻기

때문이다. 그즐거움을 찾아내는 것은 당신 몫이다. 무슨일이든 열정을 다하면 일에서 느껴지는 괴로움이나 짜증은 눈 녹듯 사라질 것이다.

2. 부자로 당신도 성공할수 있다

당신의 내부에는 무한한 보물창고가 있다. 마음만 먹는다면 필요한만큼 언제든지 꺼내쓸수 있다. 단지 사람들 대부분이 보물을 끌어내는 방법을 제대로 알지 못하고 있기 때문이다.

모든부(富)는 마음속에 존재한다. 부와 가난을 결정하는 것은 당신 마음이고 어느쪽을 선택하느냐는 당신 자신에게 달려있다.

4-4 긍정과 부정의 심리동태

4-4-1. 긍정과 부정의 심리동태가 사회에 미치는 영향

① 긍정성과 비판성의 업무와의 관계

긍정과 부정의 심리동태는 사회 전반에 여러 가지 영향을 미칩니다. 긍정적인 심리 상태는 사람들의 상호작용을 촉진하고, 협력과 연대감을 증진시키며, 사회적 자본을 강화하는 데 기여합니다. 긍정적인 감정은 스트레스를 줄이고, 창의성 및 문제 해결 능력을 향상시켜 생산성을 높일 수 있습니다.

반면, 부정적인 심리 상태는 개인의 정신 건강에 악영향을 미치고, 사회적 고립감을 증가시킬 수 있습니다. 부정적인 감정은 갈등을 유발하고, 사회적 신뢰를 약화시키며, 비효율적인 커뮤니케이션을 초래할 수 있습니다. 이는 결국 사회적 불안정성을 초래하고, 범죄율 상승이나 사회적 갈등을 부추길 수 있습니다.

따라서 개인의 심리적 상태는 사회 구조와 문화에 깊은 영향을 미치며, 이를 이해하고 긍정적인 심리 환경을 조성하는 것이 중요합니다.

② 긍정이 부정보다 업무능률과성공률이 높은이유

긍정적인 태도가 부정적인 태도에 비해 업무 능률과 성공률을 높이는 데 도움이 되는 이유는 심리적, 신체적, 사회적 요소들이 상호작용하여 긍정적인 영향을 주기 때문입니다. 이유는 다음과 같습니다.

②-1 스트레스 감소와 회복력 증가

긍정적인 태도는 스트레스를 줄이고 문제에 대해 더 유연하게 대처할 수 있게 합니다. 업무에서 스트레스는 생산성을 떨어뜨리고 실수를 유발할 수 있지만, 긍정적인 사람들은 더 빠르게 회복하며 어려움을 해결하는 데 집중할 수 있습니다. 이로 인해 업무 수행의 일관성이 높아지고, 성공 가능성도 증가합니다.

②-2 동기부여와 창의성 증진

긍정적인 마음가짐은 자기효능감을 강화하여 더 큰 동기를 부여하며, 문제를 해결하는 창의적인 아이디어를 떠올리는 데 도움을 줍니다. 이러한 창의적 접근은 새로운 해결책을 찾거나 더 효율적인 업무 방식을 도입할 기회를 제공하여 성공적인 결과를 이끌 수 있습니다.

②-3 타인과의 협력과 신뢰 증진

긍정적인 태도를 가진 사람들은 다른 사람들과 좋은 관계를 형성하는 데 유리하며, 주변 사람들에게 신뢰와 지지를 얻기 쉽습니다. 이는 팀워크를 강화하고, 더 많은 정보와 자원을 공유할 기회를 제공하여 업무 성과에 기여하게 됩니다.

②-4 목표 집중과 장기적 안목

긍정적인 사람들은 단기적인 실패에 좌절하지 않고 장기적인 목표에 집중할 가능성이 높습니다. 그들은 실수를 성장의 기회로 여기고, 끈기 있게 목표를 추구하는 경향이 있습니다. 이는 결국 더 큰 성공을 달성하는 데 도움을 줍니다.

②-5 건강 증진과 에너지 유지

긍정적인 태도는 신체적으로도 건강을 촉진하며, 피로를 줄이고 에너지를 높이는 효과가 있습니다. 에너지가 높을수록 업무에 더 적극적으로 참여하고, 장시간 집중할 수 있기 때문에 업무 성과를 높이는 데 기여합니다.

따라서 긍정적인 태도는 자기효능감과 회복력을 높이고, 협력과 창의성 증진을 통해 업무 능률과 성공률을 높이는 중요한 역할을 합니다.

③ 긍정적인 사람이 비판력이 약해도 성장하는 이유

긍정적인 태도가 비판력이 약할 수 있지만 문제 해결력과 동기부여, 그리고 성장에 도움이 되는 이유는 여러 가지 심리적, 인지적 요인에 기인합니다.

③-1 스트레스와 불안 감소: 긍정적인 태도는 스트레스와 불안을 줄여 주어 문제를 보다 객관적으로 볼 수 있도록 합니다. 부정적인 감정이 적을수록 두려움이나 실패에 대한 집착이 줄어들어 문제에 대한 접

근 방식이 유연해집니다.

③-2 창의성 촉진: 긍정적인 사람들은 새로운 아이디어와 접근법에 대한 개방성이 높아집니다. 비판적 사고가 과도하면 기존의 방식에 집착할 수 있지만, 긍정적인 사고는 창의적이고 새로운 해결책을 모색할 수 있게 돕습니다.

③-3 회복탄력성 향상: 긍정적인 태도는 실패나 좌절을 성장의 기회로 삼도록 돕습니다. 실수를 해도 그것을 성장의 발판으로 보고 계속 도전할 수 있는 동기를 제공합니다.

③-4 자기 효능감 상승: 긍정적인 사람들은 "할 수 있다"는 생각을 가지게 되어 문제 해결에 대한 자신감을 얻습니다. 이는 성공에대한 확신을 높이고 문제를 해결하려는 동기를 강하게 만듭니다.

③-5 관계 향상: 긍정적인 사람은 협력적이고 관계 중심적이기 때문에 문제를 함께 해결할 수 있는 관계와 네트워크를 잘 유지할 수 있습니다. 이는 복잡한 문제에 대해 다양한 조언과 지원을 받을 수 있는 환경을 만들어줍니다.

결론적으로 긍정적인 태도는 비판적 사고를 줄일 수 있지만 문제 해결력과 성장을 촉진하는 데 중요한 요인으로 작용합니다.

④ 부정적 비판자가 긍정적인 사람에 비해 성공률이 떨어지는이유

부정적인 비판자가 긍정적인 사람에 비해 업무 진척이나 성공률이 떨어지는 이유는 주로 다음과 같은 요인들에서 찾을 수 있습니다.

④-1 동기 저하: 부정적인 피드백은 종종 동기를 낮추고, 자신감을 떨어뜨립니다. 이는 업무 효율성을 낮추고, 사람들이 도전 과제를 피하게 하거나, 열정을 잃게 만드는 경향이 있습니다.

④-2 협력 저해: 부정적인 비판은 팀 내 협력과 신뢰를 약화시킬 수 있습니다. 서로를 격려하거나 아이디어를 교환하기보다, 방어적이 되거나 갈등을 피하려 하게 되어 팀의 생산성이 저하될 수 있습니다.

④-3 문제에 집중: 부정적인 관점은 종종 문제나 실패에만 초점을 맞추게 하여, 해결 방안을 찾기보다는 비난과 분석에 그칠 수 있습니다. 이

는 빠르게 해결하고 넘어가야 할 문제에 과도하게 집중하게 만들어 전체적인 프로젝트 진도를 방해할 수 있습니다.

④-4 창의성 저해: 지나친 비판은 창의성을 억누르고 새로운 아이디어가 나올 가능성을 줄입니다. 자신이 비판받을까 두려워 새로운 아이디어를 제시하는 것조차 꺼리게 되는 경우가 많아, 발전이 더디게 이루어집니다.

④-5 스트레스를 자초

부정적인 비판은 사람들에게 스트레스를 주고, 이는 정서적으로나 체력적으로 피로감을 높여 생산성을 떨어뜨립니다. 긍정적인 동기부여와 다르게 부정적인 피드백은 장기적으로 구성원들의 소진을 가속화 합니다. 결론적으로, 부정적 비판이 업무 진척에 미치는 부정적 영향은 협력과 창의성 저하, 스트레스 증가, 문제 지향적 사고와 관련이 큽니다. 반면, 긍정적인 접근은 동기와 팀워크를 향상시키고 문제 해결에 더 유연하게 대응할수 있습니다.

4-4-2. 배려와 배타(配慮/排他)

① 배려와 배타의 어원의진리와 사회발전에 미치는 영향

"배려"와 "배타"는 서로 상반되는 개념으로, 어원과 의미에서부터 흥미로운 대조를 이룹니다. 이 두 개념은 사회 발전에 중요한 영향을 미치며, 그 진리는 사람들 간의 관계와 사회적 역동성에 깊은 영향을 줍니다.

①-1 어원과 의미

ⓐ 배려(配慮)는

"남을 생각하고 보살핀다"는 의미로, 사랑, 공감, 이해 등 긍정적 감정에서 비롯됩니다. 이 개념은 타인을 돌보고자 하는 욕구에서 출발하며, 이는 사회의 유대감을 강화하는 중요한 기초입니다.

ⓑ 배타(排他)는

"남을 배제하고 밀어낸다"는 의미로, '다름'을 인정하기보다 구별하고 갈라서는 데에서 생깁니다. 이 개념은 경쟁과 자아 보호의 욕구에서 비롯되며, 종종 타인과의 경계 설정을 강소합니다.

①-2. 배려와 배타의 사회적 기능

(a) 배려의 사회적 기능: 배려는 사람들 사이의 신뢰와 존중을 높입니다. 타인의 필요와 감정을 이해하고 수용하는 사회는 갈등이 줄고, 협력이 증대하여 평화롭고 지속 가능한 발전을 이루게 됩니다. 특히, 다양성과 포용을 존중하는 사회에서는 다양한 사람들의 능력과 자원이 조화롭게 결합하여 더 나은 결과를 만들어낼 수 있습니다.

(b) 배타의 사회적 기능: 배타는 종종 자기 보호와 정체성 강화의 수단으로 작용하지만, 지나칠 경우 차별과 불평등을 초래할 수 있습니다. 배타적 태도가 강해지면 사회 내에서 갈등이커지고, 공동체의 연대감이 약화되며, 결국 사회 발전에 걸림돌이 됩니다.

①-3. 사회 발전에 미치는 영향

(a) 배려는 공감과 이해를 바탕으로 하는 사회적 연대와 협력을 촉진하여 집단과 조직의 긍정적 성장을 유도합니다. 더불어 인간관계의 질을 높여 개인의 행복과 만족도를 증대시켜 줍니다.

(b) 배타는 짧은 기간에 자신의 이익을 보호할 수 있지만, 장기적으로는 개인과 집단 간의 긴장과 불화를 유발하여 사회적 불안을 초래할 수 있습니다. 예를 들어, 특정 집단을 배제하는 태도는 사회의 평등과 통합을 방해하며, 사회적 자원의 불균형과 발전을 저해할 수 있습니다.

결국, 배려와 배타는 각기 다른 사회적 결과를 낳으며, 개인과 사회가 조화를 이루는 방향으로 가기 위해서는 이 두 가지 개념의 균형 잡힌 이해와 적용이 중요합니다.

② 배려자의 사회발전 공헌도와 배타자가 발전에 저해 요소들

사회에서 배려자와 배타자의 역할은 매우 상반됩니다. 배려자는 다른 사람들의 필요와 감정을 고려하고 협력을 중시하는 반면, 배타자는 자신의 이익을 우선시하며 때로는 타인을 소외시키거나 배척합니다. 각각의 태도는 사회의 발전에 큰 영향을 미칠 수 있습니다. 다음은 그들이 사회 발전에 미치는 긍정적, 부정적 영향을 정리한 것입니다.

②-1 배려자의 사회 발전 공헌도

ⓐ 사회적 유대감 강화: 배려는 신뢰와 공감을 쌓아 조직 및 사회 내 유대감을 증진합니다. 이는 협력을 촉진하고 공동의 목표 달성에 큰 기여를 합니다.

ⓑ 공정한 기회 보장: 배려자는 다른 사람들에게 공평한 기회를 제공하려고 하며, 이는 개인의 잠재력을 실현하게 하고, 사회 전체의 발전을 촉진합니다.

ⓒ 갈등 해결: 배려적인 태도는 갈등 상황에서도 상대방의 입장을 고려하게 되어, 문제를 평화롭게 해결할 수 있는 길을 열어줍니다.

ⓓ 사회적 안전망 강화: 어려운 상황에 있는 사람을 돕는 배려자는 사회적 안전망을 구축하는 데 중요한 역할을 하며, 이는 사회의 지속 가능성에 기여합니다.

②-2. 배타자가 사회 발전에 저해되는 요소

ⓐ 분열과 갈등 조장: 배타적인 태도는 집단 간의 갈등을 유발하고, 이로 인해 사회 내에 갈등이 발생하거나 심화될 수 있습니다.

ⓑ 기회의 불평등: 배타적인 사람들은 자신의 이익을 우선시해 다른 사람들의 기회를 차단할 가능성이 높습니다. 이는 개인의 발전과 사회 전체의 성장에 부정적인 영향을 미칩니다.

ⓒ 사회적 신뢰 저하: 배타적인 태도는 상호 신뢰를 저하시키고 협력적인 관계를 방해해 사회적 관계망의 약화로 이어질 수 있습니다.

ⓓ 부정적 사회 분위기 형성: 배타적인 환경에서는 사람들이 위축되거나 소외감을 느낄 수 있으며, 이는 사회적 동기와 참여를 저하시켜 발전을 방해합니다.

②-3. 배려와 협력이 사회발전에 도움을준다

결론적으로, 배려속의 협력이 배타적 피판보다 사회발전에 도움을 준다. 배려자는 사회적 발전과 안정에 중요한 역할을 하는 반면, 배타자는 사회의 통합과 조화에 저해 요소로 작용할 수 있습니다. 사회적 발전을 위해서는 배려를 촉진하고 배타적인 태도를 줄여갈 필요가 있습니다.

③ 배려자나 배타자 공이 국가발전에 기여도를 갇는 방도

국가 발전에 기여하는 데 있어서 배려자와 배타자가 각자의 역할을 할 수 있는 방안을 생각해보면, 서로 다른 장점을 활용해 상호보완적인 효과를 낼 수 있습니다.

③-1 배려자의 기여 방식:

ⓐ 사회적 연대 강화: 배려자는 타인과의 소통과 협력을 중시하므로, 공동체 의식을 높이고 갈등을 줄이는 역할을 합니다. 이로 인해 더 많은 사람들이 안정적이고 긍정적인 환경에서 발전할 수 있게 됩니다.

ⓑ 포용적 정책 마련: 사회적 약자나 소외 계층을 배려하는 정책을 마련하고 실행함으로써, 전체 인구가 자원을 고르게 누릴 수 있습니다. 이는 궁극적으로 생산성을 높이고 국가 발전에 기여합니다.

ⓒ 혁신과 창의성 촉진: 배려자들은 다양한 의견을 수용하려는 경향이 있어, 창의적인 아이디어와 혁신적인 해결책이 나올 가능성이 큽니다. 특히 다양한 인재가 공존하는 환경에서는 혁신이 더욱 활발해집니다.

③-2 배타자의 기여 방식:

ⓐ 경쟁력 강화: 배타자는 효율성과 성과를 중시하는 경향이 있어, 경쟁력을 강화하고 목표 달성을 위해 집중하는 데 강점을 보입니다. 이를 통해 성과 중심의 발전을 이루고 빠른 성장을 도모할 수 있습니다.

ⓑ 자원 관리와 최적화: 자원 활용에 있어 효율성을 강조하는 배타자는 자원 낭비를 줄이고 성과를 높이는 방향으로 이끌 수 있습니다. 이를 통해 자원 사용의 최적화를 도모하여 국가 경제에 긍정적인 영향을 줍니다.

ⓒ 기술 및 산업 발전 가속화: 배타적인 성향의 사람들은 주로 경쟁을 통해 빠른 성장을 이루는 데 집중하기 때문에, 특히 기술 및 산업 발전에 있어 속도와 혁신을 끌어내는 데 효과적일 수 있습니다.

③-3 배려자와 배타자의 협력:

ⓐ 균형 잡힌 정책 개발: 배려자와 배타자가 협력하여 균형 잡힌 정책을 설계할 수 있습니다. 사회적 배려와 경제적 성장을 모두 고려하는 정책은 더 많은 사람들이 혜택을 받을 수 있게 하며, 안정적이고 지속 가능한 발전을 도모합니다.

(b) 장기적인 성과 창출: 배려자는 장기적인 안정을, 배타자는 단기적인 성과를 중요하게 생각하기 때문에, 이 둘이 협력할 경우 지속 가능한 성장과 빠른 성과 창출을 동시에 추구할 수 있습니다.

(c) 리더십 스타일의 조화: 배려적인 리더와 배타적인 리더가 서로의 장단점을 보완하며 협력하면, 조직 내 갈등을 줄이고 더 강력한 리더십을 발휘할 수 있습니다.

이렇게 배려자와 배타자는 각자의 강점을 살려 협력하고, 상호보완적인 역할을 통해 더 강력하고 균형 잡힌 국가 발전에 기여할 수 있습니다.

제5절

삶에 긍정,배려 얼마나 중요한지

가이드 5: 긍정 · 이타심 배려의 힘

肯定 · 配慮 이타심의 존경과 利己로 돌아온다.

5-1. 삶의지회(知慧)

5-1-1. 삶에 긍정심리가 미치는 영향
5-1-2. 삶에 배려의 심리가 미치는 영향
5-1-3. 말이 입신 처세에 미치는 영향

5-2. 우월.독선,자만이 조직에 미치는 영향

5-2-1. 우월성이 조직 기업 발전에 미치는 영향
5-2-2. 독선적 행동이 조직 기업 발전에 영향
5-2-3. 자만성이 조직이나 사회발전의 저해요소

5-3. 감사. 봉사 행복 삼일체

5-3-1. 감사하는 마음과 행복추구의 영향
5-3-2. 행복감이 기업과 사회 발전에 미치는 영향
5-3-3. 감사는 사랑의 시작, 사랑은 신뢰의 초석

5-4. 언행불일치와 면종복배/사필귀정

5-4-1. 언행불일치자는 면종복배한다
5-4-2. 사필귀정(事必歸正)

5-1 삶의지회(知慧)

5-1-1. 삶에 긍정심리가 미치는 영향

긍정심리(긍정심리학)는 삶의 질과 정신적, 신체적 건강에 중요한 영향을 미치는 요소로 주목받고 있습니다. 긍정심리의 개념과 그 영향을 체계적으로 정리하면 다음과 같습니다.

① 긍정심리의 개념

긍정심리학은 사람의 행복과 웰빙(Well-being)을 촉진하는 긍정적 요소들에 초점을 맞춘 심리학의 한 분야입니다. 전통적인 심리학이 문제 해결과 정신질환 치료에 집중했다면, 긍정심리학은 삶의 만족도, 행복, 긍정적 감정, 탄력성(Resilience) 등을 중시합니다.

(1) 주요 개념으로는 다음이 있습니다.

(a) 행복: 일상에서 느끼는 만족감과 즐거움.

(b) 긍정적 감정: 기쁨, 감사, 희망, 자부심 등 긍정적인 감정 상태.

(c) 자기 효능감: 자신이 특정한 일을 해낼 수 있다는 믿음.

(d) 탄력성: 어려움을 극복하고 다시 일어서는 힘.

② 삶에 미치는 영향

긍정심리는 개인의 삶의 다양한 영역에 긍정적인 영향을 미칩니다.

(1) 정신적 건강

(a) 스트레스 관리: 긍정적인사고와 태도는 스트레스를줄이고, 심리적 안정을 유지하는 데 도움이 됩니다.

(b) 우울증 및 불안감 감소: 긍정적인 감정은 우울증과 불안감을 줄여주며, 전반적인 정신 건강을 증진시킵니다.

(c) 자아 존중감 향상: 자신의 가치를 긍정적으로 평가하고, 성취감과 만족감을 느끼는 기회를 제공합니다.

(2) 신체적 건강
  (a) 면역력 향상: 긍정적인 감정과 태도는 면역 체계를 강화하고, 질병 회복에도 기여한다
  (b) 심혈관 건강: 낙관적인 삶의 태도는 심혈관계 건강을 개선하고, 심장병 등의 위험을 줄이는 데 도움이 됩니다.
  (c) 건강한 생활습관 촉진: 긍정적인 사고는 건강한 식습관, 운동 등의 생활습관을 유지하는 데 중요한 역할을 합니다.

(3) 사회적 관계
  (a) 대인관계 개선: 긍정적인 태도는 다른 사람들과의 관계에서 친밀감을 높이고, 갈등을 줄이며, 원활한 의사소통을 가능하게 합니다.
  (b) 협력과 신뢰: 긍정적인 사람들은 더 나은 협력과 신뢰를 바탕으로 사회적 네트워크를 구축할 가능성이 높습니다.

(4) 업무 및 성취
  (a) 동기부여: 긍정적인 감정은 자신이 설정한 목표에 더 열정적으로 다가갈 수 있도록 도와줍니다.
  (b) 창의성 증진: 긍정적인 정서는 창의적 사고와 문제 해결능력을 높이는 데 기여합니다.
  (c) 생산성 향상: 긍정적인 마인드는 직장에서의 몰입과 성과를 증진시킵니다.

③ 긍정심리학의 실제 적용

긍정심리를 실생활에 적용하는 방법으로는 다음과 같은 전략들이 있습니다:

(1) 감사 연습: 일상에서 감사할 일을 찾아 기록하거나 표현하는 것은 행복감을 증진시키는 강력한 방법입니다.

(2) 강점 강화: 개인의강점을 인식하고 이를발전시키는 것은 자신감과 성취감을 키워준다

(3) 마음챙김(Mindfulness): 현재에 집중하며 순간의 감정을 인지하고 수용하는 훈련은 정신적 건강을 유지하는 데 효과적입니다.

(4) 긍정적 사회적 관계 형성: 친구, 가족, 동료들과의 긍정적인 관계를 지속적으로 유지하고 발전시키는 것이 중요합니다.

④ 연구 결과 및 통계

⑴ 행복과 성공의 관계: 연구에 따르면 긍정적인 감정은 성공의 원인이기도 하며, 성공이 행복을 가져오는 것이 아니라 행복이 성공을 촉진하는 경향이 있습니다.

⑵ 긍정적 감정과 수명: 낙관적인 사람들은 평균적으로 더 오래 살며, 건강 상태도 더 양호하다는 연구 결과가 있습니다.

⑶ 회복 탄력성 연구: 어려운 상황을 경험한 사람들 중에서도 긍정적인 태도를 가진 사람들은 그렇지 않은 사람들에 비해 더 빨리 회복하고, 심리적 안정을 찾는 경향이 있습니다.

5-1-2. 삶에 배려의 심리가 미치는 영향

삶에서 배려의 심리가 미치는 영향은 개인의 심리적 건강과 사회적 관계에 중요한 영향을 끼칩니다. 배려는 타인의 필요와 감정을 고려하며, 이를 기반으로 행동하는 심리적 과정입니다. 배려는 사회적 유대감을 강화하고, 개인의 행복과 만족도를 높이며, 나아가 사회적 관계의 질을 향상시키는 역할을 합니다. 이를 단계적으로 살펴보면 다음과 같습니다.

① 심리적 기초 공감과 자기이해

배려의 심리는 기본적으로 공감에서 출발합니다. 공감은 타인의 감정을 이해하고 그들의 입장에서 상황을 바라보는 능력입니다.

공감이 형성되면, 자연스럽게 타인의 감정이나 필요를 인지하게 됩니다.

자기이해(Self-awareness)도 중요한 역할을 합니다. 자신의 감정을 이해하고 스스로를 돌볼 수 있는 능력이 있어야, 다른 사람을 배려하는 능력도 발달합니다.

② 사회적 상호작용과 배려의 시작

배려는 사회적 상호작용에서 중요한 역할을 합니다. 사람이 다른 사람과 상호작용할 때 배려는 여러 방식으로 나타날 수 있습니다.

⑴ 대화에서의 경청: 상대방의 이야기를 경청하고, 그의 의견을 존중하는 것이 배려의 한 예입니다.

⑵ 타인의 필요에 대한 대응: 상대가 필요로 하는 것을 이해하고, 그것을

충족시키기 위해 행동하는 것 역시 배려입니다.이 단계에서는 배려가 타인과의 신뢰와 존중을 기반으로 형성됩니다.

③ 정서적 유대와 친밀감 형성

배려가 지속될 때, 이는 정서적 유대와 친밀감을 형성하는 데 큰 역할을 합니다. 배려는 신뢰를 쌓고 관계의 질을 높입니다.

(1) 긍정적 상호작용: 지속적인 배려는 사람들 간의 긍정적 상호작용을 촉진하여, 개인 간의 유대감을 강화합니다.

(2) 상호 의존성: 서로를 배려하는 관계에서는 자연스럽게 상호 의존성이 증가하여 더 긴밀하고 안정적인 관계가 형성됩니다.

④ 자존감과 행복감 증진

배려는 개인의 자존감과 행복감을 높이는 데 중요한 역할을 합니다. 이는 자신이 누군가에게 긍정적인 영향을 끼친다는 인식에서 비롯됩니다.

(1) 긍정적인 자아상: 타인을 배려하는 행동을 통해 자신이 가치 있는 사람이라는 인식이 강화됩니다.

(2) 행복감 증대: 연구에 따르면, 타인을 도울 때 발생하는 만족감이 개인의 행복감을 높이는 것으로 나타났습니다.

⑤ 사회적 공동체와 문화 형성에 미치는 영향

배려는 단순히 개인의 행복에 그치지 않고, 사회적 공동체의 질서와 문화를 형성하는 데 기여합니다. 배려가 널리 퍼질수록 사회는 더 협력적이고 조화로운 공동체로 발전합니다.

(1) 협력과 상호 지원: 배려는 개인들이 서로 돕고 지원할 수 있는 기반을 제공합니다. 이는 협력을 촉진하고, 사회적 연대를 강화합니다.

(2) 포용적 문화: 배려가 일상화되면, 다양한 사람들의 필요와 관점을 존중하는 포용적인 문화가 형성됩니다.

⑥ 갈등 해결과 문제 해결 능력

배려는 갈등 해결에도 중요한 역할을 합니다. 상대방의 입장을 배려하고 그들의 감정을 이해하는 능력은 갈등을 평화적으로 해결하는 데 필수적입니다.

(1) 타협과 양보: 배려심이깊은 사람들은 상대방의 필요를 고려하여 타협할 수 있는 능력이 더높습니다.

(2) 문제 해결: 배려는 협력적인 문제 해결을 가능하게 하며, 개인들이 함께 노력하여 공통의 목표를 이루도록 돕습니다.

⑦ 장기적 영향: 상호 연결성과 사회적 유대 강화

배려는 장기적으로 사회적 유대를 더욱 강화하고, 상호 연결성을 증대시킵니다. 배려가 지속적으로 이루어질 때 사람들은 서로 의존하고 신뢰하며, 이는 전체 사회의 안정성과 조화에 기여하게 됩니다.

(1) 네트워크 강화: 배려는 사람 간의 관계망을 더욱 촘촘하게 만들어, 어려운 상황에서도 서로 지지할 수 있는 구조를 형성합니다.

5-1-3. 말이 입신처세에 미치는 영향

"입신처세(立身處世)"는 사회에서 성공하거나 자리 잡는 방법을 의미하며, 말(언어)은 이에 중요한 영향을 미칩니다. 말은 의사소통의 핵심 도구로, 사회적 관계, 신뢰 형성, 자기 표현, 협상 등 여러 측면에서 입신처세에 큰 영향을 미칩니다. 분야별로 살펴보면 다음과 같습니다.

① 정치(政治)

(1) 설득력(說得力): 정치는 설득의 예술입니다. 말을 통해 정책을 홍보하거나, 대중의 지지를 얻는 데 결정적 역할을 합니다. 정치인은 명확한 언어로 복잡한 문제를 쉽게 설명하고, 상대방을 설득하는 능력이 중요합니다.

(2) 협상과 외교: 정치적 협상에서는 미묘한 언어 사용이 필수적입니다. 잘못된 표현은 갈등을 유발할 수 있지만, 적절한 표현은 협상을 원활히 진행하게 만듭니다.

② 비즈니스

(1) 리더십: 비즈니스 리더는 명확하고 비전 있는 말로 팀을 이끌고, 동기를 부여하며, 신뢰를 얻습니다. 리더의 언어는 직원들의 신뢰를 쌓고, 회사

의 목표를 달성하는 데 큰 역할을 합니다.

(2) 커뮤니케이션: 고객, 파트너, 투자자와의 소통에서 말은 비즈니스 성공에 큰 영향을 미칩니다. 정확하고 신뢰성 있는 말은 협력 관계를 구축하는 데 필수적입니다.

(3) 협상력(協商力): 계약이나 거래 과정에서 말은 핵심입니다. 상대방의 입장을 이해하면서도 자기 이익을 극대화하기 위한 협상 전략은 효과적인 언어 사용에 달려 있습니다.

③ 교육(教育)

(1) 강의와 소통: 교육자는 학생들에게 지식을 전달하는 과정에서 언어의 영향력이 크며, 학습자의 이해도와 참여도를 높이기 위해 말의 전달력과 명확성이 필요합니다.

(2) 동기 부여: 교사는 언어를 통해 학생들에게 동기를 부여하고, 그들의 잠재력을 일깨워 줄 수 있습니다. 긍정적인 피드백과 격려는 학생의 자존감과 학습 의욕을 높이는 데 기여합니다.

④ 법률(法律)

(1) 변호와 변론: 법률가는 말로 사건을 풀어 나가며, 법정에서 변호하는 과정에서 언어의 설득력이 매우 중요합니다. 법조인들은 논리적이고 조리 있는 말로 법적 논거를 제시하며, 판사와 배심원들을 설득합니다.

(2) 문서 작성: 법률 문서는 정확한 언어가 요구됩니다. 잘못된 표현은 오해를 불러일으키거나, 소송의 결과에 영향을 미칠 수 있습니다.

⑤ 언론 및 미디어

(1) 공신력(公信力): 기자나 방송인은 신뢰할 수 있는 말로 대중에게 정보를 전달해야 합니다. 잘못된 정보나 부정확한 표현은 사회적 파장을 일으킬 수 있으므로, 정확하고 책임감 있는 언어 사용이 필수적입니다.

(2) 스토리텔링: 감동적이고 설득력 있는 스토리텔링은 대중의 공감을 이끌어내고, 미디어의 영향력을 극대화할 수 있습니다.

⑥ 예술 및 문화

(1) 창의적 표현: 작가나 예술가들은 말로 감정을 표현하고, 세계를 해석하며, 문화적 메시지를 전달합니다. 창의적이고 풍부한 언어는 예술 작품의 감동을 더 깊게 만들 수 있습니다.

(2) 사회적 영향: 언어를 통해 사회적 문제나 이슈를 예술적으로 표현하여 대중의 인식 변화를 유도할 수 있습니다.

⑦ 심리학 및 상담

(1) 의사소통 기술: 상담사나 심리학자는 내담자의 문제를 이해하고, 공감하는 말을 통해 그들의 감정을 지원하고, 문제 해결을 돕습니다.

(2) 치료적 대화: 치료 과정에서 언어는 내담자의 마음을 열고, 심리적 치유를 촉진하는 중요한 도구입니다.

⑧ 소통(疏通)

소통은 불통을 유통게하는 과정으로 안될 것을 되게하고 불화를 화목으로 이끄는 수단의 매개수단(媒介手段)이라 할 수 있습니다.

(1) 가정의 소통은

가화만사성(家和萬事成)으로 삶의 지회(知慧)를 높이며 생의 보람을 열어 줍니다,

(2) 기업의 소통은

노사화합(勞使和合)으로 생산성이 제고되고 복지향상으로 경쟁력이 제고 됩니다.

(3) 與 野의 소통

소통 함으로서 갈등에서 협력으로 전환하여 국정운영에 효율성을 높여 국부민복(國富民福)으로 태평성세(泰平盛世)를 이룰 것입니다.

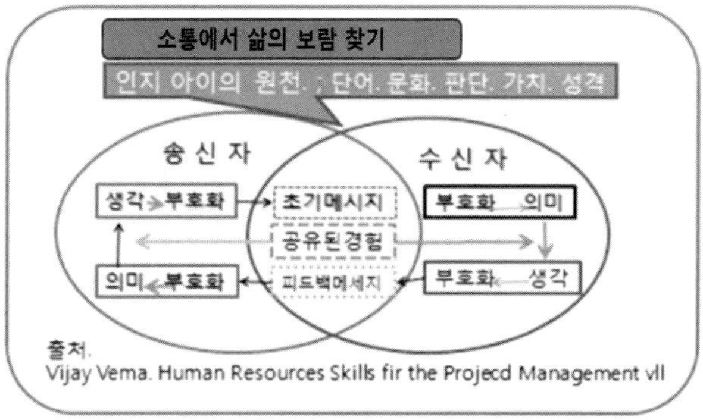

그림5-1. 소통에서 삶의 보람 찾기

삶의 지혜(知慧)

요약

결론(結論)

긍정심리는 개인의 정신적, 신체적 건강, 사회적 관계, 직업적 성취 등 삶의 전반적인 영역에 긍정적인 영향을 미칩니다. 이를 일상에 적용하고 발전시키는 과정은 자기 효능감과 행복감을 높이는 데 매우 중요한 역할을 하며, 건강한 삶을 유지하는 데 필수적인 요소로 자리 잡고 있습니다.

공동체의 배려

공동체 안정: 배려가 널리 퍼진 사회는 서로 간의 갈등이 줄어들고, 더 안정적이고 평화로운 공동체로 발전합니다.

배려의 심리는 개인의 심리적 안녕부터 사회적 공동체의 발전에 이르기까지 폭넓은 영향을 미칩니다. 이를 통해 서로의 필요를 인식하고 존중하는 문화를 형성함으로써 사회는 더 나은 방향으로 나아갈 수 있습니다.

말의 결론(結論) 일언 중천금

말은 입신처세에 있어서 다양한 분야에서 중요한 역할을 합니다. 설득력, 명확성, 공감력, 신뢰성 등의 요소가 언어를 통해 발휘되며, 각 분야에서 말의 적절한 사용은 개인의 성공과 직결될 수 있습니다.

경영 성공Point. 13

1. 충직(忠直)하라

정직은 최상의 예의 이다. 朝夕變이란 말이 있다. 아무리 재능이 충만하여도 정직하지 못하면 신뢰를 할 수 없다. 사리사욕을 탐하는 자에게는 책임을 부여할수 없다. 충직한 인물만이 회사발전에 기여도를 높일수 있다.

타인에게 충성하는 것은 당신 자신을 존중하는 행위이다. 누군가를 위해 충성을 대해 일한다는 것은 바로 당신의 선택과 약속을 충실이 이행하는 행위이다. 충직성은 상사에게만 국한하는 것이 아니다. 부하직원이나 동료에게도 마찬가지로 충직한 마음가짐으로 대하라. 그래야만 타인들도 마찬가지로 당신에게 충성을 다할 것이다.

2. 성공의 맥을 짚고 싶으면 자신의 관점부터 바꿔라

관점이 바뀌면 또 다른 세상이 보인다. 어떤경우든 부정적인 생각이 잠재의식에 입력되면 이 오염된 부정적 잠재의식이 행동으로 드러난다. 돈의 흐름을 바꾸고 싶으면 당신 자신부터 바꿔라. 즉 당신이 변하면 돈의 흐름도 바뀐다. 이사실을 깨닫는 것이야 말로 금전운이 따르는 첫걸음이다.

5-2 우월, 독선, 자만이 사회 조직에 미치는 영향

5-2-1. 우월성이 조직 기업 발전에 미치는 영향

우월성(Superiority)은 조직이나 기업의 발전에 중요한 영향을 미치는 요소로, 경쟁에서 우위를 점하거나 목표를 달성하기 위한 역량, 자원, 리더십 등 다양한 측면에서 나타납니다. 이를 체계적으로 정리하면 다음과 같습니다.

① 경쟁 우위와 차별화

경쟁 우위는 조직이 경쟁자보다 우수한 역량이나 자원을 바탕으로 시장에서 더 높은 성과를 낼 수 있는 능력을 의미합니다. 우월성은 이러한 경쟁 우위를 강화하여 조직의 성장을 촉진합니다.

차별화 전략을 통해 독자적인 제품, 서비스 또는 브랜드를 개발하면 소비자에게 더 큰 가치를 제공하고, 이는 지속적인 성장을 가능하게 합니다. 예를 들어, 혁신적인 제품 개발이나 독창적인 서비스 경험을 통해 소비자 충성도를 높일 수 있습니다.

② 효율성 및 생산성 향상

조직 내 우월성은 업무 프로세스와 시스템의 효율성을 개선시킵니다. 최적화된 작업 흐름, 자동화 기술의 도입, 업무 표준화 등을 통해 생산성을 극대화할 수 있습니다.

기술적 우월성이 조직 내부에서 지속적으로 유지될 경우, 더 적은 자원으로도 더 높은 생산성을 달성할 수 있으며, 이는 비용 절감과 이익률 향상에 기여합니다.

③ 리더십과 의사결정

리더십의 우월성은 조직의 성공에 큰 영향을 미칩니다. 유능한 리더는 조직의 비전과 목표를 명확히 설정하고, 효과적인 의사결정을 통해 조직이 지속적으로 발전할 수 있도록 이끕니다.

리더의 전략적 통찰력은 시장 변화에 민첩하게 대응하고, 조직이 새로운 기회를 포착하며 리스크를 관리하는 데 기여합니다.

④ 조직 문화와 팀 역량

조직 문화의 우월성은 직원들의 참여도와 만족도를 높이고, 조직 전체의 역량을 극대화할 수 있게 합니다. 창의성과 협업을 장려하는 환경은 혁신과 문제 해결 능력을 향상시킵니다.

팀의 우월성은 각 구성원이 자신의 전문성을 발휘하고 서로 협력하여 조직의 목표를 효율적으로 달성하게 합니다. 이는 직원의 동기 부여와 역량 강화로 이어지며, 조직의 지속 가능한 성장에 기여합니다.

⑤ 고객 만족 및 브랜드 신뢰성

고객 만족을 높이기 위한 우월성은 기업의 성과와 직결됩니다. 높은 품질의 제품이나 서비스는 고객 충성도를 높이고, 이는 장기적으로 지속 가능한 수익 창출로 이어집니다.

브랜드 신뢰성은 시장에서 기업의 명성을 강화하며, 이는 소비자와의 신뢰 관계를 구축하고 경쟁에서 우위를 확보하는 데 중요한 역할을 합니다.

⑥ 지속적인 학습과 혁신

우월성을 유지하기 위해서는 지속적인 학습과 혁신이 필수적입니다. 변화하는 시장 환경에 맞춰 지속적으로 새로운 기술, 지식, 경영 전략을 도입하는 것이 중요합니다.

「지식경영(Knowledge Management)」과 혁신 문화는 조직이 외부 변화에 적응하고, 내부 자원을 최적화하는 데 기여하며, 이는 장기적으로 조직의 경쟁력을 유지하는 데 도움이 됩니다.

⑦ 재무적 안정성과 투자

재무적 우월성은 기업이 성장하는 데 중요한 요소입니다. 안정적인 자본 구조와 효과적인 자금 운용은 성장 기회를 극대화하며, 혁신적인 프로젝트에 대한 투자를 가능하게 합니다.

우수한 재무 성과는 또한 외부 투자자와 이해관계자들에게 신뢰를 제공하며, 이는 더 많은 자본을 유치하고 사업 확장을 가능하게 만듭니다.

5-2-2. 독선적 행동이 조직 기업 발전에 영향

독선적 행동(독단적인 리더십 또는 권위주의적 리더십)은 조직이나 기업의 의사결정과 운영에 있어 부정적인 영향을 미칠 수 있습니다. 독선적 행동은 주로 리더가 다른 사람들의 의견을 듣지 않거나 무시하며, 자신의 결정만을 고집하는 경향을 말합니다. 이러한 행동이 조직과 기업 발전에 미치는 영향은 다음과 같이 요약할 수 있습니다.

① 의사소통의 단절

독선적인 리더십 아래에서는 상하 간의 원활한 의사소통이 어려워집니다. 팀원들이 자유롭게 의견을 제시하거나 반대 의견을 말하는 것이 어려워지며, 이는 창의적인 아이디어와 혁신의 기회를 잃게 만듭니다.

② 구성원의 동기 저하

독선적 리더는 부하 직원의 의견을 무시하고, 그들의 능력을 과소평가하는 경향이 있어 팀원들이 무력감을 느낄 수 있습니다. 이러한 상황은 직원들의 업무 동기를 저하시킬 수 있으며, 직무 만족도와 조직 몰입도가 떨어지게 됩니다.

③ 창의성 및 혁신의 저하

독선적인 의사결정은 조직 내 창의적인 문제 해결 능력을 저하시킬 수 있습니다. 새로운 아이디어를 제안하는 것이 억압되면 조직은 변화와 혁신에 대응하기 어려워지며, 경쟁력 저하로 이어질 수 있습니다.

④ 결정의 질 저하

다양한 의견과 아이디어가 배제될 경우, 리더의 독단적인 결정을 통해 이루어진 의사결정은 충분한 정보를 반영하지 못할 수 있습니다. 이는 잘못된 방향으로 사업 전략을 수립하게 하거나 중요한 문제에 대해 잘못된 판단을 내릴 위험을 증가시킵니다.

⑤ 조직 문화의 악화

독선적인 리더십은 조직 내 갈등과 불만을 증가시키며, 이는 조직 문화 전반에 부정적인 영향을 미칠 수 있습니다. 직원들 사이의 협업이 저해되고, 팀워크가 약해지며, 장기적으로는 조직의 유대감이 약화됩니다.

⑥ 높은 이직률

독선적 리더십은 직원들의 불만을 증가시키고 이직률을 높이는 주요 원인이 될 수 있습니다. 능력 있는 인재들은 자신의 의견이 존중되지 않는 환경에서 일하고 싶어하지 않으며, 더 나은 기회를 찾아 조직을 떠나게 됩니다.

⑦ 조직의 유연성 감소

독선적 리더십은 빠르게 변화하는 환경에 대응하는 조직의 유연성을 저하시킵니다. 독선적인 리더는 새로운 상황에 맞춰 조직의 전략을 조정하기보다는 기존 방식에 집착할 가능성이 큽니다. 이는 조직이 변화하는 시장 요구나 기술 혁신에 효과적으로 대응하지 못하게 만들 수 있습니다.

⑧ 결과에 대한 책임 회피

독선적 리더는 결정이 잘못되었을 때 책임을 부하 직원에게 전가할 가능성이 있습니다. 이는 조직 내 신뢰 관계를 훼손하고, 문제 해결을 위한 협력을 방해하며, 직원들의 책임감을 저하시키게 됩니다.

⑨ 기업 평판 악화

외부에서 조직을 바라보는 시각 또한 악화될 수 있습니다. 독선적인 리더십 스타일은 기업의 유연성 부족, 혁신성 결여, 내부 갈등 등을 유발하여 고객, 투자자, 파트너들에게 부정적인 이미지를 줄 수 있으며, 이는 장기적인 성장에 악영향을 미칩니다.

5-2-3. 자만성이 조직이나 사회발전에 저해요소

「자만성(自慢性)」은 개인이나 조직이 자신의 능력이나 성과를 과대평가하여 타인의 의견을 무시하거나 개선의 필요성을 느끼지 않는 상태를 말합니다. 이러한 자만성이 조직이나 사회 발전에 큰 저해 요소가 되는 이유를 몇 가지로 정리할 수 있습니다.

① 혁신 저해

자만성은 변화나 개선의 필요성을 부정하게 만듭니다. 성공적인 조직일수록 자신의 성과에 안주하는 경향이 있고, 그로 인해 새로운 기술이나 방법을 받아들이기보다는 기존의 방식을 고수하게 됩니다. 이는 혁신을 저해하고, 경쟁력 약화를 초래할 수 있습니다. 사회적으로도 이러한 경향이 나타나면 국가적 차원의 기술 발전이 늦어질 수 있습니다.

② 의사소통의 단절

자만한 사람이나 조직은 타인의 의견을 경청하지 않으며, 자신의 방식이 항상 옳다고 생각하는 경향이 있습니다. 이로 인해 조직 내에서의 의사소통이 단절되거나 갈등이 발생할 수 있습니다. 이러한 문제는 협력과 조화를 요구하는 조직의 성공에 큰 방해가 됩니다.

③ 성장 기회의 상실

자만성은 새로운 도전과 학습의 기회를 무시하게 만듭니다. 끊임없이 변화하는 환경에서 자신이 이미 최고라고 생각하는 순간, 성장할 수 있는 기회를 잃게 됩니다. 이는 개인뿐만 아니라 조직 전체의 성장을 방해하며, 나아가 사회 전반의 발전을 저해하게 됩니다.

④ 문제 인식 능력 감소

자만한 조직이나 사회는 내부 문제를 인식하는 능력이 저하됩니다. 문제를 부정하거나, 자신이 개선해야 한다는 인식을 가지지 못함으로써, 시간이 지남에 따라 그 문제는 더 커질 수 있습니다. 이로 인해 조직은 위기에 빠질 가능성이 높아집니다.

⑤ 인재 유출

자만한 조직에서는 유능한 인재들이 자신의 의견이 존중되지 않거나 발전 가능성이 없다고 느낄 때 조직을 떠나는 경우가 많습니다. 이는 결국 조직의 역량을 저하시킬 뿐만 아니라, 사회적으로도 인재 유출을 초래해 발전을 저해할 수 있습니다.

⑥ 조직 문화의 경직성

자만성은 조직 문화를 경직되게 만듭니다. 새로운 아이디어나 방식에 대한 저항이 강해지며, 변화에 유연하게 대응하지 못하는 문화가 형성됩니다. 이는 조직이 외부 변화에 신속하게 적응하지 못하고 경쟁에서 뒤처지는 결과를 초래합니다.

우월, 독선, 자만이 사회 조직에 미치는 영향

요약

- 결론 : 우월성은 조직이나 기업의 발전에 있어 다차원적인 역할을 합니다. 경쟁 우위를 통해 시장에서 차별화를 이루고, 리더십과 팀 역량을 바탕으로 효율성과 생산성을 높이며, 고객 만족과 혁신을 추구함으로써 지속 가능한 성장을 이루는 것이 중요합니다. 이를 위해 지속적인 학습과 개선 노력이 필수적이며, 재무적 안정성과 전략적 투자가 함께 뒷받침되어야 합니다.
- 결론 : 독선적 행동은 단기적으로는 리더가 빠른 결정을 내리고 목표를 추진할 수 있는 장점이 있을 수 있지만, 장기적으로는 조직의 발전을 저해하고, 창의성, 혁신, 팀워크, 의사소통 등 핵심 요소에 부정적인 영향을 미치게 됩니다. 조직이 성공적으로 성장하려면 다양한 의견을 수렴하고, 구성원들의 참여와 동기를 높이는 리더십이 필요합니다.
- 결론 : 자만성은 조직이나 사회에서 단기적으로는 자신감을 높여줄 수 있지만, 장기적으로는 발전과 성장을 저해하는 요소입니다. 자만하지 않고 열린 태도로 지속적인 변화와 개선을 받아들이는 것이 조직과 사회 발전에 필수적입니다.

경영 성공Point. 14

1. 침착(沈着)하라

위기사항이 닥칠수록 침착하라. 침착성은 처세의 기본이며 재능보다 중요하다. 급격한 상황 변화에도 당황하지 않고 억울한 모욕에도 분노를 억제함으로 경지에 오른 사람도 있다. 첫째로 사물과 사람에대한 통찰력을 길러야 한다. 둘째로 일의 결과가 어찌되었던 있는 그대로 담담하게 받아들일 술 알아야 한다 침착성을 유지하지 못하고 냉정하지 못하면 대사를 그르칠 수 있다.

2. 간절하게 원하는 일이라면 두려움 없이 꿈을 가져라

아무리 황금을 가득 실은 배라도 나침판이 없다면 아무소용이 없다. 자신이 평소에 간절이 원하는일을 성취하기 위해서는 두려움 없이 꿈을 꾸어야 성공의 첫번째 황금율이며 나침반을 이룬다. 꿈이없는 사람은 부자의 바다에서 조난을 당하는 것이다.

구체적이고 위대한 꿈을 가지도록 하라. 그리하면 머피의 말처럼 사고회로를 담당하는 뇌가 개조되여 사고방식이나 행동에 활기가 이러날 것이다. 인생에서 무엇을 원하는지 확실이 정하고 그것을 얻기위해 무엇을 쏘다부을 것인가를 더 확실이 정하라. 불변의 목표야말로 성공의 첫범째 황금율이다.

5-3 감사 • 봉사 • 행복 삼일체

5-3-1. 감사하는마음이 행복추구에 미치는 영향

감사하는 마음이 행복 추구에 미치는 영향은 매우 긍정적입니다. 이를 정리하면 다음과 같은 주요 측면에서 설명할 수 있습니다.

① 감사의 마음과 긍정적인 감정 증대

감사는 삶에서 받은 선물, 기회, 사람들과의 관계를 인정하고 그에 대해 고마움을 느끼는 과정입니다. 이 과정은 긍정적인 감정을 자극하고, 현재에 집중하게 하며, 과거의 긍정적 경험을 떠올리게 하여 행복감을 증대시킵니다.

연구에 따르면, 감사의 마음을 자주 느끼는 사람들은 더 많은 행복감과 삶의 만족을 경험한다고 합니다.

② 스트레스와 부정적 감정 감소

감사하는 마음은 스트레스나 우울함 같은 부정적인 감정을 줄이는 데 도움을 줍니다. 왜냐하면, 감사는 사람의 주의를 결핍이나 부족한 면이 아닌, 자신이 가진 것에 집중하게 만듭니다. 이를 통해 부정적 감정이 완화되고 스트레스가 경감될 수 있습니다.

③ 건강한 대인관계

감사는 대인관계를 향상시키는 중요한 요소입니다. 누군가에게 감사를 표현하는 행동은 그 관계를 더욱 긍정적이고 깊이 있게 만들며, 이는 사회적 지지망을 형성하는 데 도움을 줍니다. 건강한 대인관계는 행복을 추구하는 과정에서 중요한 요소로 작용합니다.

④ 자아 존중감 향상

감사하는 마음은 자신이 받은 것들에 대해 가치를 부여하게 하고, 그로 인해 자신에 대한 자존감을 높입니다. 스스로 가치 있다고 느낄 때, 자신의 삶에 대한 만족감과 행복감이 커집니다.

⑤ 정신적, 신체적 건강 증진

감사하는 마음은 단순히 정신적인 면에서만 긍정적 영향을 미치는 것이 아닙니다. 감사하는 사람들은 더 좋은 수면의 질을 경험하고, 스트레스 호르몬이 줄어들며, 전반적인 신체 건강이 개선되는 경향이 있습니다. 건강한 몸과 마음은 행복을 추구하는 데 중요한 역할을 합니다.

⑥ 회복탄력성 향상

인생에서 겪는 어려움 속에서도 감사를 느낄 수 있는 사람은 더 높은 **회복탄력성(resilience)**을 갖게 됩니다. 이는 어려움을 겪더라도 빠르게 다시 일어나고 긍정적인 방향으로 나아가는 능력으로, 지속적인 행복을 추구하는 데 필수적입니다.

5-3-2. 행복감이 기업과 사회 발전에 미치는 영향

행복감은 개인의 정신적, 신체적 건강에 영향을 미칠 뿐만 아니라 기업 발전과 사회 안전에도 큰 영향을 미칩니다. 이를 정리하면 다음과 같은 주요 측면에서 설명할 수 있습니다.

① 행복감과 기업 발전

⑴* 생산성 향상: 직원의 행복감이 높을수록 그들은 더 많은 에너지를 가지고 일하며, 업무 효율성이 증가합니다. 이는 결과적으로 기업의 생산성을 향상시킵니다. 연구에 따르면 행복한 직원들은 불행한 직원들보다 약 12~20% 더 높은 생산성을 보인다고 합니다.

⑵* 창의성과 혁신: 행복감이 높을수록 창의성과 문제 해결 능력이 향상됩니다. 이는 직원들이 새로운 아이디어를 제안하고, 혁신적인 해결책을 찾는 데 중요한 역할을 합니다. 창의적 문제 해결 능력은 기업이 빠르게 변화하는 시장에서 경쟁력을 유지하는 데 필수적입니다.

⑶* 직원 유지 및 만족도: 행복한 직원들은 자신이 속한 조직에 대한 충성도가 높고, 이직률이 낮습니다. 이로 인해 기업은 인재 유지에 긍정적인 영향을 받게 되며, 이직률 감소는 채용 비용 절감과 관련되이 기업

운영에 도움을 줍니다.

(4)* 팀워크와 협업 강화: 행복감이 높으면 직원 간의 신뢰와 소통이 증가하고, 협업이 원활하게 이루어집니다. 좋은 팀워크는 프로젝트의 성공 가능성을 높이며, 조직 전반의 성과에도 긍정적 영향을 미칩니다.

(5)* 리더십과 조직 문화: 행복한 직원은 긍정적 리더십을 촉진하고, 건강한 조직 문화를 형성하는 데 중요한 역할을 합니다. 이는 조직 전체에 긍정적인 에너지를 퍼뜨리며, 지속 가능한 발전에 기여할 수 있습니다.

② 행복감과 사회 안전

(1)* 범죄율 감소: 행복감이 높은 사회는 일반적으로 범죄율이 낮습니다. 이는 행복한 개인들이 자신의 삶에 대한 만족감이 높고, 사회 규범을 따를 동기가 강하기 때문입니다. 행복한 사람들은 스트레스나 불만으로 인해 범죄를 저지를 가능성이 낮아진다.

(2)* 사회적 연대 강화: 행복한 사회는 구성원들 간의 연대감이 높습니다. 개인이 행복할 때, 자신뿐만 아니라 타인의 행복에도 관심을 가지며 사회적 책임을 다하려는 경향이 강해집니다. 이로 인해 이웃 간의 신뢰와 상호 협력이 강화되어 사회 안전망이 더 견고해집니다.

(3)* 건강한 정신과 신체: 행복감은 사람들의 정신적 안정을 유지하게 하고, 이는 폭력이나 갈등 상황에서 충동적으로 행동할 가능성을 줄입니다. 또한, 신체 건강이 향상되면 의료 비용이 줄어들고, 사회 복지 시스템에 대한 부담이 줄어들어 안전한 사회 환경이 조성됩니다.

(4)* 정책 및 제도적 안정: 행복한 국민은 사회 제도에 대한 신뢰가 높으며, 이는 사회적 갈등을 줄이고 정책의 효과적인 시행을 가능하게 합니다. 시민들이 사회 안전망과 정부의 지원에 대한 신뢰를 가질 때, 그들은 더 큰 안정을 느끼고, 이는 사회 전체의 안전성을 증대시킵니다.

③ 행복감과 경제 발전의 상관관계

(1)* 소비 증가: 행복감이 높아지면 소비 성향도 높아지며, 이는 경제 활동을 촉진시킵니다. 행복한 사람들은 소비나 투자에 대한 긍정적인 태도를 가지고 있으며, 이는 경제 성장을 이끄는 원동력이 됩니다.

(2)* 사회적 복지비용 감소: 행복한 개인들은 정신적, 신체적 건강이 유지되

기 때문에 사회 복지 비용이 줄어듭니다. 이는 국가나 지역 사회에서 복지 예산의 효율성을 높이고, 더 많은 자원을 생산적인 부문에 투자할 수 있도록 합니다.

(3)* 긍정적 경제 활동 환경: 행복한 사회는 안정적인 경제 활동을 위한 기반이 됩니다. 범죄와 갈등이 줄어들고, 구성원들이 협력하는 사회에서는 사업을 시작하거나 투자하는 데 있어 더 적은 위험이 존재합니다.

5-3-3. 감사는 사랑의 시작, 사랑은 신뢰의 초석

"감사는 사랑의 시작, 사랑은 신뢰로 이어져 사회와 국가에 기여한다"는 이론은 감사, 사랑, 신뢰, 그리고 그로 인해 발생하는 사회적 기여의 관계를 설명합니다. 이 이론을 정리하면 다음과 같은 단계로 분석할 수 있습니다.

① 감사는 사랑의 시작

감사는 다른 사람의 선의나 배려를 인식하고 이에 대해 고마움을 표현하는 마음입니다. 이 과정은 인간 관계에서 중요한 역할을 하며, 감사를 자주 표현하는 사람은 그 관계에서 더 큰 만족을 경험합니다. 감사는 인간 관계에서 애정과 호감을 증대시키는 데 중요한 역할을 합니다. 누군가의 선의나 도움에 감사함을 느낄 때, 우리는 그 사람에게 더 따뜻한 마음을 갖게 됩니다. 이는 곧 사랑이나 애정의 씨앗이 됩니다.

② 사랑은 신뢰로 이어짐

사랑이 발전하면서, 그 관계는 더 깊어지고, 두 사람 간의 신뢰가 형성됩니다. 사랑의 감정은 단순한 애정을 넘어 서로에 대한 믿음을 강화시키며, 이는 지속적인 관계에서 중요한 요소로 작용합니다. 사랑하는 관계에서는 상대방의 의도나 행동에 대해 의심보다는 신뢰가 자리 잡습니다. 이러한 신뢰는 관계의 안정성을 유지하게 하고, 서로를 더 깊이 이해하게 하며, 상호 존중과 협력의 기반이 됩니다.

③ 신뢰가 사회와 국가 발전에 기여함

신뢰는 개인 간의 관계를 넘어서 사회 전체의 유대와 협력에 중요한 역할을 합니다. 사회 구성원들이 서로를 신뢰할 때, 그들은 더 쉽게 협력하고, 서로를 지지하며, 공동의 목표를 달성하려고 노력합니다. 신뢰는 사회적 자본으로 작용하여 사회의 안정성을 증진시키고, 사회 구성원 간의 갈등을 줄이며, 사회적 안전망을 강화합니다. 신뢰가 높은 사회는 갈등과 범죄가 줄어들고, 경제 활동도 더욱 활발해집니다.

국가 차원에서는 국민들 간의 신뢰가 사회적 협력을 촉진하여 경제 성장을 이루고, 정치적 안정성을 유지하는 데 기여할 수 있습니다. 또한, 정부와 국민 간의 신뢰는 정책의 원활한 시행과 사회적 질서 유지에 중요한 역할을 합니다.

④ 감사, 사랑, 신뢰가 사회와 국가에 기여하는 방식

개인 관계에서 시작된 감사와 사랑은 신뢰로 발전하며, 이는 사회적 협력과 공동체 의식을 강화하는 중요한 요소로 작용합니다. 이 과정은 단순히 개인 간의 관계에만 영향을 미치는 것이 아니라, 사회 전반의 구조적 안정성에도 기여하게 됩니다.

예를 들어, 감사를 기반으로 한 사랑과 신뢰는 가족과 같은 작은 단위에서부터 지역 사회, 나아가 국가적 차원까지 확장될 수 있습니다. 신뢰가 형성된 사회에서는 서로를 위한 협력과 배려가 더 많이 나타나며, 이는 사회적 문제 해결과 공동의 번영으로 이어집니다.

⑤ 결론(結論)

감사는 사랑의 시작이 되고, 사랑은 신뢰로 이어져 개인과 개인, 더 나아가 사회 전반에 걸쳐 협력과 유대를 촉진합니다. 이러한 신뢰는 사회와 국가의 안정성을 높이고, 협력을 통해 경제적, 정치적 발전에 기여합니다. 감사에서 시작된 사랑과 신뢰는 개인 관계뿐만 아니라, 더 큰 사회적, 국가적 차원에서 긍정적인 변화를 이끄는 중요한 힘으로 작용합니다.

감사 · 봉사 · 행복 삼일체

요약

감사하는 마음은 삶에 대한 긍정적 시각을 제공하고, 스트레스와 부정적인 감정을 줄이며, 대인관계와 자존감, 건강에 긍정적인 영향을 미칩니다. 이를 통해 개인은 보다 쉽게 행복을 추구하고 유지할 수 있게 됩니다.

행복감은 기업의 생산성, 창의성, 직원 유지, 협업 문화 등에 긍정적 영향을 미치며, 이는 기업 발전에 중요한 역할을 합니다. 또한, 행복한 사회는 범죄율을 줄이고, 사회적 연대를 강화하며, 경제 발전을 촉진시키는 요인으로 작용합니다. 결국, 행복감은 기업과 사회 전반의 안정성과 지속 가능성을 높이는 중요한 요소로 기능합니다.

감사는 사랑의 시작이 되고, 사랑은 신뢰로 이어져 개인과 개인, 더 나아가 사회 전반에 걸쳐 협력과 유대를 촉진합니다. 이러한 신뢰는 사회와 국가의 안정성을 높이고, 협력을 통해 경제적, 정치적 발전에 기여합니다. 감사에서 시작된 사랑과 신뢰는 개인 관계뿐만 아니라, 더 큰 사회적, 국가적 차원에서 긍정적인 변화를 이끄는 중요한 힘으로 작용합니다.

경영 성공Point. 15

1. 나쁜 일에서 행운을 만들어라

세상 모든일은 동전의 양면성과 같아시 喜樂. 苦哀가 교차 연주되며 지나간다. 위기는 기회를 동반한다. 나쁜일에서 행운을 만들어 내는 큰인물은 한결같이 불행에서 행복을 창조하는 능력을 발휘한다. 불행을 접하였을 때 근심과 절망하기 보다는 어떻게하면 행운으로 바꿀수 있을지 고민하며 행동하라. 그러면 행운은 찾아진다.

2. 늘 생각하고 늘 행동하라

사람이 지혜가 부족해서 실패하는 경우보다는 성실성 부족에서 야기되는 사례가 더 많다.

성실하면 지혜도 생기지만 성실하지 못하면 지혜도 흐려진다 꿈을 이루기 위해서는 신념. 노력. 행동등 삼위일체가 되었을때 당신의 인생은 당신이 바라는 바향으로 전개될 것이다.

사고와 행동이 결합되면 당신의 운명이 바뀌인다. 행동력없는 생각은 무의미 하다.

5-4 언행불일치와 면종복배/사필귀정

5-4-1. 언행불일치자는 면종복배한다(言行不一致者/ 面從腹背)

① 언행불일자와 면종복배자 의미와 사회적 영향

먼저 각 용어의 의미를 살펴보겠습니다.

(1) 언행불일치(言行不一致) ; 말과 행동이 일치하지 않음을 의미로 言(말씀 언) + 行(행할 행) + 不(아니 불) + 一(한 일) + 致(이를 치)로 표기합니다.

(2) 면종복배(面從腹背) ; 겉으로는 따르는 체하면서 속으로는 반대함을 의미하며 面(얼굴 면) + 從(따를 종) + 腹(배 복) + 背(등 배)의 뜻입니다.

①-1 이 두 표현의 사회적 영향

(a) 부정적 영향: 사회적 신뢰성이 저하되며 조직 내 갈등과 반목이 유발하여 리더십의 효과성 감소 됩니다. 의사소통의 비효율성이 증가되여 비협조성이 발생할 우려가 생기며 조직목적의 효율성이 떨어집니다.

(b) 긍정적 측면: 언행불일와 면종복배의 양상은 사회의 일상 생활에서 이러한 행태를 경계하는 교훈으로 작용 하고 있습니다. 진정성 있는 태도의 중요성 강조되고 있고 윤리적 행동의 필요성 인식 제고

①-2 현대 사회에서의 적용

(a) 기업문화발전에 적용: 투명한 의사소통의 중요성 강조되며 윤리경영의 기본 원칙으로 활용 됩니다. 투명한 의사소통과 윤리 경영은 신뢰를 구축하고 장기적인 성장을 가능하게 하는 중요한 요소입니다. 이를 실천하고 발전적인 기업문화를 조성하기 위해 다음과 같은 절차와 전략을 고려해볼 수 있습니다.

(b) 투명한 의사소통 절차

- 정기적인 소통 채널 구축: 주간 회의나 월간 보고서 등을 통해 직원들에게 회사의 성과와 중요한 사항을 알리고 피드백을 수렴합니다.
- 정보 공유 플랫폼 사용: 기업 내 온라인 플랫폼(예: 인트라넷, 협업

도구)을 활용해 정책 변경 사항, 회사 목표, 달성 상황 등을 실시간으로 공유하여 누구나 접근할 수 있게 합니다.

- 열린 피드백 시스템 구축: 모든 직원이 자유롭게 의견을 제시할 수 있는 시스템을 마련하고, 제기된 의견은 경영진이 적극적으로 검토합니다. 설문 조사나 익명 피드백 등도 도움이 될 수 있습니다.

(c) 윤리 경영 실천 절차

- 윤리 강령 및 행동 규범 수립: 윤리적 기준을 구체화하여 기업의 전반적인 가이드라인을 제공합니다. 모든 직원이 이 가이드라인을 숙지하고 준수할 수 있도록 교육합니다. 윤리 경영 교육 프로그램: 정기적인 윤리 교육 세션을 통해 직원들이 기업의 윤리 정책을 이해하고 준수하도록 독려합니다.
- 감시 및 보고 체계 구축: 내부 윤리 감사 및 제보 시스템을 마련해 비윤리적인 행위가 발생할 경우 즉시 보고하고 조치를 취할 수 있도록 합니다.

(d) 발전적인 기업문화 조성

- 포용성과 다양성 존중: 서로 다른 배경을 가진 직원들이 편안하게 협업할 수 있도록 포용적인 문화를 조성합니다. 다양성을 존중하고, 성별, 인종, 성적 지향 등에 상관없이 공정하게 대우받는 환경을 만듭니다.
- 직원 참여형 리더십: 상향식 의사결정 방식으로 직원들이 회사의 의사결정에 참여할 수 있도록 기회를 제공합니다. 이 과정에서 직원들의 의견이 반영될 수 있는 구조를 만드는 것이 중요합니다.
- 인센티브와 보상 시스템 도입: 성과에 따라 공정한 보상을 제공하고, 윤리적인 행동과 긍정적인 영향을 미친 직원들을 격려하는 인센티브 제도를 도입합니다.

이와 같은 접근 방식을 통해 투명하고 윤리적인 기업문화를 만들어가는 동시에, 신뢰를 바탕으로 한 건강한 기업 문화를 지속적으로 발전시킬 수 있습니다.

② 언행불일치자가 사회에 미치는 영향

언행불일치란 말과 행동이 일치하지 않는 상황을 의미합니다. 언행불일치는 개인의 성격, 의도, 또는 상황에 따라 나타날 수 있으며, 이는 인간 사회에 다양한 영향을 미칩니다.

②-1 신뢰 상실

언행이 일치하지 않으면 타인에게 신뢰를 잃기 쉽습니다. 약속을 지키지 않거나 행동이 일관되지 않으면 상대방은 그 사람을 믿기 어려워지며, 이는 인간관계에 부정적인 영향을 미칩니다. 특히 조직 내에서 리더나 동료가 언행불일치를 보이면 조직의 사기가 저하될 수 있습니다.

②-2 부정적 평판 형성

언행불일치가 반복되면 사람들은 그 사람을 신뢰할 수 없는 사람으로 인식하게 되며, 부정적 평판이 형성됩니다. 이는 개인의 사회적 지위나 대인관계에 악영향을 미치고, 더 나아가 사회적으로 고립되거나 관계 형성에 어려움을 겪을 수 있습니다.

②-3 대인관계 갈등 유발

언행불일치는 종종 갈등의 원인이 됩니다. 예를 들어, 어떤 사람이 말로는 동의하는 듯 행동하지만 실제로는 그렇지 않은 행동을 보일 때, 상대방은 속았다고 느낄 수 있습니다. 이러한 갈등은 오해를 초래하고 관계의 악화를 부를 수 있습니다.

②-4 자기 신뢰 상실

언행불일치가 자기 자신에게도 부정적인 영향을 미칩니다. 자신이 한 말을 지키지 않거나 반복해서 언행불일치를 보일 경우, 자기 자신에 대한 신뢰를 잃을 수 있습니다. 이는 자존감 저하와 자기 효능감 감소로 이어지며, 전반적인 삶의 만족도에 부정적 영향을 미칠 수 있습니다.

②-5. 사회적 혼란 및 불신 조장

언행불일치는 사회 전체에도 영향을 미칠 수 있습니다. 예를 들어, 공직자나 리더가 말과 행동이 일치하지 않는 경우, 대중은 그들을 신뢰하기 어려워하며, 이는 사회적 불신을 야기할 수 있습니다. 이러한 사회적 불신은 공동체의 결속을 약화시키고 불안정성을 초래할 수 있습니다.

언행불일치는 때로는 의도치 않게 발생할 수 있지만, 지속적으로 발생할 경우 인간관계와 사회 전체에 큰 영향을 미칠 수 있습니다. 이를 방지하려면 자신의 말과 행동이 일치하도록 노력하고, 자신의 언행을 성찰하는 자세가 필요합니다.

③ 면존복배하는자가 사회에 미치는 영향

면존복배(免尊伏拜)하는 자, 즉 사회적 예의나 예절을 무시하고 자신만을 존중하거나 윗사람에게도 복종하지 않는 사람은 여러 가지 부정적인 영향을 미칠 수 있습니다. 이러한 태도는 가족, 직장, 지역 사회 등 다양한 사회 구조에 혼란을 일으킬 수 있으며, 몇 가지 주요한 영향은 다음과 같습니다:

③-1 사회 규범의 약화: 예의나 존중을 무시하는 태도는 사회적 규범을 약화시켜 다른 사람들도 규범을 경시하게 할 수 있습니다. 이는 결국 공동체 내 갈등을 초래하고, 서로 신뢰하고 협력해야 할 상황에서 거리감을 조성합니다.

③-2 공동체 내 갈등 증가: 면존복배하는 사람이 많아질수록 세대 간, 직급 간, 계층 간의 갈등이 커질 수 있습니다. 서로에 대한 존중이 부족한 관계에서는 갈등이 쉽게 발생하고, 이는 직장 내 스트레스나 가정 불화를 야기할 수 있습니다.

③-3 리더십 약화: 리더를 존중하지 않고 협력하는 태도가 부족할 때 리더십은 약해집니다. 팀원들이 리더를 따르지 않거나 존중하지 않으면 조직 운영이 비효율적이게 되며, 성과에도 악영향을 미칠 수 있습니다.

③-4 사회적 연대감 저하: 서로 존중하며 예의를 지키는 사회에서는 개인의 안정감과 소속감이 강화됩니다. 그러나 이러한 태도를 무시하는 사람이 많아지면 공동체에 대한 연대감이 약해지며, 개인주의가 지나치게 강화될 수 있습니다.

면존복배하는 태도는 결과적으로 사회의 화합과 조화를 방해하고, 나아가 공동체의 성장과 발전에도 부정적인 영향을 미칠 수 있습니다.

④ 언행일치와 이해협력은 사회발전에 미치는 영향

언행일치와 상호 이해 및 협력은 사회 전반에 긍정적인 영향을 미칩니다. 이러한 요소들은 신뢰를 쌓고, 공동체 안에서의 협력을 증진하며, 사회적 안정성을 강화하는 데 중요한 역할을 합니다.

④-1 언행일치(言行一致)

언행일치는 개인과 조직 간의 신뢰를 구축하는 핵심 요소로, 말과 행동이 일치할 때 사람들은 신뢰감을 느끼고 다른 사람에게 더 많이 의존할 수 있게 됩니다. 이는 비즈니스 관계나 일상생활에서 효율성을 높이며, 사회적으로도 긍정적인 영향을 미칩니다.

④-2 이해협력(理解協力)

상호 이해와 협력 역시 사회 통합에 큰 기여를 합니다. 서로의 관점과 배경을 이해하고 존중할 때 갈등을 줄일 수 있으며, 협력을 통해 더 나은 사회적 결과를 창출할 수 있습니다. 이러한 상호 작용은 공동의 목표를 달성하는 데 도움을 주고, 사회적 불평등이나 갈등을 완화하여 보다 평화롭고 조화로운 사회를 형성합니다.

결과적으로, 언행일치와 상호 이해 및 협력이 실현되는 사회는 각 개인의 삶의 질을 향상시키며, 더 나은 사회적 안정과 발전을 도모할 수 있는 기반을 제공합니다.

5-4-2. 사필귀정(事必歸正)

① 사필귀정의 진리와 이를 신봉하는 사회

"사필귀정"이란 말은 "모든 일은 반드시 올바른 이치에 따라 결론이 난다"라는 뜻으로, 결국 정의와 진실이 승리할 것이라는 믿음을 담고 있습니다. 이 말은 우리 삶 속에서 진실과 정의를 추구하는 자세와 그 중요성을 강조합니다.

①-1 사필귀정의 진리: 사필귀정의 진리는 올바른 가치와 정의를 추구하고, 이에 따라 사람과 사회가 정직하고 공정한 길을 가야 한다는 믿음에서 비롯됩니다. 이는 다음과 같은 중요한 요소들을 포함합니다:

ⓐ 정의의 중요성: 결국 옳고 그름이 분명히 드러나며, 정의는 언제나 승리한다는 신념을 담고 있습니다.

ⓑ 진실의 힘: 거짓이나 부정은 결국에는 무너지고, 진실은 결국 모습을 드러내기 마련이라는 진리입니다.

(c) 인내와 신뢰: 정의와 진실이 반드시 실현된다는 믿음을 갖고 인내하며 신뢰를 가지는 자세입니다.

①-2 이를 신봉하고 살아가는 사회의 모습: 사필귀정을 신봉하고 이를 삶의 기준으로 삼는 사회는 여러 면에서 긍정적인 변화를 추구할 수 있습니다.

(a) 투명성과 공정성의 가치가 존중됨: 모든 사람이 정직하게 행동하며, 사회와 정부의 투명성이 중요시됩니다. 잘못이 있으면 이를 인정하고, 그에 대한 공정한 처벌이 이루어집니다.

(b) 책임감 있는 리더십: 지도자들이 공익을 우선으로 여기며, 책임감을 가지고 행동합니다. 이러한 사회에서는 부정과 부패가 용납되지 않으며, 모든 사람에게 동등한 기회가 주어집니다.

(c) 공동체 신뢰: 사람들 사이의 신뢰가 강화되어 협력적이고 상호 존중하는 공동체가 형성됩니다. 이로 인해 개인과 사회의 안녕이 강화되고, 더 나은 사회로 발전할 가능성이 커집니다.

(d) 교육과 가치관 형성: 어린 시절부터 정의와 진실의 중요성을 배우고, 인내와 신뢰의 가치를 교육받아 올바른 가치관을 형성합니다.

이처럼 사필귀정을 삶의 지침으로 삼는 사회는 정의와 진실을 바탕으로 지속적으로 발전할 수 있습니다.

② 만물은 원래로 회귀한다, 교육과 사회에 미치는 영향

"만물은 원래로 회귀한다"는 자연의 원리는 모든 존재가 궁극적으로 자신의 본래 상태로 돌아간다는 철학적 관점에서 출발합니다. 이 원리는 교육과 사회에 다음과 같은 방식으로 영향을 미칠 수 있습니다 이 원리는 정직사화 구현, 즉 사회가 정직하게 변하고 발전하는 데에 있어 중요한 철학적 기반을 제공합니다. 정직사화란 사회 전체가 공정하고 정직한 가치를 중심으로 돌아가는 상태를 말하는데, 자연의 원리에서 이러한 사회적 가치 회복의 논리를 찾을 수 있습니다.

②-1 교육에서의 자아 발견과 성장: 교육은 개인이 자기 본연의 모습을 이해하고, 자신에게 적합한 방향으로 성장하도록 돕는 과정입니다. 원래로 돌아간다는 자연의 원리는 각 개인이 자신의 본질적인 특성을 찾아가도록 장려할 수 있습니다. 특히 학생들이 자아 정체성을 찾아 자신만의 고유한 길을 걷

는 것이 중요하다는 점에서, 이 원리는 교육의 방향성을 제시합니다.

②-2 자연스러운 사회적 조화: 사회에서 만물이 원래의 상태로 돌아가야 한다는 사고는 각 개인이나 조직이 서로 간섭하지 않고 자연스럽게 자기 본성을 따라가는 것이 조화로운 사회를 만드는 방법이라는 점을 시사합니다. 이 원리는 상호 존중과 다양성의 가치를 중시하는 사회적 분위기를 형성하는 데 기여할 수 있습니다.

②-3 균형과 회복의 가치: 자연은 균형을 통해 스스로를 회복합니다. 이 원리는 사회에서도 회복탄력성, 균형 잡힌 발전 등의 개념을 중요하게 여길 수 있도록 합니다. 교육과 사회 시스템이 과도한 경쟁이나 압박보다는 안정적인 성장을 지향하는 방향으로 나아가도록 격려할 수 있습니다.

이처럼 "만물은 원래로 회귀한다"는 자연의 원리는 교육과 사회에 내면의 본성을 존중하고 균형을 중시하는 가치를 전달하여 조화롭고 지속 가능한 발전을 이루는 데 긍정적인 영향을 미칠 수 있습니다.

②-4 순환과 변화의 필요성: 자연에서는 모든 것이 순환하며 변합니다. 이런 순환의 개념은 사회가 변화와 개혁을 통해 스스로를 갱신해야 한다는 것을 의미할 수 있습니다. 즉, 사회적 부패나 불공정이 발생할 때, 이들은 자연의 원리에 따라 결국 원상태로 돌아가거나 변화하게 됩니다. 이 점에서 정직사회를 이루기 위한 개혁과 혁신이 필요하며, 자연스러운 변화 과정으로 볼 수 있습니다.

②-5 균형 회복과 정의: 자연은 항상 균형을 이루려는 경향이 있습니다. 예를 들어, 생태계가 어떤 외부적인 요인으로 인해 불균형해지면, 자연은 스스로 복원하여 균형을 맞추려 합니다. 이는 사회적 맥락에서도 마찬가지입니다. 불의나 부정이 사회에 퍼졌을 때, 자연스럽게 그 불균형을 바로잡으려는 움직임이 일어납니다. 따라서 사회는 부정과 불공정이 자정 작용을 통해 정직하게 되돌아가는 과정을 겪게 되며, 정직사회가 구현될 수 있는 기회를 맞이합니다.

②-6 자율적 성장과 진화: 만물이 본래의 모습을 찾기 위해 지속적으로 성장하고 변화하는 것처럼, 사회 역시 자율적인 성장을 통해 정직한 방향으로 발전할 수 있습니다. 자연의 원리에서처럼 정직사회는 억지로 강요되는 것이 아니라 자연스럽게 형성되는 것이며, 이는 개인의 자발적 행동과 사회적 의식이 조화를 이루면서 이루어집니다.

요약하자면, “만물은 원래로 회귀한다”는 자연의 원리는 사회가 정직하고 정의로운 방향으로 나아가는 데 철학적 토대를 제공합니다. 자연의 순환과 균형 회복을 통해 정직사화 구현의 가능성을 보여주며, 사회적 변화와 개혁을 자연스럽게 수용할 수 있게 합니다.

③ 정직성이 국가 사회 발전에 미치는 영향

정직은 인간 관계에서 중요한 미덕일 뿐만 아니라, 국가와 사회의 발전에도 큰 기여를 합니다. 정직한 사람들은 서로 신뢰할 수 있고, 투명한 관계를 구축하여 협력할 수 있는 환경을 조성합니다. 이는 경제, 정치, 교육 등 다양한 사회적 시스템에서 큰 장점을 발휘합니다.

③-1 경제 발전 기여: 정직은 경제 활동에서 중요한 역할을 합니다. 기업과 소비자 간의 신뢰가 형성되면 거래 비용이 줄어들고, 기업들은 장기적인 성장을 추구할 수 있습니다. 기업이 투명하게 운영되고 부정 행위가 줄어들면, 경제 성장이 촉진되고, 사회 전체의 부가 증가하게 됩니다.

③-2 정치적 안정성 강화: 정직한 정치인은 국민의 신뢰를 얻어 보다 강력한 리더십을 발휘할 수 있습니다. 부패가 없는 정직한 정치는 사회의 불만을 줄이고, 정치적 안정을 가져옵니다. 이런 정치는 국민의 의견을 반영하며 투명한 행정을 유지하여, 국가 발전에 긍정적인 영향을 미칩니다.

③-3 교육 및 청소년의 올바른 가치관 형성: 교육 시스템에서 정직은 학생들이 배워야 할 중요한 덕목입니다. 정직을 강조하는 교육은 청소년들이 올바른 가치관을 형성하고, 사회에서 책임감을 가지고 행동하는 성인이 되도록 돕습니다. 이는 장기적으로 사회의 성숙과 발전을 이끌어 냅니다.

③-4 사회적 신뢰와 공동체 의식 강화: 사회 구성원들이 서로 정직하게 행동하면 신뢰가 쌓이고, 공동체 의식이 강화됩니다. 이는 협력을 촉진하고 사회 문제를 해결하는 데 중요한 역할을 하며, 공공의 이익을 증대시키는 결과를 가져옵니다.

결국, 정직은 사회의 여러 분야에서 긍정적인 영향을 미치며, 국가와 사회의 발전에 기여하는 중요한 요소입니다.

제6절

변화에 적응력을 키우자

가이드 6: 변화속에 발전은 시작

변화속에 개혁 혁신하면 새로움이 창조된다

6-1. 변화와 창조(變化創造)

6-1-1. 건강증진을 위한 신진대사(新陳代謝)

6-1-2. 경영혁신을 위한 신진대사(新陳代謝)

6-1-3. 성공을 위한 혁신 단계 별 정리

6-2. 성공을 위한 삶

6-2-1. 삶의 성공을 위해 菽麥처럼 살지 않는 길

6-2-2. 삶의 성공을 위해 존경받는 사람이 되는방도

6-2-3. 결혼과 행복 자녀양육과 보람 인간의 사회적 책임

6-2-4. 삶의 성공을 위해 발전하는 가정의 조화

6-3. 시대변화에 적응하는 삶의 형태변화

6-3-1. 3대가 한집에 생활하는 가정의 화목

6-3-2. 일인 가정의 희락과 비애에 대하여

6-3-3. 독거 노인의 말로와 사회적 책임과 부담

6-4. 유교의 전통 윤리관

6-4-1. 삼강 오륜(三綱五倫)

6-4-2. 전통적 문화계승과 사회발전

6-1 변화와 창조(變化創造)

6-1-1. 건강증진을 위한 신진대사(新陳代謝)

심신(心身)의 건강(健康)은 새로운 비즈니스(Business) 창조의 신진대사(新陳代謝)작용에 원동이요 시발이 됩니다. 고로 변화의 신진대사(新陳代謝, metabolism)를 추구함은 삶에 성공을 이루기 위함입니다. 이사회에서 성공하기 위해서는 내몸의 心身이 건강하여야 합니다. 건전한 마음속에서 건강한 사고력이 발상되고 건강한 체력에서 강한추진력을 수행할 수 있기 때문입니다.

신진대사(新陳代謝, metabolism)는 몸이 에너지를 생성하고 사용하는 과정으로, 음식물로부터 에너지를 얻고 이를 몸에서 소모하는 일련의 반응을 포함합니다. 신진대사는 크게 두 가지로 나눌 수 있습니다: **이화작용(음식을 분해하여 에너지를 방출하는 과정)**과 **동화작용(세포와 조직을 합성하는 과정)**입니다.

건강하고 강력한 체력을 위해 신진대사를 촉진하거나 관리하기 위한 효과적인 방법을 정리하면 다음과 같습니다:

① 운동(運動)으로 체력을 강하게 하자

(1) 유산소 운동: 달리기, 자전거 타기, 수영 등 유산소 운동은 심장을 강화하고, 신진대사를 활발하게 합니다. 일정한 강도의 유산소 운동을 통해 칼로리 소비가 증가하고, 기초 대사량도 향상됩니다.

(2) 근력 운동: 근육량이 증가하면 기초 대사율이 높아집니다. 근육은 유지하는 데 더 많은 에너지를 필요로 하므로, 근육량이 많을수록 신진대사가 빨라집니다. 웨이트 트레이닝, 스쿼트 등의 근력 운동이 효과적입니다.

② 규칙적인 식사로 체내 기능을 향하자

(1) 작은 식사 자주 하기: 규칙적으로 소량의 음식을 섭취하면 신진대사가 지속적으로 유지되며, 너무 오랜 시간 공복 상태에 있으면 대사율이 낮아질 수 있습니다.

⑵ 아침 식사 중요: 아침 식사는 신진대사를 시작하는 중요한 역할을 합니다. 아침에 영양가 있는 식사를 하면 하루 동안 활발한 신진대사가 이루어집니다.

③ 충분한 수분 섭취로 신진대사 작용을 원활게 한다

⑴ 충분한 물 섭취: 물은 신진대사 과정을 원활하게 하는 데 중요한 역할을 합니다. 수분 부족은 대사 과정을 느리게 만들 수 있으므로

⑵ 하루에 적정량의 물(보통 8잔 이상)을 섭취하는 것이 중요합니다. 특히, 식사 전 물을 마시면 신진대사를 촉진하고 포만감을 높여 과식을 방지할 수 있습니다.

④ 단백질 섭취

⑴ 단백질 섭취 증가: 단백질은 소화하고 흡수하는 데 더 많은 에너지를 요구하므로, 단백질 섭취는 신진대사 증가에 도움이 됩니다.

⑵ 또한 단백질은 근육을 유지하고 성장시키는 데 필요하므로 대사에도 중요한 역할을 합니다. 닭가슴살, 두부, 콩류, 계란 등이 좋은 단백질 원천입니다.

⑤ 카페인과 녹차 섭취

⑴ 카페인: 커피나 차에 들어있는 카페인은 일시적으로 신진대사를 증가시킬 수 있습니다. 카페인은 신경계를 자극하여 에너지 소비를 촉진하고, 지방 연소를 돕는 역할을 합니다.

⑵ 녹차(綠茶): 녹차에는 카테킨이라는 항산화 성분이 있어 지방 연소를 촉진하며 신진대사를 활성화하는 데 도움을 줍니다.

⑥ 충분한 수면

⑴ 수면과 신진대사 관계: 충분한 수면은 신체 회복뿐 아니라 신진대사 조절에도 중요합니다.

⑵ 수면 부족은 호르몬 균형을 무너뜨려 대사율을 낮추고 체중 증가를 유발할 수 있습니다. 매일 규칙적으로 7~9시간의 수면을 취하는 것이 바람직합니다.

⑦ 스트레스 관리

(1) 스트레스 감소: 스트레스는 신진대사 속도를 늦추고, 코르티솔 호르몬이 분비되어 체중 증가를 유발할 수 있습니다. 요가, 명상, 심호흡 운동 등은 스트레스를 줄이는 데 효과적입니다.

⑧ 고강도 인터벌 트레이닝(HIIT)

(1) HIIT 운동: 짧은 시간 동안 고강도의 운동을 반복하는 HIIT는 신진대사를 크게 자극할 수 있습니다. 운동 후에도 신진대사가 활발하게 유지되는 '애프터 번'(afterburn) 효과가 있으며, 체지방 감소와 대사 증진에 매우 효과적입니다.

(2) 이러한 방법들은 개인의 신체 상태나 생활 습관에 맞춰 적용할 수 있으며, 지속적인 실천이 필요합니다.

6-1-2. 경영혁신을 위한 신진대사(新陳代謝)

기업이 변화하는 사회에 적응(適應)하려면 경영의 혁신 신진대사는 기업이 지속적으로 변화하고 발전하기 위해 새로운 아이디어와 시스템을 개발하고 도입하여, 기존의 낡은 방식이나 비효율적인 요소들을 제거하는 과정을 신진대사라 하겠습니다. 즉, 경영 혁신 신진대사는 경영 체계가 변화와 혁신을 통해 생명력을 유지 발전하는 방식으로, 이를 통해 기업은 경쟁력을 강화하고, 빠르게 변화하는 시장 환경에 적응할 수 있어 Marking 활동이 원활해서 매출이 증가합니다.

◈ 이를 좀 더 구체적으로 정리하면 다음과 같습니다:

① 혁신 신진대사의 개념

(1)* 신진대사와 비유: 신진대사가 몸에서 새로운 세포를 생성하고 오래된 세포를 제거하여 건강을유지하는 것처럼, 경영혁신 신진대사는 새로운 아이디어와 전략을 도입하고 낡은 비효율적인 방법을 버림으로써 기업이 지속적으로 발전하는것을 의미합니다.

(2)* 변화의 중요성: 경영 환경은 급격히 변화하고 있기 때문에, 기업이 기존의 방식을 고수하면 경쟁에서 도태될 수 있습니다. 따라서 혁신은 필수적인 요소입니다.

② 경영 혁신 신진대사의 주요 요소

⑴ 새로운 아이디어 도입: 새로운 제품이나 서비스 개발, 새로운 비즈니스 모델 도입, 기술 혁신 등이 혁신 신진대사의 중요한 부분입니다. 이를 통해 시장에서의 차별화와 경쟁 우위를 확보할 수 있습니다.

⑵* 비효율적인 프로세스 제거: 오래된 업무 프로세스나 비효율적인 시스템을 제거하거나 개선함으로써 기업의 운영 효율성을 극대화합니다. 이 과정은 기존 자원과 역량을 재분배하고 최적화하는 데 중점을 둡니다.

⑶* 조직문화 개선: 혁신적인 조직문화를 구축하여 직원들이 자율적으로 새로운 아이디어를 제안하고 실행할 수 있도록 유도합니다. 유연한 사고방식과 변화에 대한 개방성은 혁신을 촉진하는 핵심 요소입니다.

③ 경영 혁신 신진대사의 단계

⑴* 문제 진단 및 분석: 현재의 경영 환경과 내부 문제를 정확하게 파악하고, 개선이 필요한 부분을 진단하는 것이 첫 번째 단계입니다.

⑵* 전략 수립: 혁신을 실현하기 위한 구체적인 목표와 전략을 수립합니다. 이 과정에서 시장 동향과 기술 발전, 소비자 요구 사항 등을 반영한 계획이 필요합니다.

⑶* 실행과 피드백: 혁신 전략을 실행하고, 그 결과를 지속적으로 모니터링하여 필요한 경우 신속하게 조정합니다. 피드백 과정을 통해 실패 요인을 파악하고, 더 나은 성과를 창출할 수 있도록 합니다.

④ 경영 혁신 신진대사의 성공 요인

⑴* 리더십의 중요성: 경영 혁신 신진대사는 리더의 주도적인 역할이 중요합니다. 리더는 변화를 이끌고, 직원들에게 혁신의 필요성을 설득하며, 변화에 대한 저항을 최소화해야 합니다.

⑵* 지속적인 학습과 개선: 기업은 끊임없이 학습하고, 변화하는 외부 환경에 맞춰 적응할 수 있어야 합니다. 시장, 기술, 고객의 요구 사항에 대한 최신 정보를 바탕으로 지속적인 개선을 추구하는 것이 필수적입니다.

⑶* 조직의 유연성: 경직된 구조를 가진 기업은 혁신 신진대사를 실현하기 어렵습니다. 변화에 신속하게 대응할 수 있는 유연한 조직구조와 프로세

스가 필요합니다.

협력과 개방성: 내부의 혁신뿐만 아니라 외부 파트너와의 협력도 중요합니다. 외부의 혁신적인 기술이나 아이디어를 수용할 수 있는 개방적인 태도가 필요합니다.

⑤ 혁신 신진대사 사례

(1)* 애플(Apple): 애플은 끊임없는 혁신을 통해 신제품을 출시하고, 기존 제품의 기능과 디자인을 개선함으로써 시장에서 선도적인 위치를 유지해 왔습니다. 특히, 제품 개발과 디자인 혁신을 통해 새로운 시장을 창출하고 기존의 것을 대체하는 능력을 보여줍니다.

(2)* 토요타(Toyota): 토요타는 지속적인 프로세스 개선과 혁신을 통해 생산 효율성을 극대화하였습니다. "도요타 생산 방식"은 이를 대표하는 예로, 혁신적이고 효율적인 생산 시스템을 구축함으로써 경쟁력을 강화하였습니다.

6-1-3. 업무 성공의 단계

매사를 성공적으로 마무리 하려 업무수행 단계가 필요합니다. 한단계 한단계 해결함으로서 목적지 정상에 오를 수 있을 것입니다. 성공을 위한 혁신은 단계적으로 이루어지며, 각 단계는 체계적이고 전략적인 계획과 실행이 필요합니다. 다음은 성공적인 혁신을 위한 주요 단계를 정리한 것입니다:

① 문제 정의 및 기회 탐색

(1)* 문제 식별: 현재의 문제점이나 개선할 부분을 명확하게 정의합니다. 혁신이 필요한 이유와 목적을 구체화해야 합니다.

(2)* 기회 탐색: 산업 트렌드, 기술 발전, 소비자 요구 등을 바탕으로 혁신의 기회를 모색합니다. 새로운 시장이나 미충족 수요를 파악하는 것이 중요합니다.

(3)* 목표 설정: 해결하고자 하는 문제 또는 개선하고자 하는 영역을 명확히 정의 합니다. 시장및 환경분석 시장의 변화, 기술 트렌드, 고객 요구 사항 등을 분석하여 기회를 포착합니다.

아이디어 발굴: 문제 해결을 위한 혁신적인 아이디어를 수집하고, 다양한 시각에서 접근해 기회를 탐구합니다

② 아이디어 생성

(1)* 브레인스토밍: 다양한 아이디어를 창출하는 단계입니다. 팀원들과 자유롭게 아이디어를 나누고, 창의적인 사고를 통해 기존의 틀을 깨는 혁신적인 발상을 도출합니다.

(2)* 외부 아이디어 수집: 외부 전문가, 고객, 파트너와 협력해 다양한 관점에서 새로운 아이디어를 얻습니다. 아이디어 구체화는 수집된 아이디어를 구체화하고, 이를 실현할 방법을 모색합니다.

(3)* 타당성 평가: 기술적, 경제적, 사회적 타당성을 평가해 혁신 아이디어가 실현 가능한지 판단합니다. 리스크 분석은 잠재적인 리스크와 장애물을 식별하고, 이를어떻게 극복할지 전략을 수립합니다.

③ 아이디어 평가 및 선택

(1)* 타당성 분석: 생성된 아이디어를 기술적, 경제적, 시장적 관점에서 평가합니다. 현실적으로 구현 가능한지, 수익성이 있는지를 판단하는 단계입니다.

(2)* 우선순위 설정: 여러 아이디어 중에서 가장 큰가치를 제공할수 있는 아이디어를 선택하고, 자원을 집중합니다.

(3)* 프로토타입 제작: 아이디어의 실현 가능성을 테스트하기 위해 초기 모델(프로토타입)을 개발합니다. 소규모 테스트(파일럿)은 프로토타입을 사용하여 소규모로 테스트를 진행하고, 실현 가능성과 시장 반응을 확인합니다.

(4)* 피드백 수집 및 개선: 테스트 결과에 따라 문제점을 수정하고, 개선 사항을 반영합니다.

④ 프로토타입 개발 및 실험

(1)* 빠른 프로토타입 제작: 선택된 아이디어를 기반으로 시제품 또는 프로토타입을 신속하게 개발합니다. 완벽하지 않아도 되는 단계이며, 빠른 실

험과 피드백을 목표로 합니다.

실험 및 피드백 수집: 개발된 프로토타입을 테스트하고, 사용자 및 이해 관계자들로부터 피드백을 받아 개선점을 도출합니다.

(2)* 제품/서비스 출시 준비: 개선된 프로토타입을 기반으로 상업화 가능한 제품이나 서비스를 준비합니다. 비즈니스 모델 정교화는 수익모델, 유통 전략, 마케팅계획 등을 포함한 비즈니스 모델을 세분화한다.시장 출시는 본격적으로 시장에 제품을 출시하고, 고객에게 가치를 전달합니다.

⑤ 개선 및 구현

(1)* 아이디어 개선: 실험 결과와 피드백을 바탕으로 제품이나 서비스의 문제점을 보완하고 최종적인 버전을 완성합니다.

(2)* 시장에 도입: 최종적으로 개발된 제품이나 서비스를 시장에 출시합니다. 마케팅 전략, 판매 채널 등을 고려해 성공적인 시장 진입을 준비합니다.

(3)* 지속적 개선: 혁신 과정을 통해 얻은 경험과 데이터를 바탕으로 제품이나 서비스를 지속적으로 개선하고 발전시킵니다. 학습 및 확장은 성공한 혁신을 다른 영역으로 확장하거나 새로운 기회를 발굴하여 혁신을 지속합니다.

⑥ 성과 측정 및 지속적 개선

(1)* 성과 분석: 혁신의 성과를 다양한 지표를 통해 평가합니다. 매출, 시장 점유율, 고객 만족도 등을 분석하여 혁신이 실제로 성공했는지 확인합니다.

(2)* 지속적 개선: 혁신은 일회성에 그치지 않고, 지속적으로 개선될 필요가 있습니다. 새로운 변화와 트렌드에 맞춰 혁신을 유지하고 발전시킵니다.

⑦ 조직 내 혁신 문화 구축

(1)* 혁신적 사고 장려: 조직 내에서 혁신적인 사고를 촉진하고, 실패를 두려워하지 않도록 독려하는 문화를 구축해야 합니다.

(2)* 지속 가능한 혁신 시스템: 혁신을 지속할 수 있는 프로세스와 시스템을 마련해 조직이 변화에 유연하게 대응할 수 있도록 합니다.

(3)* 혁신 문화 조성: 조직 내에서 지속적인 혁신이 이루어질 수 있도록 혁

신을 장려하는 문화를 조성합니다. 변화 관리는 혁신 과정에서 발생하는 변화에 대한 저항을 관리하고, 조직 구성원이 변화에 적응할 수 있도록 지원합니다.

(4)* 성과 공유: 성공적인 혁신 사례를 조직 내외에 공유하여 혁신의 가치를 알리고 동기 부여를 강화합니다. 이와 같이 단계별로 혁신을 체계적으로 접근하면 성공 가능성을 높일 수 있으며, 새로운 기회와 도전에 지속적으로 대응할 수 있는 역량을 키울 수 있습니다.

⑧ 변화와 창조(變化 創造)

"변화없이 창조없고 창조없이 변화없다" 변화의 목적은 지속에 있고 지속의 목적은 번영에 있으며 번영의 궁극적 목적은 행복한 삶의 영유에 있습니다. 인간욕구인 행복한삶을 위한 변화 창조의 길은 순탄 하지만은 않습니다. 변화 창조는 일조일석(一朝一夕)에 이루어지지 않습니다. 실천 가능한 모델로 단계적 전략이 수반되어야 합니다. 이를 성취하기위하여 그림 6-1. 변화 창조를 위한 지속가능한 모델을 참고하시기 바랍니다.

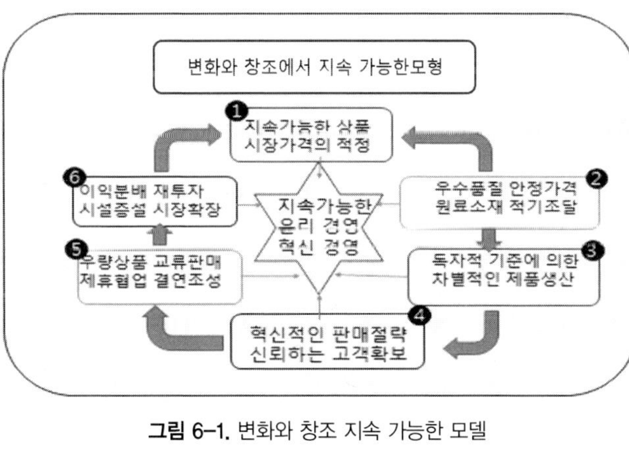

그림 6-1. 변화와 창조 지속 가능한 모델

변화와 창조(變化創造)

요약
경영 혁신 신진대사의 기대 효과

- 경쟁력 강화: 변화하는 시장 환경에서 경쟁 우위를 확보할 수 있습니다. 혁신은 제품과 서비스의 질을 높여 고객의 요구를 충족시키고, 새로운 시장을 창출하는 데 도움이 됩니다.
- 비용 절감과 효율성 증가: 비효율적인 프로세스를 제거하고, 새로운 기술과 방법을 도입함으로써 운영 효율성을 높이고 비용을 절감할 수 있습니다.
- 지속 가능한 성장: 혁신은 기업의 지속 가능한 성장을 가능하게 합니다. 환경 변화에 유연하게 대처하고 새로운 기회를 창출하여 장기적으로 성공할 수 있는 기반을 마련합니다.
- 결론적으로, 경영 혁신 신진대사는 기업의 지속 가능한 발전과 성공을 위한 필수적인 과정입니다. 이를 통해 기업은 변화에 대응하고, 경쟁력을 유지하며, 장기적인 성장을 도모할 수 있습니다.
- 변화 관리: 혁신 과정에서 발생하는 변화에 대한 저항을 관리하고, 조직 구성원이 변화에 적응할 수 있도록 지원합니다.
- 성과 공유: 성공적인 혁신 사례를 조직 내외에 공유하여 혁신의 가치를 알리고 동기 부여를 강화합니다. 이와 같이 단계별로 혁신을 체계적으로 접근하면 성공 가능성을 높일 수 있으며, 새로운 기회와 도전에 지속적으로 대응할 수 있는 역량을 키울 수 있습니다.

성공Point. 16

1. 감사하는 마음으로 비평을 받아 들여라.

성공하는 사람은 남들의 비평에 다른사람에게 귀를 기울일줄안다. 그래서 그들은 타인의 지식과지혜를 폭넓게 받아들여 성공의 풍부한 자양분으로 살아간다. 타인이 비평할 때 변명이나 논쟁을 하지말고 진지하게 귀를 기울여라. 그리고 공감대를 찾아내라. 혹시 악의적인 비평이라 할지라도 민감하게 반응하지 말라. 성공하거나 유명한 사람 일수록 비판을 많이 받는다. 혹독한 비평은 당산의 관심도가 그만큼 높다는 것이다.

2. 감나무 밑에서 감 떨어지길 기다린다

당신이 진정 위대한 사람이라면 다른 사람에게 행동으로 증명하라. 행동이나 실천이없는 성과는 기대할수 없다. 계획이 아무리 좋아도 실행하지 않으면 쓸데없는 것이다. 원숭이처럼 계획하고 소처럼 믿음을 가지고 코뿔소처럼 밀고나간 연후에 가려도 늦지않다. 가만이 앉아 기다리고 있는 상태에서는 금전운이 다가오지 않는다. 마음으로 정성을 다하고 몸으로 실행하여야만 비로서 운이라는 것도 열리게 된다.

6-2 성공을 위한 삶

6-2-1. 삶의 성공을 위해 숙맥(菽麥)처럼 살지 않는 길

숙맥이란 바보를 가리키는 말로 우리는 바보같이 살지 않으려면 어떠한 생활관을 가지고 살아가야 하나? 숙맥(菽麥)이란 콩과 보리를 구별하지 못하는 어리석은 사람을 의미합니다. 이 표현에서 유래하여 삶에서 무지하고 어리석은 행동을 하지 않는 방법, 즉 삶의 성공을 위해 지혜롭고 현명하게 살아가는 방도를 몇 가지로 정리해 보겠습니다.

① 배움과 성찰을 멈추지 않기

삶에서 끊임없이 배우고 성장하는 것이 중요합니다. 지식뿐만 아니라 감정적, 사회적 지혜를 키우기 위해 자신을 끊임없이 성찰하는 습관을 가지세요. 독서, 새로운 기술 습득, 다양한 경험을 통해 지적 성장과 함께 자신을 개선하는 데 힘써야 합니다.

② 분별력과 비판적 사고 기르기

무언가를 판단할 때 맹목적으로 따르지 말고 비판적으로 생각하세요. 특히 정보가 넘쳐나는 현대사회에서는 진실과 거짓을 구분할 수 있는 분별력이 필요합니다. 다양한 시각에서 문제를 바라보고, 깊이 있는 사고를 통해 결정을 내리는 것이 중요합니다.

③ 겸손과 열린 마음 유지하기

지혜로운 사람은 자기 한계와 부족함을 인정하고, 타인의 의견에 귀 기울일 줄 압니다. 자신의 잘못을 받아들이고 고칠 줄 아는 겸손한 태도는 성장을 촉진하고, 나아가 다양한 사람들과 긍정적인 관계를 맺는 데 도움이 됩니다.

④ 자기 주도적 삶 살기

다른 사람의 기대나 사회적 압력에 휘둘리지 않고, 자신의 가치와 목표에 맞춘 삶을 사는 것이 중요합니다. 자기 자신을 주도적으로 이끌고, 목표를 설정하며 그에 따라 행동하는 능력이 삶에서의 성공을 결정짓는 큰 요소입니다.

⑤ 도덕적 가치와 원칙 지키기

어떤 상황에서도 자신의 도덕적 가치와 원칙을 유지하는 것은 인생의 나침반과 같습니다. 돈이나 권력에 휘둘리지 않고, 공정하고 올바른 길을 걸어가는 것이 진정한 성공으로 이끌어 줍니다.

⑥ 인간관계에서 신뢰와 존중 쌓기

사람과의 관계에서 신뢰를 쌓고 존중하는 태도를 유지하는 것은 성공적인 삶의 필수 요소입니다. 진실성과 공감을 바탕으로 한 인간관계는 여러분의 삶을 풍요롭게 하고, 여러 도전에 직면했을 때 든든한 지지 기반이 될 수 있습니다.

⑦ 건강한 삶의 균형 유지하기

정신적, 신체적 건강은 삶의 질을 결정짓는 중요한 요소입니다. 건강한 생활 습관을 유지하고, 스트레스를 관리하며, 몸과 마음을 단련하는 것은 지혜롭게 살아가는 데 필요한 힘을 줍니다.

6-2-2. 삶의 성공을 위해 존경받는 사람이 되는방도

인간이 이세상에 태어나서 생노병사(生老病死)의 과정을 거쳐 재세기간(在世期間)을 마무리함은 자연순리(自然順理)로 벗어날 수 없으나 개개인의 활동은 임의성 있는바 천박존경(淺薄尊敬)의 행위는 개개인(箇箇人)의 소양에 따라 가능하게 이루어 지는 것입니다. 삶에서 존경받는 사람이 되는 것은 개인의 성취뿐 아니라 타인과의 관계에서 신뢰를 쌓고 긍정적인 영향을 미치는 것이 중요합니다.

◈ 다음은 삶의 성공과 존경받는 사람이 되는 주요 요소

① 자신의 가치를 명확히 정립하기

(1)* 목표 설정: 자신의 삶에서 무엇이 중요한지, 어떤 가치를 추구할지 명

확하게 설정하세요. 이는 개인적인 철학이 될 수 있습니다. 자신의 강점과 약점 파악: 자신의 강점을 살리고 약점을 개선하려는 꾸준한 노력이 필요합니다.

② 진정성 있는 삶을 살기

(1)* 정직하고 진실되게 행동: 다른 사람들과의 관계에서 진정성을 보여주면 신뢰를 얻게 됩니다.말과 행동 일치: 말한 대로 행동하는 일관성이 매우 중요합니다.

③ 지속적인 자기 개발

(1)* 지식과 기술 향상: 새로운 것을 배우고 자신을 발전시키기 위해 꾸준히 노력하세요. 이는 타인에게 존경받는 중요한 요인입니다.

(2)* 책임감과 헌신: 자신의 역할과 책임을 성실히 수행하고, 맡은 일에 최선을 다하는 자세를 유지하세요.

④ 타인을 존중하고 배려하기

(1)* 공감과 배려: 다른 사람의 감정을 이해하고 그들의 입장을 존중하세요. 이는 신뢰와 존경을 쌓는 기초입니다.

(2)* 협력과 소통: 타인과 잘 협력하고 개방적인 소통을 통해 긍정적인 관계를 형성 함이 중요합니다.

⑤ 겸손과 감사의 태도 유지

(1)* 겸손(謙遜): 자신의 성취를 자랑하지 않고, 타인의 공로를 인정하는 겸손함은 존경받는 중요한 덕목입니다.

(2)* 감사하는 마음: 작은 일에도 감사할 줄 아는 태도는 인간관계에서 긍정적인 에너지를 제공합니다.

⑥ 도덕적이고 윤리적인 기준을 지키기

(1)* 정직한 행동: 부정한 방법으로 성공을 추구하지 않고, 공정한 절차와 윤리를 지키는 것이 중요합니다.

(2)* 책임감 있는 선택: 자신의 선택이 타인에게 미치는 영향을 고려하고,

도덕적으로 올바른 선택을 하려는 노력이 필요합니다.

⑦ 사회에 기여하는 자세

(1)* 봉사와 나눔: 자신의 성공을 사회에 환원하고, 봉사하는 마음을 가지고 행동하세요. 이는 타인에게 깊은 인상을 남깁니다.

(2)* 좋은 본보기 되기: 타인에게 긍정적인 본보기가 되는 것이 중요합니다. 행동을 통해 사람들에게 영향을 미칠 수 있습니다.

6-2-3. 결혼과 행복 자녀양육과 보람 인간의 사회적 책임

결혼 생활과 자녀 양육은 인간의 삶에서 중요한 부분을 차지하며, 이는 개인적인 행복과 사회적 책임 모두와 밀접하게 연관되어 있습니다. 결혼은 부부가 서로의 인생을 공유하며 성숙해지는 과정이며, 자녀를 양육하는 것은 미래 세대의 성장을 돕는 사회적 책무이기도 합니다. 결혼과 가정이 주는 행복, 자녀 양육의 보람과 어려움, 그리고 인간이 만물의 연장으로서 가지는 사회적 책임에 대해 다음과 같이 정리할 수 있습니다.

① 결혼 생활과 행복

(1) 결혼의 의미와 긍정적인 영향

(a)* 정서적 안정: 결혼은 두 사람이 인생을 함께 나누고 서로의 지원자가 되는 관계를 의미합니다. 부부 관계는 정서적 안정감을 주고, 심리적 지지체계가 되어 개인의 정신 건강에 긍정적인 영향을 줍니다.

(b)* 상호 성장: 결혼 생활을 통해 부부는 서로의 가치관과 경험을 공유하고, 갈등과 문제 해결을 통해 함께 성장할 수 있습니다. 이러한 상호작용은 개인의 성숙을 촉진하고, 더 넓은 시각을 가지게 만듭니다.

(c)* 사회적 지원 체계: 결혼한 부부는 서로에게 사회적 지원 체계를 제공하며, 경제적, 심리적 위기 상황에서도 서로의 버팀목이 될 수 있습니다.

(2) 결혼 생활의 어려움

(a)* 갈등과 타협: 결혼은 두 사람의 다른 성향과 가치관을 조율하는 과정이기에 종종 갈등이 발생할 수 있습니다. 이는 서로의 기대와 현실 간의 차이, 의사소통의 부재, 역할 분담 문제 등에서 비롯될 수 있습니다.

(b)* 역할 부담: 결혼 후 직장, 가사, 육아 등 여러 역할을 동시에 수행해야 하는 부담이 있을 수 있습니다. 특히 현대 사회에서는 부부가 모두 직업을 가지는 경우가 많아 일과 가정의 균형을 맞추는 데 어려움이 생길 수 있습니다.

② 자녀 양육의 보람과 어려움

(1) 자녀 양육의 보람

(a)* 생명의 연속성: 자녀는 부모의 생명과 가치의 연장선으로, 부모에게는 삶의 새로운 의미를 부여합니다. 자녀가 성장하며 부모로서의 역할을 충실히 수행할 때 얻는 성취감과 기쁨은 큰 보람이 됩니다.

(b)* 정서적 유대감: 자녀와의 유대는 깊은 애정과 관계의 만족감을 제공하며, 부모와 자녀 간의 애착 형성은 양측 모두에게 심리적 안정감을 줍니다.

(c)*미래 세대 양성: 자녀를 올바르게 양육하고 성장시키는 과정은 미래 사회를 이끌어 갈 건강한 구성원을 만드는 일입니다. 이는 개인적인 보람을 넘어 사회적 가치를 창출하는 일입니다.

(2) 자녀 양육의 어려움

(a)* 경제적 부담: 자녀를 양육하는 데는 많은 경제적 자원이 필요합니다. 교육비, 생활비, 건강 관리 등 자녀가 성장하면서 발생하는 비용은 가정의 경제적 부담으로 작용할 수 있습니다.

(b)* 시간과 에너지의 소모: 자녀 양육에는 많은 시간과 에너지가 필요합니다. 특히, 맞벌이 부부나 부모 중 한 명이 양육을 전담할 경우, 육아로 인한 피로와 스트레스가 커질 수 있습니다.

(c)* 정서적 어려움: 자녀의 발달과정에서 발생하는 문제(예: 청소년기의 반항, 학습 문제, 사회성 문제 등)들은 부모에게 큰 정서적 부담이 될 수 있습니다. 또한, 자녀의 양육에 대한 책임감과 기대치가 지나치게 높을 경우 부모가 자책하거나 좌절감을 느낄 수도 있습니다.

③ 만물의 연장으로서 인간의 사회적 책임

인간은 개인적 삶을 영위할 뿐만 아니라, 만물의 연장선에 위치한 존재로서 사회적 책임을 지니고 있습니다. 이는 가정 내의 역할뿐만 아니라 너 넓은 사회와 자연 환경에 대한 책임을 포함합니다.

(1) 가족을 통해 전수되는 사회적 책임

(a)* 가정의 역할: 가정은 사회의 기본 단위로, 사회적 가치를 전수하고 새로운 세대를 양육하는 중요한 역할을 합니다. 부모는 자녀에게 사회적 규범, 도덕, 문화적 가치관을 전수하며, 이 과정에서 자녀는 건강한 사회 구성원으로 성장하게 됩니다.

(b)* 양육의 사회적 의미: 자녀 양육은 단순히 한 가정의 문제가 아닌, 미래 사회를 형성하는 중요한 활동입니다. 따라서 부모의 양육 방식과 가정 내 교육은 사회의 안정성과 지속가능성에 직접적인 영향을 미칩니다.

(2) 사회적 역할과 책임

(a)* 사회적 지원과 공동체 형성: 개인의 행복은 공동체의 건강과 직결되어 있습니다. 결혼과 자녀 양육에서 발생하는 어려움은 개인만의 문제로 치부할 수 없으며, 사회적 지원과 정책적 대응이 필요합니다. 부모와 자녀가 안정적인 삶을 영위할 수 있도록 사회적 제도와 안전망이 마련되어야 합니다.

(b)* 환경과 자원 관리: 인간은 자원과 환경을 관리할 책임이 있습니다. 현재 세대뿐만 아니라 미래 세대가 지속적으로 삶을 영위할 수 있도록, 자원을 아끼고 환경을 보호하는 데 책임을 다해야 합니다.

(3) 더 나은 미래를 위한 책임

(a)* 세대 간 연대와 지속 가능성: 인간은 자신의 생명을 이어갈 뿐만 아니라, 다음 세대에게 더 나은 환경과 사회를 물려줄 책임이 있습니다. 이는 자녀 양육뿐만 아니라, 모든 사회 구성원이 더 나은 공동체를 만들기 위해 협력하고 노력해야 함을 의미합니다.

(b)* 교육과 가치의 전수: 인간은 지식을 축적하고 가치를 전수하며, 문명을 발전시켜 왔습니다. 이를 통해 다음 세대가 더 나은 삶을 살 수 있도록 도와주는 것이 인간의 중요한 사회적 책임입니다.

6-2-4. 삶의 성공을 위해 발전하는 가정의 조화

삶의 성공과 가정의 화목, 즉 가화만사성(家和萬事成)을 이루기 위한 발전 과정은 개인의 목표 설정, 가족 간의 소통, 그리고 지속적인 노력이 결합된 복

합적인 절차입니다. 이를 구체적으로 정리하면 다음과 같습니다:

① 개인 목표 설정 및 발전

(1)* 자신의 삶의 목표 설정: 개인의 직업, 건강, 자기 개발 등의 분야에서 목표를 명확히 설정합니다. 목표는 현실적이고 달성 가능한 단계로 나누는 것이 중요합니다.

(2)* 자기 개발: 학습과 경험을 통해 개인의 역량을 지속적으로 키우는 것이 필요합니다. 이는 가정과 사회에서 더 큰 역할을 할 수 있도록 도와줍니다.

(3)* 시간 관리 및 우선순위 설정: 개인의 발전과 가정의 균형을 맞추기 위해 시간 관리를 효율적으로 하고, 삶의 중요한 부분에 우선순위를 두는 것이 중요합니다.

② 가정 내 화목을 위한 소통과 협력

(1)* 가족 간 열린 소통: 가정에서 서로의 생각과 감정을 솔직하게 나누는 것이 필요합니다. 서로의 요구와 기대를 이해하는 과정이 중요하며, 규칙적이고 꾸준한 대화의 시간이 도움이 될 수 있습니다.

(2)* 상호 존중과 배려: 각 가족 구성원의 역할과 감성을 존중하고, 배려하는 태도를 가지는 것이 가정의 화목을 유지하는 핵심입니다.

(3)* 가족의 공동 목표 설정: 가족이 함께 추구할 목표를 설정하고 협력하는 것이 중요합니다. 예를 들어 가족 휴가 계획, 재정 계획, 자녀 교육 계획 등을 함께 논의하고 실행합니다.

③ 문제 해결 및 갈등 관리

(1)* 문제 발생 시 해결 능력: 가정 내에서 발생하는 갈등이나 문제가 있을 때, 감정을 누르기보다는 서로의 입장을 이해하며 건설적으로 해결하려는 노력이 필요합니다.

(2)* 협상과 타협의 기술: 모든 갈등이 완벽하게 해결될 수는 없으므로, 가족 구성원 간의 타협을 통해 중간 지점을 찾는 능력이 필요합니다.

④ 지속적인 관계 유지 및 발전

(1)* 정기적인 가족 활동: 함께하는 시간이 가정의 화목을 강화시키는 중요

한 요소입니다. 주말 가족 나들이, 저녁 식사 등 정기적인 가족 활동을 통해 유대감을 쌓습니다.

(2)* 서로에 대한 감사를 표현: 작은 일에도 감사의 마음을 표현하는 것이 가정의 긍정적인 분위기를 형성하는 데 중요합니다.

⑤ 삶의 성공과 가정의 화목 유지

(1)* 균형 잡힌 삶: 개인의 성공을 추구하면서도 가정에 소홀하지 않도록 균형을 맞추는 것이 중요합니다. 가정의 행복이 개인의 성공에 중요한 기반이 될 수 있기 때문에, 이 두 가지를 동시에 이루기 위한 노력이 필요합니다.

(2)* 장기적 관점에서의 발전: 단기적인 목표를 달성하는 것도 중요하지만, 장기적인 관점에서 가족과 함께 성장하고 발전하는 것이 중요합니다. 가족의 행복과 개인의 성공은 서로 상호 보완적입니다. 이러한 절차를 통해 개인의 발전과 가정의 화목을 모두 이룰 수 있으며, 가화만사성의 원리를 실현할 수 있습니다.

성공을 위한 삶

요약
시간과 자원을 현명하게 관리하기

성공적인 사람은 시간을 소중히 여기고 이를 효율적으로 사용합니다. 불필요한 일에 에너지를 낭비하지 않고, 중요한 일에 집중하여 자신의 자원을 최대한 활용하는 것이 필요합니다. 이러한 요소들을 고려하며 삶을 살아간다면 숙맥처럼 무지한 길을 걷지 않고, 지혜롭게 성공적인 삶을 이끌어 나갈 수 있을 것입니다.

꾸준함과 인내심 발휘

- 끈기: 존경받는 사람은 순간적인 성취보다는 장기적인 성공과 성장을 위해 노력하는 사람입니다. 실패를 두려워하지 않고, 그 속에서 교훈을 얻어 계속 나아가는 자세를 유지하세요. 이 절차들을 통해 자신뿐 아니라 주변 사람들에게 긍정적인 영향을 미치며, 존경받는 사람으로 성장할 수 있습니다.
- 결론(結論)적으로 결혼 생활과 자녀 양육은 개인의 행복과 성장, 그리고 사회적 책임을 동반하는 복합적인 과정입니다. 결혼은 정서적 안정과 지지를 제공하는 반면, 갈등과 조율의 어려움이 따릅니다. 자녀 양육은 생명의 연장과 미래 세대의 성장이라는 보람을 주지만, 경제적, 정서적 부담도 큽니다. 이러한 과정을 통해 인간은 개인의 삶을 넘어 가족과 사회의 발전에 기여하며, 더 나아가 만물의 연장으로서 자연과 사회에 대한 책임을 다해야 합니다.

성공Point. 17

1. 미래의 모습을 그려라

근시안적 통찰력과 거시적 관찰력의 결과는 재화를 얻어내는 방향성이 달라진다. 성공은 냉철한 결단력과 경쟁력에서 결정된다. 결단력과 경쟁력이 부족해서 눈앞에 이익에만 급급한 근시안적인 사람이 될 수 밖에 없다고 변명하지 말라. 결단력과 경쟁력은 과거의 실패와 착오의 경험속에서 자성과 학습으로 충분이 얻을 수 있는 인생의 필수요소이다.

2. 성공의 꿈을 꾸어라

꿈이없는 자에게는 미래도 희망도 없다. 삶에서 무엇을 원하는지 말지못하면 아무것도 얻을수 없다. 꿈은 희망이요 용기에 있다. 꿈이없는 사람은 목표가 없는사람이다. 꿈을 만들어 꾸는 사람에게는 꿈이 돈을 불러모아 주는 것이다. 인생에 있어서 꿈이야말로 활력의 원천이다. 인생이 꿈을 꾸는 것이 아니라 꿈이 인생을 만드는 것이다.

6-3 시대변화에 적응하는 삶의 형태변화

6-3-1. 3대가 한집에 생활하는 가정의 화목

백세시대가 다가옴에 따라 3대가 같이 직업을 가지고 살아가는 가정이 늘어나고 있습니다. 3대가 각기 직장을 가지며 생활하는 가정에서 화목을 증진시키기 위한 방안은 세대 간의 차이를 이해하고, 가족 구성원 간의 소통을 촉진하며, 각자의 역할과 생활 패턴을 조율하는 것이 중요합니다. 이를 구체적으로 정리하면 다음과 같습니다.

① 세대 간의 이해와 존중

(1)* 세대별 차이 이해: 각 세대는 서로 다른 시각과 경험을 가지고 있습니다. 부모 세대와 조부모 세대는 다른 삶의 방식과 가치를 가지고 있을 수 있으므로, 이러한 차이를 인정하고 존중하는 태도가 필요합니다.

(2)* 세대 간 배려: 서로의 일상과 직장 생활에서 겪는 어려움이나 스트레스를 이해하고, 각 세대가 처한 상황에 대한 배려가 필요합니다. 예를 들어, 자녀 세대는 직장 업무와 경력 관리를, 조부모 세대는 건강 문제나 은퇴 후의 삶을 중요하게 생각할 수 있습니다.

② 효율적인 시간 관리 및 소통 강화

(1)* 정기적인 소통 시간 확보: 각기 바쁜 일정을 갖고 있더라도 정기적으로 소통할 수 있는 시간을 확보하는 것이 중요합니다. 예를 들어, 가족 모임이나 주말 식사를 정기적으로 가지는 것이 가족 간의 유대감을 강화하는 데 도움이 됩니다.

(2)* 소통 방식의 다양화: 대면 대화뿐 아니라, 바쁜 일상에서는 가족 단톡방, 메시지 등을 통해 서로의 일상을 공유하고 격려하는 것도 좋은 방법입니다. 현대 기술을 활용해 가족 간의 소통을 꾸준히 유지하는 것이 중요합니다.

(3)* 중요한 결정 공유: 가족의 중요한 문제나 결정(재정, 건강, 중요한 일정

등)은 세대 간에 공유하고 함께 논의하는 것이 가정의 결속을 높이는 데 도움이 됩니다.

③ 공동 생활 공간에서의 규칙과 역할 분담

(1)* 가족 구성원의 역할 분담: 가사와 집안일은 한 사람에게만 집중되지 않도록, 각 세대가 공동으로 역할을 분담하는 것이 중요합니다. 직장과 집안일의 균형을 맞추기 위해서도 서로 협력하는 자세가 필요합니다.

(2)* 공동의 생활 규칙 설정: 집안에서의 기본적인 규칙(예: 청소, 식사 시간, 소음 관리 등)을 정해 서로의 생활 패턴을 존중하면서 질서를 유지하는 것이 필요합니다.

④ 가족 활동 및 유대 강화

(1)* 공통 관심사 찾기: 세대 간의 차이가 있을 수 있지만, 가족이 함께 즐길 수 있는 공통된 활동을 찾는 것이 중요합니다. 예를 들어, 가족 여행, 영화 감상, 산책, 또는 집에서 함께할 수 있는 취미 활동을 통해 서로의 유대감을 강화할 수 있습니다.

(2)* 기념일 및 특별한 날 챙기기: 생일, 결혼기념일 등 가족의 기념일을 챙기며 서로 축하하는 것은 가족 간의 정서적 유대감을 증진하는 데 큰 역할을 합니다.

⑤ 갈등 해결과 협력적인 문제 해결

(1)* 갈등 시 대화로 해결: 세대 간 의견 차이나 갈등이 발생할 때는 감정을 억누르지 말고 대화를 통해 해결하는 것이 중요합니다. 서로의 입장을 듣고 존중하며, 타협점을 찾는 노력이 필요합니다.

(2)* 협력과 지원: 서로의 직장 생활에서 겪는 어려움에 대해 가족 구성원들이 함께 지원하는 자세를 갖는 것이 중요합니다. 예를 들어, 중요한 직장 일정이 있을 때 가족이 서로 배려해 시간을 맞춰주거나 지원해주는 것이 좋은 사례입니다.

⑥ 정서적 안정과 배려

(1)* 정서적 지지: 각기 바쁜 직장 생활에서 스트레스를 받을 수 있으므로, 가

족이 서로의 정서적 안정에 관심을 가지고 지지해주는 것이 필요합니다. 작은 성취나 어려움에 대해 격려와 칭찬을 아끼지 않는 것이 좋습니다.

(2)* 휴식과 재충전의 시간 존중: 각 세대가 직장에서 보내는 시간 이후 집에서 충분히 휴식하고 재충전할 수 있도록 서로 배려하는 것이 중요합니다. 예를 들어, 부모 세대가 퇴근 후 피곤한 상태라면 조부모 세대가 자녀 돌봄을 도와줄 수 있고, 반대로 자녀 세대가 조부모의 건강을 신경 쓸 수 있습니다.

⑦ 가족 공동의 장기 목표 설정

(1)* 재정 계획과 미래 준비: 각 세대가 직장을 가지며 재정적으로 독립적일 수 있지만 정서적인 고독감에 싸이게 됩니다.

(2)* 가족 공동의 장기 목표: 예: 가족의 재정 관리, 건강 관리, 주택 마련, 은퇴 준비 등)를 설정하고 이에 맞춰 협력하는 것이 중요합니다.

6-3-2. 일인 가정의 희락과 비애에 대하여

일인 가정(1인 가구)은 현대 사회에서 급격히 증가하는 가구 형태 중 하나로, 다양한 이유로 많은 사람들이 혼자 생활하는 것을 선택하거나 경험하게 됩니다. 1인 가정의 삶은 여러 장점과 단점을 내포하고 있으며, 각각 희락(기쁨)과 비애(슬픔)로 나눠볼 수 있습니다.

① 일인 가정의 희락 (기쁨)

1인 가구가 누릴 수 있는 여러 긍정적인 측면은 다음과 같습니다:

(1) 자유로운 생활 방식

(a)* 자율성: 1인 가정은 개인의 생활 방식을 자유롭게 선택할 수 있는 큰 장점이 있습니다. 식사, 취미, 휴식 등 모든 생활을 본인의 기호에 맞춰 계획할 수 있습니다.

(b)* 시간 관리: 타인에게 맞출 필요 없이 자신만의 일정과 루틴을 세울 수 있어 보다 유연한 시간 관리가 가능합니다

(2) 경제적 자율성

(a)* 소비 선택의 자유: 자신의 소득을 전적으로 본인에게 투자할 수 있

어 경제적 의사결정에서 자유로움을 누릴 수 있습니다. 원하는 곳에 돈을 쓰거나 저축할 수 있으며, 타인의 의견에 얽매이지 않습니다.

(3) 정서적 독립

(a)* 정신적 자립: 혼자 생활하면서 스스로 문제를 해결하고, 자기 자신에게 집중하는 시간이 늘어납니다. 이를 통해 자아 존중감이 높아지고, 독립적인 사고와 행동이 강화될 수 있습니다.

(4) 공간 활용의 자유

(a)* 개인 공간의 최대 활용: 자신의 생활 방식에 맞춰 집 안의 공간을 자유롭게 꾸밀 수 있으며, 이를 통해 개인적인 만족감을 얻을 수 있습니다.

② 일인 가정의 비애 (슬픔)

1인 가구가 경험할 수 있는 어려움과 고독은 다음과 같습니다:

(1) 고독감과 외로움

(a)* 정서적 고립: 혼자 생활하다 보면 사회적 연결이 줄어들어 외로움을 느낄 수 있습니다. 중요한 순간을 함께 나눌 사람이 없거나, 정서적인 지지를 받을 사람이 부족한 상황이 발생할 수 있습니다.

(b)* 소통의 부재: 타인과의 일상적인 대화나 상호작용이 줄어들면서 정서적으로 고립될 수 있으며, 이로 인해 우울감이나 불안이 증가할 수 있습니다.

(2) 경제적 부담

(a)* 생활비 증가: 혼자 살면 모든 생활비를 혼자 부담해야 하므로 경제적인 압박이 클 수 있습니다. 집세, 공과금, 식비 등 1인 가구로서 지출하는 금액이 상대적으로 크기 때문에 재정적 부담이 증가할 수 있습니다.

(3) 일상적인 불편함

(a)* 가사 노동: 모든 집안일을 혼자 해결해야 하기 때문에 부담이 클 수 있습니다. 특히, 건강 문제나 피로감으로 인해 가사 노동이 어려운 경우에는 생활의 질이 저하될 수 있습니다.

(b)* 응급 상황에 대한 대응: 응급 상황이 발생했을 때 도움을 청할 사람이 곁에 없는 상황이 발생할 수 있으며, 이러한 불안감이 있을 수 있

습니다.

(4) 안정감의 부족

(a) 사회적 지지 부족: 혼자 살다 보면 인간관계가 좁아지고, 친밀한 관계를 유지하는 것이 어렵게 느껴질 수 있습니다. 가족이나 가까운 친구와의 물리적 거리감으로 인해 정서적 지지를 충분히 받지 못할 수 있습니다.

6-3-3. 독거 노인의 말로와 사회적 책임과 부담

독거 노인의 말로와 이로 인한 사회적 책임 및 부담은 오늘날 고령화 사회에서 중요한 사회적 문제로 대두되고 있습니다. 독거 노인은 가족이나 동거인이 없이 홀로 생활하는 노인을 의미하며, 그들은 다양한 이유로 신체적, 정서적, 경제적 어려움을 겪을 수 있습니다. 이러한 상황은 개인의 문제일 뿐만 아니라 사회적, 정책적 대응이 요구되는 중요한 문제입니다.

① 독거 노인의 말로

(1) 건강 악화와 돌봄 공백

(a)* 신체적 건강 악화: 독거 노인은 나이가 들수록 신체적 능력이 감소하면서 만성질환에 걸리거나 돌봄이 필요한 상황이 많아집니다. 하지만 주변에 돌봐줄 사람이 없는 경우 적절한 치료나 돌봄을 받기 어려워 건강 상태가 빠르게 악화될 수 있습니다.

(b)* 응급 상황 대처 어려움: 혼자 지내다 보면 갑작스러운 사고나 건강 악화 시 도움을 즉시 받을 수 없는 경우가 많습니다. 응급 상황 발생 시 즉각적인 대응이 이루어지지 않아 생명에 위협을 받을 수 있습니다.

(2) 정서적 고립과 외로움

(a)* 사회적 고립: 독거 노인은 대인 관계망이 좁아지면서 외로움과 고립감을 경험할 가능성이 큽니다. 자녀나 가족과의 교류가 적어지거나 주변 사람들과의 상호작용이 줄어들면서 심리적으로 고립될 수 있습니다.

(b)* 우울증과 불안: 정서적 지원이 부족한 상황에서 고립된 생활은 우울증, 불안, 무기력증 등의 정신적 문제를 초래할 수 있으며, 이는 삶의 질을 크게 저하시킵니다.

(3) 경제적 빈곤

(a)* 노후 자금 부족: 많은 독거 노인들이 충분한 노후 자금을 마련하지 못해 경제적 빈곤을 겪습니다. 이는 주거, 의료, 식사 등 기본적인 생활을 영위하는 데 어려움을 초래할 수 있습니다.

(b)* 의료비 부담: 나이가 들면서 의료비가 크게 증가하지만, 경제적 여력이 부족한 독거 노인들은 필요한 의료 서비스를 받지 못하거나 비용 부담으로 인해 치료를 포기하게 되는 경우가 많습니다.

(4) 고독사 위험

(a) 고독사(孤獨死): 독거 노인 중 일부는 가족, 친구, 이웃과의 연락이 끊긴 채 홀로 사망하는 경우가 발생합니다. 이는 현대 사회의 심각한 문제로, 고독사는 늦게 발견되거나 아무도 인지하지 못하는 경우가 많아 사회적 충격을 주곤 합니다.

② 사회적 책임과 부담

(1) 돌봄 서비스에 대한 사회적 요구

(a)* 공공 돌봄 서비스의 필요성: 독거 노인을 위한 사회적 돌봄 서비스가 필수적입니다. 주기적인 건강 관리, 방문 간호, 응급 상황 대처 시스템 등이 마련되지 않으면 독거 노인들이 안전하게 지내기 어렵습니다.

(b)* 지역 사회의 역할: 이웃, 자원봉사자, 지역 커뮤니티의 돌봄과 관심이 중요합니다. 사회적 관계망이 형성되면 고립을 예방하고, 정서적 지원을 제공할 수 있습니다.

(2) 경제적 부담

(a)* 국가 재정 부담: 고령 인구가 증가하면서 의료비, 연금, 돌봄 서비스 등 사회복지에 들어가는 비용이 급격히 증가하고 있습니다. 특히, 독거 노인을 지원하기 위한 공공 복지 서비스는 국가와 지자체에 큰 재정적 부담을 주고 있습니다.

(b)* 노후 복지 예산의 필요성: 독거 노인을 포함한 고령층을 위한 충분한 복지 예산이 필요합니다. 이를 통해 생활비, 의료비, 주거 지원 등을 보장하는 시스템이 마련되어야 합니다.

(3) 가족 및 개인의 책임

(a) 가족 돌봄의 감소: 현대 사회에서는 가족 내 돌봄 역할이 감소하고 있습니다. 자녀들이 경제적, 시간적 이유로 부모를 돌보지 못하거나, 물리적 거리가 멀어 돌봄에 대한 책임을 다하지 못하는 경우가 많아 사회적 돌봄의 필요성이 커지고 있습니다.

(b) 개인 노후 준비의 중요성: 독거 노인 문제를 예방하기 위해서는 개인이 스스로 노후를 준비할 필요성이 큽니다. 젊은 시절부터 건강 관리와 경제적 준비를 해나가야 고령기에 겪을 수 있는 어려움을 줄일 수 있습니다.

(4) 사회적 책임의 강화

(a)* 사회적 안전망 강화: 독거 노인을 위한 복지 제도와 안전망이 더욱 강화되어야 합니다. 건강, 주거, 안전, 정서적 지원 등 다각적인 복지 시스템이 필요합니다. 이러한 제도적 지원이 없으면 독거 노인들은 빈곤, 질병, 고립의 악순환에 빠질 위험이 큽니다.

(b)* 주거 환경 개선: 독거 노인들이 안전하고 편리한 환경에서 생활할 수 있도록 적절한 주거 시설과 돌봄이 제공되어야 합니다. 이는 노인 주택 보급이나, 노인 맞춤형 시설 및 커뮤니티 공간을 포함할 수 있습니다.

시대변화에 적응하는 삶의 형태변화

요약

• 가족의 비전 공유: 가족이 함께 나아갈 방향에 대해 논의하고 공유함으로써, 각 세대가 가정이라는 큰 틀 안에서 서로의 역할을 명확히 이해하고 공통의 목표를 이루는 데 협력할 수 있습니다. 이러한 방안들을 실천함으로써 3대가 각기 직장 생활을 하면서도 화목한 가정을 유지하고 서로의 성장을 도울 수 있습니다.

결론(結論)은

일인 가정의 삶은 자율성과 자유를 제공하는 한편, 고독과 외로움, 그리고 경제적, 정서적 어려움을 동시에 내포하고 있습니다. 1인 가구는 현대 사회에서 중요한 생활 양식 중 하나로 자리잡고 있지만, 이를 유지하며 삶의 질을 높이기 위해서는 사회적 연결, 경제적 준비, 정서적 안정에 대한 지속적인 관심과 노력이 필요합니다.

독거 노인의 말로는 신체적, 정신적, 경제적 어려움으로 인한 고립과 빈곤이 주요 문제로 나타납니다. 이를 해결하기 위해서는 개인의 노후 준비뿐만 아니라, 사회 전반의 구조적인 지원과 정책적 대응이 필수적입니다. 고령화 사회가 심화되면서 독거 노인을 위한 사회적 돌봄 체계와 복지 시스템의 구축이 시급하며, 이는 국가와 지역사회, 개인 모두의 책임이 요구되는 문제입니다.

성공Point. 18

1. 서두르지 말자

좋은 계획이 업무의 속도를 가져온다. 좋은 계획은 확실한 정보와 실용적인 지식속에서 이루어짐을 인식하여야 한다. 성공으로 가는길에서 과정없이 이룰수는 없다. 목표의 조기달성은 지략적전략(知略的戰略)과 확실한 행동력만이 가능성이 열릴뿐이다. 대기만성(大器晩成)이라는 말을 명심하자 주위에서 성공한사람들을 보면 우연처럼 보일때도있다. 그러나 그 뒤를 보면 오랜시간 눈물어린 노력의 결실임을 알아야 한다.

2. 자신의 불행을 암시하듯 습관처럼 한다.

불행을 푸념하면 불행을 배가시킨다. 가난이 가난을 부르고 불행이 불행을 부른다. 나는 여유있게 그리고 풍족하게 살 권리가 있다. 이러게 생각을 바꾸면 잠제의식도 인생의 삶의 질의 방향도 더욱풍요롭게 사는방향으로 유도되는 것이다. 부를 바라면 풍족해진다. 가난을 생각하면 가난해진다. 생각은 비물질적 이지만 이 상념(想念)의 세계야말로 모든 것을 창출하는 원천이라는 것을 잊지 말아야 한다.

6-4 유교의 전통 윤리관

6-4-1. 삼강 오륜(三綱五倫)

① 삼강 오륜(三綱五倫)

삼강오륜(三綱五倫)은 유교 윤리에서 중요한 덕목으로, 인간 사회에서 지켜야 할 기본적인 도덕 규범을 의미합니다. '삼강'(三綱)은 세 가지의 큰 윤리적 기둥을 뜻하며, '오륜'(五倫)은 다섯 가지 인간 관계에서의 도리를 말합니다. 삼강과 오륜은 각각 다음과 같습니다.

①-1. 삼강 (三綱)

삼강은 인간이 지켜야 할 기본적인 관계에서의 큰 세 가지 덕목을 의미합니다.

- 군위신강(君爲臣綱): 임금은 신하의 근본이 되어야 한다는 뜻으로, 신하는 임금을 충성스럽게 섬겨야 한다는 원칙입니다.
- 부위자강(父爲子綱): 아버지는 자식의 근본이라는 뜻으로, 자식은 아버지를 공경해야 한다는 원칙입니다.
- 부위부강(夫爲婦綱): 남편은 아내의 근본이라는 뜻으로, 아내는 남편을 존중해야 한다는 원칙입니다.

①-2. 오륜 (五倫)

오륜은 인간 사이에서 지켜야 할 다섯 가지 도리로, 각각의 관계에서의 덕목을 강조합니다.

(a)* 부자유친(父子有親): 아버지와 자식 사이에는 친애(친밀하고 사랑하는 마음)가 있어야 한다는 덕목입니다.

(b)* 군신유의(君臣有義): 임금과 신하 사이에는 의리가 있어야 한다는 덕목입니다.

(c)* 부부유별(夫婦有別): 부부 사이에는 역할과 구분이 있어야 한다는 덕목입니다.

(d)* 장유유서(長幼有序): 어른과 아이 사이에는 차례가 있어야 한다는 덕목으로, 어른을 공경하고 어린 사람을 아끼는 질서를 강조합니다.

(e)* 붕우유신(朋友有信): 친구 사이에는 믿음이 있어야 한다는 덕목입니다.

삼강오륜은 유교 사회의 기초적인 윤리관으로서, 당시 사회 질서와 개인의 도덕적 책임을 강조하며, 현대에도 인간관계에서 중요한 도덕적 지침으로 이해됩니다.

② 삼강(三綱)이 현국가 사회에 도움, 장애 요소

삼강(三綱)은 유교의 핵심적인 도덕 규범으로, "군위신강(君爲臣綱), 부위자강(父爲子綱), 부위부강(夫爲婦綱)" 즉, 임금은 신하의 본보기가 되어야 하고, 부모는 자식의 본보기가 되어야 하며, 남편은 아내의 본보기가 되어야 한다는 뜻입니다. 삼강은 오랜 기간 동아시아의 사회 질서를 유지하는 데 중요한 역할을 해왔으나, 현대의 국가와 사회에는 양면적인 영향을 미치고 있습니다.

②-1 삼강이 현 국가와 사회에 도움을 주는 요소

(a)* 도덕성과 책임감: 삼강은 개인의 도덕성과 책임감을 강조하며, 관계 속에서의 역할을 수행함으로써 질서 있는 사회 구조를 만든다는 점에서 긍정적인 영향을 줄 수 있습니다. 특히 공직자나 지도자들은 "군위신강"의 원칙에 따라 모범을 보일 필요가 있음을 상기하게 하고, 이는 공공의 신뢰를 높이는 데 기여할 수 있습니다.

(b)* 가족 중심의 가치 강화: 삼강은 가정 내 부모와 자녀, 부부 간의 관계를 중시하여 가족의 유대를 강화하고 존경심을 바탕으로 한 가족 문화를 형성하는 데 도움이 될 수 있습니다. 전통적인 가족 가치가 강조되면 사회적으로 안정된 가정 환경을 유지하고 지원하는 데 긍정적인 영향을 줄 수 있습니다.

(c)* 전통 문화 보존: 삼강은 오랜 유교적 전통의 일부로, 우리의 역사와 문화적 유산을 이해하고 유지하는 데 중요한 요소입니다. 삼강을 통해 전통적인 가치와 관습이 이어지고, 세대 간 전통과 문화를 공유할 수 있는 기회가 됩니다.

②-2 삼강이 현 국가와 사회에 장애가 되는 요소

(a)* 성평등과 개인의 자유 제한: 삼강에서 특히 "부위부강"과 같은 규범은 성 역할을 고정화하고, 남녀 간의 불평등을 조장할 수 있습니다. 현

대 사회에서는 성평등과 개인의 자유가 중요한 가치로 자리 잡고 있어, 이러한 고정관념이 개인의 발전과 평등한 사회 형성에 장애가 될 수 있습니다.

(b)* 수직적 관계 강요: 삼강은 위계 질서를 중시하여 상하 관계를 강조하는데, 이는 민주주의 사회에서의 평등과 수평적 소통을 방해할 수 있습니다. 예를 들어, "군위신강"은 국가나 조직에서 수직적 복종을 강요하는 문화로 이어질 위험이 있습니다. 이는 소통과 비판적 사고를 저해하고 권위주의적 풍토를 강화할 수 있습니다.

(c)* 개인의 자율성과 주체성 약화: 삼강은 전통적으로 역할과 관계에 따른 도덕적 의무를 강조하여 개인의 자율성과 주체성을 억압할 수 있습니다. 오늘날 사회에서는 각자의 개성과 주체성을 중요하게 여기기 때문에, 삼강을 절대적으로 따르는 것은 현대인의 자기 표현과 발전에 장애가 될 수 있습니다.

(e)* 결론적으로 삼강은 전통적 가치로서 현대 사회에서도 도덕성과 가족 중심의 가치 강화에 긍정적인 영향을 줄 수 있지만, 성평등과 개인의 자율성을 강조하는 현대적 가치와 충돌할 소지가 큽니다. 삼강의 이념을 현대적 시각으로 재해석하거나, 상황에 맞게 조정함으로써 긍정적 요소를 살리고 부정적 영향을 최소화하는 것이 중요합니다.

③ 오륜(五倫)이 현국가/사회발전에 도움과 장애요소

오륜(五倫)은 유교의 도덕 원리로, 인간이 사회에서 어떻게 서로 관계를 맺고 살아가야 하는지를 규범화한 다섯 가지 인간 관계 원칙입니다. 이를 현대 국가와 사회 발전의 관점에서 볼 때, 오륜이 긍정적 영향과 부정적 영향을 모두 미칠 수 있습니다.

③-1. 오륜의 현대적 도움 요소

(a)* 가족과 사회의 안정성: 오륜에서 말하는 '부자유친(父子有親)'이나 '붕우유신(朋友有信)' 같은 원칙은 가족과 친구 간의 유대와 신뢰를 중시합니다. 이는 사회적 관계를 강화하고 개인이 속한 공동체에 대한 책임감을 키워 주며, 현대 사회에서도 중요한 가치로 여겨질 수 있습니다.

(b)* 윤리적 기반 제공: 오륜은 인간관계에 있어 기본적인 예절과 도리를 강조하며, 존경과 신뢰를 바탕으로 한 사회를 추구합니다. 이는 현대 사회의 도덕적 기반을 형성하고, 서로 간의 존중과 배려를 통해 사회 갈등을 줄이는 데 기여할 수 있습니다.

(c)* 사회적 연대감: 장유유서(長幼有序)'와 같은 원리는 연장자와 젊은 세대 간의 유대를 중시합니다. 이는 세대 간의 갈등을 완화하고, 나이와 관계없이 상호 배려하는 문화를 형성하는 데 도움이 될 수 있습니다.

③-2. 오륜의 현대적 장애 요소

(a)* 세대 간 불평등: 오륜의 일부 원칙은 전통적인 권위주의적 구조를 강화할 수 있습니다. 예를 들어, 장유유서나 부자유친은 연장자나 윗사람의 권위를 존중하는 구조를 전제로 하기 때문에, 현대의 평등과 인권 중심 사회에서는 세대 간 불평등을 초래할 수도 있습니다.

(b)* 성 평등 저해: 부부유별(夫婦有別)은 부부 간 역할 구분을 강조하는데, 이는 전통적 성역할 고정관념을 강화할 수 있습니다. 현대 사회에서는 남녀 평등과 개별성 존중이 중요한 가치로 자리 잡고 있기 때문에, 이러한 원칙은 성 평등 발전을 저해할 수 있습니다.

(c)* 개인주의와의 충돌: 현대 사회는 개인의 권리와 자율을 중시하지만, 오륜은 전통적으로 공동체와 관계 중심의 사고를 강조합니다. 특히 효(孝)를 중시하는 가치관은 개인의 선택보다는 가족과의 관계에서 오는 의무를 우선시할 수 있어, 개인의 자유로운 삶을 방해할 수 있습니다.

(e)* 결론적으로 오륜은 전통적으로 유교 사회의 윤리적 기반을 제공하며 긍정적인 관계 구축에 기여할 수 있지만, 현대 사회의 평등과 개인 존중을 중요시하는 가치와는 갈등을 일으킬 수도 있습니다. 따라서 오륜을 현대화하고 재해석하여 사회적 유연성을 높이는 방식으로 접근할 필요가 있습니다.

6-4-2. 전통적 문화 계승과 사회발전

① 전통적윤리관을 계승, 국가사회 발전에 기여방법

전통적 윤리관을 계승하며 국가와 사회 발전에 기여하는 방법은 개인의 도덕적 책임과 공동체 의식을 높이고, 이를 통해 건강하고 조화로운 사회를 구축하는 것입니다. 이를 위해 구체적으로 아래와 같은 방안을 고려할 수 있습니다.

①-1 가족과 지역사회에서 윤리 교육 강화

전통 윤리관을 실생활에서 실천하는 교육을 가족과 지역사회에서 강화함으로써, 존경과 책임, 예의와 같은 전통적 가치를 자연스럽게 익히게 합니다. 이는 특히 어린이와 청소년에게 큰 영향을 미쳐 바람직한 시민의식을 형성하는 데 기여합니다.

①-2 전통과 현대 윤리의 통합

과거의 윤리적 가치를 그대로 고수하기보다는, 현대 사회의 요구에 맞게 재해석하는 것이 중요합니다. 예를 들어, 공동체의 이익을 위한 배려와 책임을 강조하면서도 개인의 권리를 존중하는 균형 잡힌 접근을 모색해야 합니다.

①-3 사회적 봉사와 참여 독려

공동체 윤리를 실천할 수 있는 기회를 제공하는 것이 중요합니다. 예를 들어, 자원봉사 활동이나 사회적 기여 활동에 참여함으로써 책임감과 공동체 의식을 높일 수 있습니다. 이는 전통적 가치인 '나눔'과 '희생'의 정신을 현대적으로 실천할 수 있는 방법이기도 합니다.

①-4 공공기관과 교육기관의 역할 강화

공공기관과 학교는 전통 윤리관을 바탕으로 도덕적 교육과 사회적 책임감을 길러주는 다양한 프로그램을 마련할 수 있습니다. 이를 통해 사회적 책임을 지닌 시민을 양성하고, 긍정적 사회 분위기를 조성할 수 있습니다.

①-5 문화 콘텐츠 활용

전통 윤리와 가치를 현대적인 문화 콘텐츠(드라마, 영화, 문학, 교육 프로그램 등)를 통해 널리 알리는 방법도 효과적입니다. 이를 통해 젊은 세대가 전통 윤리관에 대해 자연스럽게 이해하고 공감할 수 있게 할 수 있습니다.

①-6 직장 및 사회생활에서 윤리적 행동 장려

직장 내에서 상호 존중, 성실함, 투명성을 바탕으로 한 윤리적 행동을 장려하고, 이를 통해 신뢰 있는 기업 문화를 만들어 사회 전체에 긍정적인 영향을 미칠 수 있습니다.

전통적 윤리관을 계승하면서도 시대에 맞게 유연하게 적용하는 것이 사회

발전에 크게 기여할 수 있습니다. 이를 통해 개인이 속한 공동체뿐 아니라 국가 차원의 긍정적인 변화도 기대할 수 있습니다.

② 전통과 현대 윤리의 통합하며 가치관의정립과 사회발전에기여

전통과 현대 윤리를 통합하면서 가치관을 정립하고 사회 발전에 기여하는 것은 현대 사회에서 중요한 과제입니다. 전통 윤리와 현대 윤리는 서로 다른 시점과 상황을 반영하고 있어, 충돌할 때도 있지만, 상호 보완적인 측면도 존재합니다. 이를 효과적으로 통합하려면 몇 가지 접근이 필요합니다.

②-1 전통의 재해석과 현대화:

전통 윤리는 세대를 거치며 형성된 가치관과 규범이므로, 이를 단순히 유지하기보다는 현대적 상황에 맞춰 재해석할 필요가 있습니다. 예를 들어, 예의나 효와 같은 가치는 변하지 않지만, 이를 표현하는 방식은 시대에 맞게 변화할 수 있습니다. 현대적 가치와 조화롭게 발전시킴으로써 전통 윤리가 더욱 의미 있게 다가올 수 있습니다.

②-2 도덕적 유연성:

현대 윤리는 다양성과 개별성을 중시하므로, 기존의 엄격한 전통 윤리에 유연성을 부여할 필요가 있습니다. 예를 들어, 가족이나 결혼에 대한 관점에서 현대적 가치관은 개인의 자유와 행복을 중시하므로, 전통 윤리도 이러한 가치를 수용할 수 있도록 열린 자세가 필요합니다.

②-3 윤리교육강화

학교나 가정, 지역사회에서 전통과 현대 윤리를 아우르는 윤리 교육을 강화하여 사회 구성원들이 올바른 가치관을 형성할 수 있도록 돕는 것이 중요합니다. 이러한 교육은 비판적 사고와 토론을 통해 이루어져야 하며, 다양한 사례를 통해 전통과 현대 윤리의 차이와 공통점을 이해하도록 해야 합니다.

②-4 사회적 책임의 강화:

개인의 이익보다는 공동체의 가치를 중시하는 전통적 윤리와 현대적 인권 및 평등의 가치를 함께 고려할 때 사회적 책임 의식이 더욱 강화될 수 있습니다. 이는 사회 발전을 위해 모든 개인이 자발적으로 기여할 수 있는 기반이 됩니다.

이러한 과정을 통해 전통과 현대 윤리를 조화롭게 통합하면, 더욱 균형 잡힌 가치관을 정립할 수 있으며, 이는 사회의 도덕적 발전과 지속 가능한 성장에 기여할 것입니다.

제7절

기업성장의 명세과정

가이드 7: 팀워크 협동정신 공동번영

다양한 지식 동.서양은주고 받는 관계

7-1. 창업전 유의점

7-1-1. 창업에서 불멸의 기업으로 육성방안

7-1-2. 기업의 성장기에 효율화 방안

7-1-3. 기업의 성숙기에 경영의 합리화

7-2. 기업의 지속성과 성장

7-2-1. 기업의 쇠퇴기의 경영전략

7-2-2. 장수 기업으로 구조개혁과 경영전략

7-3. 사세확장에 유의점

7-3-1. 기업의 신수종 사업 전략

7-3-2. 사업의 다각화 신수종 사업 진출시기

7-3-3. 신수종사업 7단계 로드맵

7-4. 와신상담과 오덕

7-4-1. 와신상담(臥薪嘗膽)

7-4-2, 오덕(五德)이 주는 교훈

7-1 창업전 유의점

7-1-1. 창업에서 불멸의 기업으로 육성방안

창업에서 불멸의 기업으로 육성하는 과정은 여러 단계로 나눌 수 있으며, 각 단계에서 중요한 요소들이 있습니다. 아래는 이를 체계적으로 설명한 순서입니다.

① 아이디어 및 기획

⑴ 문제 발견 및 해결책 정의: 시장에서 해결할 문제를 찾고, 독창적인 해결책을 제시하는 것이 중요합니다.

⑵ 시장 조사: 타겟 시장, 경쟁사, 고객 요구 사항 등을 분석하여 사업 아이디어의 현실성을 평가합니다.

⑶ 비즈니스 모델 개발: 수익 창출 구조, 비용 구조, 핵심 자원 및 파트너를 정의하는 비즈니스 모델을 수립합니다.

② 사업 계획 작성 및 초기 투자 유치

⑴ 사업계획서작성: 구체적인목표, 전략, 재무계획을 포함한 사업계획서를 준비합니다.

⑵ 자금 조달: 초기 자금을 유치하기 위해 엔젤 투자자, 벤처 캐피털 또는 크라우드 펀딩을 활용합니다.

③ 초기 제품/서비스 개발 (MVP)

⑴ 최소 기능 제품 (MVP) 개발: 고객의 피드백을 얻기 위해 빠르게 프로토타입을 만들어 출시합니다.

⑵ 초기 고객 확보 및 테스트: MVP를 통해 시장의 반응을 확인하고, 초기 고객을 확보합니다.

④ 사업 확장 및 운영 최적화

⑴ 마케팅 피드백수집 및 제품개선: 고객의 피드백을 반영하여 제품 또는

서비스를 개선한다. 마케팅 및 브랜딩: 타겟 시장을 대상으로 한 효과적인 마케팅 전략을 세우고, 브랜드 이미지를 구축합니다.

(2) 팀 구축 및 조직화: 회사의 성장을 이끌어갈 핵심 인재를 채용하고, 조직 구조를 체계화합니다.

⑤ 규모 확장 (스케일링)

(1) 시스템 자동화 및 효율성 강화: 더 많은 고객을 효과적으로 서비스하기 위해 운영 프로세스와 시스템을 자동화하고 최적화합니다.

(2) 시장 확장: 국내외 시장으로의 확장을 계획하고 실행합니다.

(3) 자금 추가 조달: 사업 확장에 필요한 추가 자금을 유치합니다.

⑥ 혁신 유지 및 지속 가능성 확보

(1) 지속적인 혁신: 빠르게 변화하는 시장 환경에 적응하고 혁신을 지속해야 합니다.

(2) 사회적 책임 및 지속 가능 경영: 기업의 장기적인 생존을 위해 환경, 사회적 책임을 고려한 지속 가능 경영을 도입합니다.

⑦ 문화 및 리더십 구축

(1) 기업 문화 강화: 조직 내에서 공유되는 가치와 비전을 강화하여 직원들의 몰입을 유도합니다.

(2) 리더십 개발: 성장하는 조직을 이끌 수 있는 리더를 육성하고, 리더십을 체계적으로 발전시킵니다.

7-1-2. 기업이 성장기에 효율화 방안

기업이 성장기에 접어들면, 규모가 커지면서 효율성을 극대화하는 것이 매우 중요합니다. 이를 통해 자원을 더 효과적으로 활용하고, 시장에서의 경쟁력을 유지할 수 있습니다. 기업의 성장기에 고려할 수 있는 효율화 방안을 정리하면 다음과 같습니다.

① 조직 구조의 재정비

(1) 수평적 구조로 전환: 기업이 성장하면서 의사결정 과정이 길어질 수 있

습니다. 이를 줄이기 위해 수평적 조직 구조를 도입하면 빠른 의사결정과 대응이 가능합니다.

(2) 부서 간 협업 강화: 부서 간에 원활한 협업 체계를 구축해 중복 업무를 최소화하고, 정보를 공유하여 효율적인 운영이 가능하도록 합니다.

② 프로세스 자동화

(1) 업무 자동화 도입 (RPA): 반복적이거나 규칙적인 업무를 자동화하여 인적 자원의 생산성을 높입니다. 이는 인건비 절감 및 오류 감소에 도움이 됩니다.

(2) 데이터 분석 및 AI 활용: 데이터 기반의 의사결정을 통해 비용 절감과 더 나은 성과를 도출할 수 있습니다. 예를 들어, 수요 예측을 통해 재고 관리 비용을 줄일 수 있습니다.

(3) 자원 관리 최적화

(a) 효율적인 재고 관리: 수요에 맞춘 재고 최적화를 통해 불필요한 자재 및 비용을 줄일 수 있습니다. 이를 위해 공급망 관리(SCM) 시스템을 도입할 수 있습니다.

(b) 에너지 및 자원 절약: 생산성과 효율성을 유지하면서 자원을 절약하는 방안을 고려하여 비용을 절감하고 지속 가능성을 확보합니다.

④ 비용 구조 개선

(1) 고정비 절감: 대규모 자본 투자를 지양하고, 필요 시 임대, 공유, 외주 등의 방안을 활용하여 고정비용을 줄입니다.

(2) 변동비 최적화: 생산과정에서 변동비를 관리하고 절감할 수 있는 방안을 지속적으로 모색합니다. 예를 들어, 대량 구매를 통해 원가를 절감하거나, 기술 혁신을 통해 생산 효율성을 높입니다.

⑤ IT 시스템 및 디지털 전환

(1) ERP 시스템 도입: 전사적 자원 관리(ERP)를 도입하여 재무, 회계, 인사, 공급망 등 모든 프로세스를 통합 관리합니다. 이는 정보의 일관성을 유지하고, 비효율적인 작업을 줄이는 데 기여할 수 있습니다.

(2) 클라우드 서비스 활용: 클라우드 기반의 IT 인프라를 활용하면 초기 투

자 비용을 줄이고, 유연한 확장이 가능합니다.

⑥ 인적 자원 관리(HR) 효율화

⑴ 성과 기반 보상 시스템: 성과에 따라 보상하는 시스템을 도입하여 직원들의 동기부여를 강화하고, 이로 인해 업무 효율성이 높아집니다.

⑵ 교육 및 역량 개발: 직원들이 새로운 기술과 지식을 습득할 수 있도록 교육 프로그램을 제공하여 기업의 성장과 맞물린 인재 육성을 도모합니다.

⑦ 외부 파트너십 및 아웃소싱

⑴ 아웃소싱: 핵심 역량에 집중하고, 비핵심 업무는 외부로 아웃소싱하여 효율성을 높입니다. 예를 들어, IT 관리, 인사 관리, 고객 서비스 등을 외부 전문 업체에 맡길 수 있습니다.

⑵ 전략적 제휴는 다른 기업과 전략적 제휴를 맺어 공동의 목표를 달성하고 비용을 분담하는 방식으로 효율성을 극대화할 수 있습니다.

⑧ 고객 관리(CRM) 최적화

⑴ 고객 관계 관리 시스템(CRM) 도입: 고객 데이터를 분석하여 고객의 요구와 행동을 이해하고, 이를 바탕으로 맞춤형 서비스를 제공함으로써 고객 유지율을 높일 수 있습니다.

⑵ 고객 피드백 반영은 고객으로부터의 피드백을 반영하여 제품이나 서비스의 품질을 개선하고, 이를 통해 효율적으로 성과를 도출합니다.

7-1-3. 기업의 성숙기에 경영의 합리화

기업이 성숙기에 진입하면 경영의 합리화는 매우 중요한 과제가 됩니다. 성숙기는 시장의 성장 속도가 둔화되고, 경쟁이 치열해지며, 수익성 유지가 어려워지는 시기이기 때문에, 효율성을 높이고 비용을 절감하는 경영의 합리화가 필수적입니다. 이를 위해 다양한 전략이 필요합니다.

① 비용 절감

⑴ 운영 효율성 제고: 생산성 향상과 프로세스 최적화를 통해 운영 효율성

을 극대화합니다. 자동화, 아웃소싱 등을 고려할 수 있습니다.

(2) 고정비 관리: 성숙기에 진입하면 매출 성장이 둔화되므로 고정비 관리가 중요합니다. 고정 비용을 절감하고 가변비를 늘려 유연성을 확보하는 것이 필요합니다.

② 제품 및 서비스 포트폴리오 조정

(1) 저성장 제품 정리: 성장성이 낮거나 수익성이 떨어지는 제품이나 서비스를 축소하거나 철수하고, 핵심 제품에 집중하는 전략이 필요합니다.

(2) 혁신 제품 개발: 성숙기에 성장이 정체된 시장에서 새로운 성장 동력을 발굴하기 위해 제품 혁신이나 기술 혁신을 통한 차별화를 추진합니다.

③ 효율적인 인력 운영

(1) 인력 재배치: 불필요한 인력은 축소하거나 필요한 부서로 재배치하고, 핵심 인재를 유지하며 조직의 역량을 강화하는 것이 중요합니다.

(2) 성과 관리 시스템: 성과 중심의 보상 체계를 도입하여 직원들의 동기 부여를 강화하고, 생산성을 높이는 방향으로 운영합니다.

④ 공급망 관리

(1) 공급망 최적화: 효율적인 공급망 관리를 통해 원가를 절감하고, 재고 관리나 물류 비용을 줄이는 방안이 필요합니다.

(2) 전략적 파트너십: 중요한 공급업체와의 관계를 강화하여 가격 협상력을 높이고, 리스크를 줄이는 것이 중요합니다.

⑤ 마케팅 전략의 최적화

(1) 기존 고객 유지: 새로운 고객보다 기존 고객을 유지하는 데 드는 비용이 적기 때문에 고객 충성도를 높이고, 고객 관계 관리를 강화하는 것이 필요합니다.

(2) 브랜드 관리: 브랜드 가치를 유지하고 강화하는 마케팅 전략을 통해 경쟁사와의 차별성을 유지하고, 고객에게 긍정적인 이미지를 전달합니다.

⑥ 재무 구조 개선

(1) 자금 조달 최적화: 자본구조를 효율화하고, 불필요한 부채를 줄이기위해 자금조달 방식을 최적화한다.

(2) 현금 흐름 관리: 현금 흐름을 안정적으로 유지하기 위한 철저한 관리가 필요하며, 이를 통해 경영 리스크를 줄일 수 있습니다.

⑦ 기술 혁신 및 디지털 전환

(1) 디지털 전환: 디지털 기술을 도입하여 경영의 효율성을 극대화하고, IT 인프라를 강화하여 경쟁력을 유지합니다.

(2) 데이터 기반 의사결정: 데이터를 분석해 시장 트렌드를 파악하고, 전략적 의사결정을 내리는 데 활용하는 것이 중요합니다. 이러한 경영의 합리화 전략을 통해 성숙기에 진입한 기업은 지속적인 수익성 확보와 경쟁력유지를 가능하게 할수있습니다.

⑧ 지속성장 전략

기업이 지속적인 성장을 하기 위해서는 창업후 성장 성숙기를 거치면서 단계적인 전략이 필요 합니다. 기업은 지속적인 혁신과 기업가 정신으로 변화에 적응하는 업무를 지속해야 합니다. 그러기 위해서는 성장. 발전. 연구 5단계의 실천계획과 시장변화에 대응하는 새로운 비즈니스 모델 구축과 기업의 사회적 책임을 다하는 기업이되도록 노력을 다 하는데서 지속력이 생기게 됩니다. 이를 성취하기위하여 그림7-1을 참고함이 도움이될 것입니다.

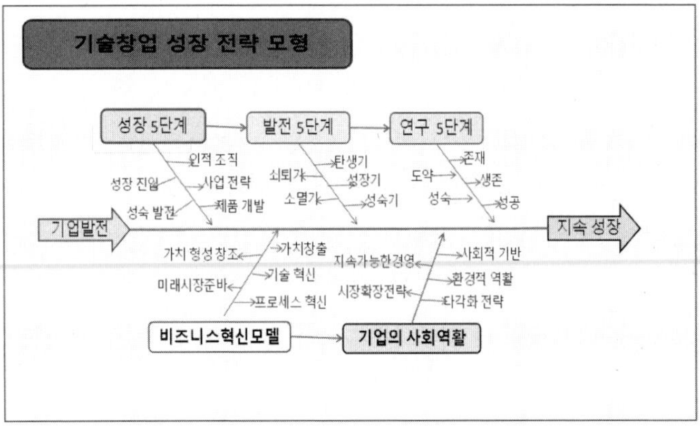

그림7-1. 기술창업 성장전략 모형

기업의 창업 성장기, 성숙기 전략

요약

장기적 성공 및 영향력 확립

글로벌 기업으로 성장: 글로벌 시장에서의 입지를 다지며, 세계적인 영향력을 가진 기업으로 성장합니다.

지속적인 혁신과 기업가 정신: 기업이 안정화된 이후에도 지속적으로 혁신하고, 창업가 정신을 유지합니다.

사회적 영향력 확대: 기업의 성과가 사회에 긍정적인 영향을 미칠 수 있도록 CSR(기업의 사회적 책임)을 강화합니다.

이 과정을 통해 기업은 단순한 생존을 넘어 오랜 시간 동안 성장하며 불멸의 기업으로 자리 잡을 수 있습니다.

지속적인 개선 문화 도입

LEAN 및 6시그마 도입: 낭비 요소를 제거하고 품질을 향상시키는 LEAN 및 6시그마와 같은 품질 관리 기법을 도입하여 지속적으로 효율성을 높입니다.

성과 분석 및 피드백 루프: 각 부서의 성과를 정기적으로 분석하고, 개선할 수 있는 부분을 도출하여 지속적으로 개선하는 문화를 구축합니다.

이러한 방안들을 통해 기업은 성장기에 더욱 안정적이고 효율적으로 운영할 수 있으며, 장기적인 성공을 도모할 수 있습니다.

경영 성공Point. 19

1. 일을 즐겨라.

일을 즐기는데서 방법은 생겨난나. 생각을 바꾸먼 방빕이 생거난다. 일은 고된 업무라고만 여기지말고 일을 즐거운 오락으로 생각을 바꾸어보라. 성공자는 일 자체가 즐거움이요 흥미를 느끼며 희망이기 때문이다. 일을 좋아하는 주된 요인은 일자체에서 즐거움을 얻기때문이다. 그즐거움을 차자내는 것은 당신 몫이다. 무슨일이든 열정을 다하면 일에서 느껴지는 괴로움이나 짜증은 사라질 것이다.

2. 부자로 당신도 성공할수 있다

당신의 내부에는 무한한 보물창고가 있다. 마음만 먹는다면 필요한만큼 언제든지 꺼내쓸수 있다. 단지 사람들 대부분이 보물을 끌어내는 방법을 제대로 알지 못하고 있기 때문이다. 모든부(富)는 마음속에 존재한다. 부와 가난을 결정하는 것은 당신 마음이고 어느쪽을 선택하느냐는 당산 자신에게 달려있다.

7-2 기업의 지속성과 성장

7-2-1. 기업이 쇠퇴기의 경영전략

기업이 쇠퇴기에 직면하면 시장의 축소, 경쟁의 심화, 매출과 수익성의 하락 등 다양한 도전 과제를 겪게 됩니다. 이러한 상황에서 기업은 생존을 위해 더 효율적이고 과감한 경영 전략을 채택해야 합니다. 쇠퇴기에 적합한 경영 전략은 다음과 같습니다.

① 비용 절감 및 구조 조정

(1) 불필요한 비용 절감: 경영의 핵심은 비용 절감을 통해 수익성을 회복하는 것입니다. 불필요한 자원 사용을 줄이고, 생산 공정의 효율성을 극대화하는 것이 필요합니다.

(2) 조직 슬림화: 조직을 슬림화하고, 중복된 기능을 제거하거나, 일부 부서를 축소하여 운영 비용을 절감하는 방안도 유효합니다.

(3) 비핵심 사업 정리: 성장성이 낮거나 핵심 역량과 관계없는 사업을 정리하여 자원을 집중하고, 현금 흐름을 개선하는 것이 중요합니다.

② 현금 흐름 관리

(1) 단기적 현금 확보: 급격한 쇠퇴를 막기 위해 단기적인 현금 확보 방안이 필요합니다. 불필요한 자산을 매각하거나, 운전자본을 줄이는 방안을 통해 자금 유동성을 높입니다.

(2) 부채 관리: 부채 비율을 낮추고 재무 구조를 안정화하는 것이 중요하며, 필요시 부채를 재구성하여 이자 부담을 줄일 수 있습니다.

③ 제품 및 시장 재조정

(1) 비효율적 제품 철수: 더 이상 수익을 창출하지 못하는 제품이나 서비스는 과감하게 철수하여 자원을 효율적으로 재배치해야 합니다.

(2) 시장 세분화 및 집중화: 기존 시장에서 경쟁력이 떨어진다면, 특정 틈새

시장에 집중하거나, 기존 고객 기반을 더욱 공고히 하는 전략이 필요합니다.

(3) 서비스 및 제품 품질 강화: 남아 있는 고객의 충성도를 유지하기 위해 서비스나 제품의 품질을 개선하고, 이를 통해 고객 만족을 높이는 것이 중요합니다.

④ 사업 포트폴리오 조정

(1) 핵심 역량 강화: 쇠퇴기일수록 기업이 잘하는 핵심 역량에 집중하는 것이 중요합니다. 이를 통해 시장에서 차별성을 확보하고 경쟁력을 유지할 수 있습니다.

(2) 신사업 모색: 기존 사업의 쇠퇴로 인해 신성장 동력을 발굴하는 것이 필수적입니다. 신시장이나 신제품 개발을 통해 새로운 수익원을 창출해야 합니다.

⑤ M&A 전략

(1) 사업 매각: 기업이 쇠퇴기에 있을 때는 사업부나 자회사를 매각하여 자금을 확보하고, 본질적인 경영에 집중하는 전략을 선택할 수 있습니다.

(2) 합병(M&A): 더 큰 기업과의 합병을 통해 생존을 도모하거나, 경쟁력을 강화할 수 있습니다. 이를 통해 규모의 경제를 실현하고, 비용을 절감할 수 있습니다.

⑥ 혁신과 디지털 전환

(1) 디지털 혁신 도입: 디지털 기술을 활용하여 경영 효율성을 극대화하고, 새로운 비즈니스 기회를 모색하는 것이 중요합니다. 쇠퇴기에는 더 과감한 혁신이 필요할 수 있습니다.

(2) 자동화 및 기술 도입: 자동화와 첨단 기술을 도입해 비용을 절감하고 운영 효율성을 높이는 것도 고려해야 할 전략입니다.

⑦ 고객 유지 및 관계 관리

(1) 기존 고객 유지: 신시장 개척이 어렵다면 기존 고객의 충성도를 유지하는 것이 매우 중요합니다. 맞춤형서비스 제공, 특별 할인등으로 고객 만

족도를 높이고, 이탈을 방지해야 합니다.

⑵ 고객 피드백 반영: 고객의 피드백을 경청하고, 제품이나 서비스 개선에 반영함으로써 경쟁력을 높일 수 있습니다.

⑧ 철수 전략

⑴ 단계적 철수: 더 이상 시장에서 경쟁력을 유지하기 어려운 경우, 계획적인 철수를 통해 손실을 최소화하는 전략이 필요할 수 있습니다. 이때 단계적으로 시장에서 철수하고, 남은 자원을 보전하는 것이 중요합니다.

⑵ 자산 매각: 기업의 생존 가능성이 낮아졌을 때는 자산을 매각하고, 채무 상환에 활용하거나, 남은 사업에 투자하는 방안을 선택할 수 있습니다.

쇠퇴기에 직면한 기업은 위의 전략들을 유연하게 조합해 실행함으로써 회생의 기회를 모색하거나, 효율적으로 시장에서 퇴장하는 과정을 관리할 수 있습니다.

7-2-2. 장수 기업으로 구조개혁과 경영전략

장수기업(오래 지속된 기업)은 경제적, 사회적 변화 속에서도 지속적으로 성장하고 생존할 수 있는 탁월한 능력을 갖춘 기업들입니다. 장수기업이 되기 위해서는 몇 가지 중요한 구조적 특성과 경영 전략이 필수적입니다. 이를 바탕으로 한국의 장수기업 100곳이 지닌 공통적 특성과 전략을 정리하면 다음과 같습니다.

① 안정적인 조직 구조

⑴ 가족 경영과 소유권 구조: 많은 장수기업은 가족이 소유하고 경영하는 구조를 가지고 있습니다. 이러한 구조는 장기적인 비전을 세우는 데 도움이 됩니다. 가족 경영은 비록 경영 전문성에서 문제가 될 수 있지만, 대를 이어 기업을 성장시키고 가치를 보존하려는 의지가 강해 장기적인 성장이 가능해집니다.

⑵ 지배구조의 투명성: 장수기업은 외부 이해관계자와의 신뢰를 구축하기 위해 지배구조의 투명성을 강화하는 경향이 있습니다. 투명한 경영은 기업의 지속 가능성을 높이는 중요한 요인입니다.

② 지속 가능한 경영 전략

⑴ 혁신적 제품 개발과 기술력 유지: 장수기업은 시장 변화에 적응하며 기술 혁신을 추구합니다. 예를 들어, 삼성이 1969년에 설립된 이후에도 지속적으로 전자 제품의 혁신을 추구하며 글로벌 시장에서 경쟁력을 유지하는 것이 그 예입니다.

⑵ R&D 투자 강화: 지속적인 연구개발(R&D) 투자는 기업의 기술력과 제품 품질을 유지하게 해주며, 급변하는 시장 환경 속에서도 경쟁력을 유지하게 합니다.

⑶ 브랜드 가치 강화: 장수기업은 브랜드의 장기적인 가치를 중시하며, 소비자에게 신뢰감을 주는 브랜드 이미지를 형성합니다. 예를 들어, 농심, 오뚜기와 같은 한국의 식품업체들은 오랜 기간 동안 품질과 신뢰를 통해 시장에서 높은 브랜드 가치를 유지하고 있습니다.

③ 유연한 조직과 시장 적응력

⑴ 시장의 변화에 대한 빠른 대응: 장수기업은 경제, 기술, 사회적 변화에 유연하게 대응할 수 있는 능력을 갖추고 있습니다. 새로운 사업 기회를 포착하고 사업 포트폴리오를 다각화하는 것은 장수기업의 중요한 생존 전략 중 하나입니다.

⑵ 해외 진출 및 글로벌화: 장수기업은 국내 시장에만 의존하지 않고 글로벌 시장에서 활로를 모색하며 성장을 도모합니다. 예를 들어, 현대자동차와 같은 기업들은 초기에 국내 시장에서 기반을 다지고, 이후 해외 시장으로 확장해 지속적인 성장을 이루었습니다.

④ 기업 문화와 가치

⑴ 사회적 책임과 윤리경영: 장수기업들은 사회적 책임을 중시하는 경향이 있으며, 이는 장기적으로 기업의 이미지를 개선하고 지속 가능성을 확보하는 데 기여합니다. 예를 들어, 포스코는 환경, 사회, 지배구조(ESG) 경영을 통해 글로벌 시장에서 인정받고 있습니다.

⑵ 강력한 기업 문화와 공동체 의식: 장수기업은 내부적으로 강력한 기업 문화를 형성하고, 임직원들에게 공동체 의식을 심어주는 경우가 많습니다. 이로 인해 직원들의 충성도와 업무 효율성이 높아지고, 기업의 장기

적인 성장에 기여합니다.

⑤ 재무적 안정성과 위험 관리

(1) 보수적인 재무 관리: 장수기업들은 대체로 보수적인 재무 관리를 통해 불필요한 부채를 최소화하고, 경제 위기 상황에서도 안정적인 운영을 유지합니다.

(2) 위험 분산: 사업 포트폴리오의 다각화를 통해 특정 산업이나 시장에 대한 의존도를 낮추고, 리스크를 최소화하는 전략을 취합니다.

기업의 지속성과 성장

요약

▶ 한국의 장수기업 발전상

- 삼성: 1969년에 설립된 삼성전자는 전자 산업의 세계적인 리더로, 끊임없는 연구 개발과 혁신을 통해 장수기업으로 자리매김했습니다.
- 포스코: 1968년에 설립된 포스코는 철강 산업의 글로벌 강자로, 지속가능한 경영을 통해 오랜 기간 성장하고 있습니다.
- 현대자동차: 1967년에 설립된 현대자동차는 꾸준한 기술 개발과 글로벌 시장 진출을 통해 장기적으로 성장하고 있습니다.

이와 같은 장수기업들은 장기적인 비전과 계획을 바탕으로 지속적으로 변화하는 시장과 경제 환경에 대응하며, 조직의 안정성과 유연성을 함께 갖추는 것이 성공의 열쇠입니다.

결론으로 이수종 사업 전개는 장기적인 성장 가능성을 높이는 좋은 전략이 될 수 있지만, 업종 선택과 각종 리스크를 신중히 검토하고 관리해야 합니다. 기존 사업과의 연계성, 시장 성장성, 경쟁 구도 등을 고려하여 진출하고자 하는 업종을 선정하는 것이 중요합니다.

성공Point. 20

1. 충직(忠直)하라

정직은 최상의 예의 이다. 朝夕變이란 말이있다. 아무리 재능이 충만하여도 정직하지 못하면 신뢰를 할 수 없다. 사리사욕을 탐하는 자에게는 책임을 부여할수 없다. 충직한 인물만이 회사발전에 기여도를 높일수 있다.

타인에게 충성하는 것은 당신 자신을 존중하는 행위이다. 누군가를 위해 충성을 대해 일한다는 것은 바로 당신의 선택과 약속을 충실이 이행하는 행위이다. 충직성은 상사에게만 국한하는 것이 아니다. 부하직원이나 동료에게도 마찬가지로 충직한 마음가짐으로 대하라. 그래야만 타인들도 마찬가지로 당신에게 충성을 다할 것이다.

2. 성공의 맥을 짚고 싶으면 자신의 관점부터 바꿔라

관점이 바뀌면 또 다른 세상이 보인다. 어떤경우든 부정적인 생각이 잠재의식에 입력되면 이 오염된 부정적 잠재의식이 행동으로 드러난다. 돈의 흐름을 바꾸고 싶으면 당신 자신부터 바꾸어라. 즉 당신이 변하면 돈의 흐름도 바뀐다. 이사실을 깨닫는 것이야 말로 금전운이 따르는 첫걸음이다.

7-3 사세확장시 유의점

7-3-1. 기업의 신수종 사업 전략

① 신수종 사업의 미래적 가치

신수종 사업에 성공하느냐에 따라 한국 경제의 미래는 크게 달라질 게 분명합니다.

이처럼 중요한 이슈에 대해 세계적인 경영 구루(guru、스승)는 어떤 생각을 갖고 있을까. 세계 50대 경영 사상가 중 한 명으로 꼽히는 콘스탄티노스 마르키데스 런던 비즈니스스쿨 교수에게 한국 기업의 신수종 사업 전략에 대해 의견을 물었습니다. 매일경제와의 이메일 인터뷰에서 마르키데스 교수는 한국 경제에서 가장 큰 몫을 차지하는 삼성의 5대 신수종 사업에 대한 생각을 거침없이 밝혔습니다.

런던 비즈니스스쿨의 전략·국제경영 학과장이기도 한 마르키데스 교수는 "삼성은 5개 신수종 사업에 동시에 진입하지 말라!"고 강조 했습니다. 그는 자신의 대답에 일부러 느낌표를 찍을 정도로 생각이 확고 했습니다. 대부분의 기업이 신수종 사업 진출에 실패하는데 삼성이 한꺼번에 5개 신사업을 시작하는 것은 무리라는 뜻입니다. 대신 마르키데스 교수는 "한 가지 시장을 선택해 전략을 세워 진출하되 인내심을 갖고 전략을 실천하라"고 충고 했습니다.

그렇다면 어떤 전략으로 신사업을 시작해야 할까. "기존 시장의 게임 규칙을 깨뜨리는 전략이어야 한다"는 게 마르키데스 교수의 해답이었습니다. 규칙 파괴자(Rule Breaker)가 되라는 얘기 입니다.

규칙을 깨라니 무슨 뜻일까. 애플의 아이폰을 보면 해답이 보입니다. 애플에 휴대폰 사업은 신수종 사업이었습니다. 그러나 단숨에 노키아 등 기존 시장 지배자들을 공포에 떨게 만들었습니다. 비결은 애플이 게임의 규칙을 바꿔 놓았기 때문입니다. 아이폰 이전의 휴대폰 시장은 통신사업자가 장악하고 있었습니다. 애플리케이션(앱) 개발자들은 통신사업자가 원하는 앱만을 개발해야 했습니다. 그러나 아이폰은 앱 개발자가 자유롭게 개발한 앱을 소비자에게 팔 수 있도록 '앱 스토어'라는 장터를 만들었습니다. 아이폰은 소비자들이 통신사업자의 통제에서 벗어나 원하는 앱을 자유롭게 내려받아 이용하면서 폭발적인 인기를 끌었습니다.

그러나 아이폰처럼 단기간에 성공을 거두기란 매우 어렵습니다. 마르키데스 교수는 삼성에 벤처기업에 맞먹는 인내심을 강조합니다. "벤처 기업이 적자에서 벗어나는 데 평균 10년이 걸린다는 사실을 우리는 잘 알고 있어요. 삼성이 5개 신사업 각각에서 적어도 10년은 인내하고 기다릴 용의가 있는지, 그 기간에 투입할 돈, 시간, 관심 등의 자원을 보유하고 있는지 묻고 싶군요."

기존 사업의 자산·역량을 신사업에 활용할 수 있느냐도 마르키데스 교수의 강조점 가운데 하나입니다. 마르키데스 교수는 "(삼성의 신수종 사업은) 반도체 등 기존사업과 연관돼 보인다"면서도 "그러나 연관성만으로는 부족하며 기존사업의 역량을 신사업에서 쓸 수 있느냐에 성공 여부가 달려 있다"고 지적했습니다.

예를 들어 태양전지는 반도체 등과 생산 공정이 겹치기 때문에 삼성의 기존 반도체 생산 역량을 활용할 수 있을 것 같습니다. 그러나 눈에 보이는 연관성만으로 신사업에 뛰어드는 것은 위험합니다. 콘티넨털 등 미국 대형 항공사들이 저가 항공 시장에 뛰어들어 실패한 것도 그래서 였습니다. 대형 항공사들은 저가 항공 시장도 기존 역량을 활용할 수 있을 것으로 생각했습니다. 그러나 가치 창출 과정이 기존 시장과 전혀 달랐기 때문에 기존 역량을 활용할 수 없었습니다.

② 신수종 사업 게임의 규칙 어떻게 바꾸나

(1) 사업·고객·제품 재정의하고 긍정적인 위기를 만들어라

다른 기업이 모방할수 없는 초과자산(excess asset)을 활용해야 합니다. 게임의 규칙을 아예 바꾸는 룰 브레이커가 되어야 합니다. 신수종(新樹種)은 새로운 종류의 나무라는 뜻으로 신수종 사업이란 기업이 미래에 새롭게 육성해 나갈 신사업을 뜻합니다. 기존 사업을 유지하면서 미래 주력사업을 찾는 것이기 때문에 사업 다각화의 한 유형으로 볼 수 있습니다. 매일경제는 신수종 사업 성공을 위한 전략과 로드맵을 제시합니다.

콘스탄티노스 마르키데스 런던 비즈니스 스쿨 교수는 신수종 사업에 들어가 게임의 기존 규칙을 부숴야 성공할 수 있다고 강조 합니다. 어떻게 해야 게임의 규칙을 바꿀 수 있을까. 마르키데스 교수는 사업·고객·제품을 재정의하고 긍정적인 위기를 만들라고 조언 합니다. 마르키데스 교수의 조언에 부합되는 사례를 찾아봤습니다.

(2) 사업을 재정의하라

스티브 잡스 애플 최고경영자는 컴퓨터 사업으로 창업했을 당시, 스스로

를 컴퓨터 사업에 뛰어들었다고 생각지 않았습니다. 그는 장난감이나 취미 산업 같은 '펀 비즈니스'(Fun Business)를 시작한다고 생각했습니다. 기존 컴퓨터 사업의 정의를 무너뜨리면서 사업을 출발한 셈입니다. 이처럼 사업 정의를 달리했기 때문에 잡스는 사용자 친화적이고 아름다운 제품을 개발할 수 있었고, 이후 MP3플레이어, 휴대폰, 태블릿PC 등으로 사업영역 확대가 가능했습니다.

(3) 고객의 정의를 바꿔라

애플이 아이폰을 내놓기 전만 해도 스마트폰 고객은 주로 비즈니스맨이었습니다. 아이폰 이전에 스마트폰의 대명사였던 RIM의 블랙베리가 그러하였습니다. 그러나 애플에 스마트폰 고객은 일반 휴대폰 소비자였다. 애플은 기존 시장에서 고객의 정의를 과감히 바꿨습니다.

(4) 제품을 재정의하라

스위스 시계 브랜드 '스와치'는 기존 시계의 정의를 깨뜨렸습니다. 기존 시계가 시간의 정확성과 기능성으로 정의됐다면 스와치는 시계를 `가격은 적당하되 스타일이 우수한 패션 제품`으로 정의 했습니다. 미국 오토바이 업체 할리-데이비슨에 오토바이는 스피드와 파워로 정의됐지만 혼다는 스피드는 적당하지만 가격이 저렴한 제품으로 재정의 했습니다.

(5) 긍정적 위기를 만들라

게임의 기존 규칙을 깨뜨리려면 상품·고객·시장의 정의를 어떻게 바꿀 수 있는지 끊임없이 질문을 던져야 합니다. 그러나 현실에 안주하고픈 게 인간의 속성. 따라서 최고경영자는 직원들을 긴장시켜 게임의 규칙을 깨뜨리는 데 적극 나서도록 독려해야 합니다.

이를 위해 직원들에게 '긍정적인 위기'(positve crisis)를 조성할 필요가 있다는 게 마르키데스 교수의 주장입니다. 이건희 삼성 회장은 5대 신수종 사업 발표 두 달 전에 "10년 안에 삼성을 대표하는 사업과 제품이 사라질 것"이라며 긍정적 위기 의식을 직원들에게 불어넣었습니다.

7-3-2. 사업의 다각화 신수종 사업 진출시기

① 초과 자산 있을 때 신사업 검토

마르키데스 교수는 "기술 또는 브랜드, 관리능력 등 기존 사업에서 온전하게 활용되지 않은 역량인 '초과 자산'(excess asset)이 있을 때 신사업 진출을 고려해야 한다"고 설명합니다.

"소니처럼 가전제품을 더 소형으로 만드는 기술을 보유하고 있다고 합시다. 그렇다면 라디오를 더 작게 만들 수 있고, 텔레비전도 더 작게 만들 수 있으며, MP3플레이어도, 컴퓨터도 더 작게 만들 수 있을 거예요. 이런 역량을 텔레비전 사업에만 쓰고 있다면 자산을 온전히 활용한 게 아닌 셈이죠. 소니처럼 다양한 가전 제품 분야에서 신사업을 시작할 수 있는 것이지요."

애플의 성공도 "전자제품을 더 아름답고 사용자 친화적(user friendly)인 방법으로 만들 수 있는 애플 특유의 초과 자산·역량을 활용했기 때문"이라는 게 마르키데스 교수의 설명합니다. "애플은 처음에 컴퓨터를 아름답고 사용자 친화적으로 만들어내는 데 뛰어났어요. 이런 능력을 컴퓨터에만 한정시킨다면 역시 자산을 온전하게 활용하지 못하는 것이죠. 애플이 아이팟 같은 MP3플레이어, 아이폰 등의 휴대폰으로 사업을 넓혀나간 이유입니다."

결국 초과 자산이란 기존 사업뿐 아니라 다른 사업에도 충분히 활용할 수 있는 역량을 뜻합니다. 이 같은 초과 자산을 비싼 값에 팔 수 없다면 신사업 진출을 고려하라는 게 마르키데스 교수의 충고입니다.

② 모방이 어려운 자산이어야

초과 자산·역량이 있다고 해서 반드시 신사업 진출이 정당화되지는 않습니다. 마르키데스 교수는 "기업이 신사업에 활용할 수 있는 자산·역량은 고유(unique)의 것이어야 한다"고 강조한다. 다른 기업이 쉽게 모방할 수 있는 자산·역량이라면 가치가 반감되기 때문입니다.

삼성의 최신 스마트폰 '갤럭시S'는 애플 아이폰만큼 아름답고 사용자 친화적이라는 평가를 받습니다. 이런 평가가 옳다면 삼성은 애플의 신사업을 가능하게 한 초과 자산·역량을 1~2년이라는 짧은 시기에 모방하는 데 성공한 셈입니다. 모방이 쉬운 자산·역량을 활용해 신사업에 진출할 경우 금방 다수의 경쟁자에게 포위됩니다. 일반적으로 다른 기업과 차별되는 해당 기업 고유의 역량은 `핵심역량`이라고 불립니다. 따라서 마르키데스 교수의 주장은 핵심역량을 활용할 수 있는 신사업으로 진출하라는 뜻으로 풀이할 수 있습니다.

③ 고유의 시너지 효과 창출해야

신사업에 기존 자산을 활용할 수 있다면 신사업과 기존 사업에서 시너지 효과를 낼 수 있습니다. 빈손으로 신사업을 시작하는 경우보다 성공 가능성이 높기 때문입니다. 기존 역량을 활용해 신사업에서 새로운 역량을 창조할 수도 있습니다. 게다가 신사업으로 기존 역량이 더욱 발전되면 기존 사업도 더욱 성장할 수 있습니다. 이 때문에 애닐 카나니 미국 미시간대학교 교수 등 많은 전문가는 "시너지가 있다면 신사업 진출을 정당화할 수 있다"고 말합니다.

그러나 마르키데스 교수는 "시너지만으로는 불충분하다"며 "기존 사업과 신사업 사이에 고유의(unique) 시너지가 있어야 한다"고 말합니다. 기업 고유의 시너지가 아니라면 경쟁 기업도 쉽게 그 같은 시너지를 흉내내 만들어낼 수 있기 때문입니다.

④ 버진그룹 흉내는 대부분 실패

이 대목에서 한 가지 의문점이 듭니다. 마르키데스 교수의 논리라면 기업은 관련성이 높은 사업만을 신수종 사업으로 선정해야 할 것만 같습니다. 그러나 현실에서 일부 기업은 전혀 관련 없어 보이는 여러 사업에서 동시에 큰 성공을 거두기도 합니다. 영국의 버진그룹은 통신·엔터테인먼트·항공·스포츠·미디어·철도·스포츠·헬스케어 등 여러 사업에서 성공했습니다. 도대체 버진그룹의 초과 자산(핵심역량)은 무엇일까.

"철학과 문화입니다. 버진은 기존 사업의 철학과 문화를 신사업으로 옮겨 심습니다. 그들의 철학·문화는 `버진`이라는 브랜드에 체화돼 있어요. (유럽의 저가 항공사인) 이지젯도 마찬가지예요. 이지젯도 항공부터, 크루즈, 버스, 인터넷 카페까지 다양한 사업을 수행하죠." 그러나 전혀 다른 업종에서 일하는 사람들이 한 브랜드 아래에서 같은 문화와 철학을 갖고 일한다는 것은 매우 어려운 일입니다. 그래서 마르키데스 교수도 "문화와 철학을 자산으로 신사업에 진출하는 것은 매우 어려워 대부분의 회사가 실패하고 말 것"이라고 경고 했습니다. 버진그룹을 흉내내지 않는 게 좋겠다는 뜻입니다.

⑤ 남의 떡이 커보이는 오류 경계

기존 사업에서 엄청난 성장 기회가 있는데도 이를 놓치고 신사업을 찾는 경우를 종종 볼 수 있습니다. 이에 대해 마르키데스 교수는 "기업은 항상 `남의 떡이 커 보인다'(The grass is greener on the other side)고 생각하기 때문" 이라고 설명합니다.

"항상 기업은 기존 사업에 공을 들이기보다는 새로운 사업에서 돈을 버는 게 더 쉽다고 생각합니다. 그래서 너무나 빨리 기존 사업에서 벗어나 새로운 시장으로 진출하려고 들죠." 삼성과 LG의 휴대폰 사업도 예외는 아닙니다. 삼성은 2007년에도 7대 신수종 사업을 선정하는 등 오래전부터 신사업에 공을 들여왔고 LG도 마찬가지였습니다. 그러나 등잔 밑이 어둡다고 했던가. 스마트폰의 잠재력을 깨닫지 못해 휴대폰 사업의 신참인 애플에 시장의 상당 부분을 내주고 말았습니다. 신수종 사업 이전에 기존 사업을 제대로 챙기는 지혜가 필요합니다.

⑥ 현 사업과 관련 다각화와 비관련 다각화

⑥-1 관련 다각화 (Related Diversification)

기존 사업과 유사한 시장이나 제품군, 기술을 사용하는 새로운 사업에 진출하는 것을 말합니다. 예를 들어, 자동차 제조업체가 전기차 배터리 생산을 추가하는 것은 관련 다각화에 해당합니다.

(a)* 관계성: 신제품이나 서비스가 기존 제품군과 시너지를 낼 수 있으며, 기술, 유통망, 고객층 등을 공유할 수 있습니다.

(b)* 효과성: 시너지 효과: 기존 사업과 자원을 공유함으로써 비용 절감과 효율성 향상을 기대할 수 있습니다.

(c)* 브랜드 강화: 관련된 산업에서 확장함으로써 브랜드 인지도가 증가할수 있습니다.

(d)* 리스크 감소: 사업 영역이 비슷하므로 새로운 시장 진입의 리스크를 상대적으로 줄일 수 있습니다.

(e)* 시장 지배력 강화: 기존 시장에서의 영향력이 커질 수 있습니다.

⑥-2 비관련 다각화 (Unrelated Diversification)

기존 사업과 전혀 관련이 없는 새로운 사업에 진출하는 것을 의미합니다. 예를 들어, 자동차 제조업체가 금융업에 진출하는 것이 이에 해당합니다.

(a)* 관계성: 기존 사업과는 별다른 연관이 없으며, 기술, 시장, 유통망

등이 다를 수 있습니다.

(b)* 효과성:,리스크 분산: 경제 불황이나 특정 산업의 경기 변동에 따른 리스크를 분산할 수 있습니다. 예를 들어, 한 산업이 침체기에 들어가도 다른 산업에서 이익을 얻을 수 있습니다.

(c)* 성장 기회 탐색: 성숙기에 접어든 기존 사업과 달리, 새로운 산업에서 고성장 기회를 포착할 수 있습니다.

(d)* 독립적인 사업 구조: 각 사업부가 독립적으로 운영될 수 있어, 경영진이 다양한 시장의 흐름에 대응할 수 있는 유연성을 가질 수 있습니다.

7-3-3. 신수종사업 7단계 로드맵

신수종 사업을 찾는 방법은 여러 가지 입니다. 외길만 있는 것은 아닙니다.매일경제신문은 콘스탄티노스 마르키데스 런던 비즈니스 스쿨 교수와 애닐 카나니 미국 미시간대 교수 등이 제안한 방법론을 활용해 '신수종사업 찾기 로드맵'을 제시합니다. 이 로드맵에 대해 마르키데스 교수도 "좋다"고 평가했습니다. 다만 마르키데스 교수는 "한 가지 문제를 여러 각도로 보려는 노력을 멈추지 마라"고 주문했습니다.

신수종사업은 기업이 사활을 걸 정도로 중요한 문제 입니다. 매경이 고안한 로드맵을 삼성의 태양전지 사업 진출에 적용해 보았습니다.

단계 1 = 기존 사업의 핵심역량 확인

삼성전자는 반도체사업 핵심역량을 활용해 태양전지 사업에 진출하려고 합니다. 당연히 삼성 반도체사업의 핵심 역량을 구체적으로 확인해야 합니다. 불량률을 낮추는 수율 관리 능력, 연구개발 결과물을 대량 생산으로 재빨리 연결하는 시간 관리 능력, 생산공정 기술의 우수성 등이 삼성 반도체사업의 핵심역량입니다.

단계 2 = 신사업에 필요한 역량 확인

태양전지 사업에 필요한 역량과 자산을 확인해야 합니다. 태양전지 사업도 반도체처럼 수율 관리 능력, 우수한 생산공정 기술 등도 필요하지만 태양전지의 에너지 효율을 높이는 기술도 매우 중요합니다. 현재와 같은 낮은 태양전지 효율로는 석유 · 석탄 등 화석 에너지와 경쟁이 불가능하기 때문입니다.

단계 3 = 핵심역량 이전 가능성 확인

기존 사업의 핵심역량을 신사업에 활용할 수 있는지 점검하는 단계 입니다. 반도체사업 생산공정 기술과 수율 관리 능력, 시간 관리 능력 등 핵심역량을 태양전지 사업에 이전할 수 있는지 확인해야 합니다.

이를 위해서는 먼저 두 산업에 대한 차이점을 분석해야 합니다. 태양전지는 반도체사업에 비해 원재료가 차지하는 원가 비중이 크고 원재료 공급업체 영향력도 강력합니다. 또 태양전지 시장은 경쟁 업체 수가 반도체 시장보다 많고 진입장벽도 낮은 편입니다. 이처럼 시장 특성이 다른 데도 삼성 반도체 사업 핵심역량이 태양전지사업으로 효과적으로 이전돼 활용될 수 있는지를 확인해야 합니다.

또 삼성이 보유한 기존 핵심역량이 여러 가지 다양한 요소가 결합돼 만들어졌다면 신사업으로 이전하는 것이 생각보다 어려울 수 있습니다. 기존 핵심역량이 생산직 직원 고숙련도와 연구개발 능력, 경영진 판단력 등이 유기적으로 결합돼 만들어졌다면, 이를 한꺼번에 신사업에 이전하기가 어려울 수도 있습니다. 여러 가지 요소를 분리해 신사업으로 옮겨서 다시 결합하는 과정에서 어려움을 겪을 수 있기 때문입니다.

그러나 애닐 카나니 미시간대 교수는 "삼성의 기존 사업과 태양전지는 시너지가 있어 보인다"며 기존 핵심역량 활용 가능성을 긍정적으로 내다 봤습니다.

단계 4 = 부족한 역량 확인 · 확보

신사업에는 꼭 필요한 역량이지만 기존 사업에는 없는 역량을 확인하고 확보하는 방안을 찾는 단계입니다. 태양전지가 화석에너지와 경쟁하려면 에너지 효율을 획기적으로 높여야 합니다. 그러나 에너지 효율 기술은 삼성의 기존 사업과 연관성이 낮은 만큼 관련 기술을 삼성이 확보했다고 보기는 어렵습니다. 따라서 삼성은 에너지 효율 기술과 역량을 확보한 기업과 전략적 제휴를 하거나 인수 · 합병 등을 통해 관련 역량을 확보할 필요가 있습니다.

단계 5 = 장기 성장성 확인

신사업에서 장기적으로 돈을 벌 수 있는지 확인해야 합니다. 현재 태양전지는 정부 보조금에 의존하고 있습니다. 아직 석유와 경쟁할 단계에 이르지 못했기 때문입니다. 향후 경제위기가 심화돼 각국이 정부 보조금을 대폭 삭감한다면 장기 성장성이 훼손될 수 있습니다.

단계 6 = 게임 규칙을 바꾸는 전략 수립

이미 시장을 선점한 경쟁자들과 다른 전략을 사용해 게임 규칙을 바꾸라는 얘기입니다. 이를 통해 경쟁자 전략을 쓸모없게 만들어야 합니다.

단계 7 = 다양한 시각 적용한 후 신사업 진출

1~6단계 분석을 수행해 긍정적인 결과를 얻었다고 해서 곧바로 신수종사업 진출을 결정하는 것은 성급할 수도 있습니다. 다양한 시각을 적용해 신수종사업 진출 여부를 다시 한 번 검토해야 합니다. 글로벌 경제 상황, 국내 정치·사회적 여건 등이 신사업 발목을 잡을 수도 있기 때문입니다. 그런 충분한 검토 과정을 거쳤다면 최고경영자 결단을 통해 신사업에 진출하게 됩니다.

사세확장 신수종 사업 전략

요약

▶ 신수종사업의 유의점

많은 기업이 기존 사업에서 벗어나 새로운 사업으로 뛰어듭니다. 그러나 불행하게도 실패로 끝나는 경우가 많이 있습니다. 그렇다고 해서 기존 사업에 남아 있으라는 뜻은 아닙니다. 신사업으로 성공을 거둔 기업을 찾기란 어렵지 않습니다. 1900년대 초 대형 소매체인 사업에 뛰어든 JC페니에서부터 1960년대 복사기 사업에 진출한 캐논, 1970년대 계산기 사업에 손을 댄 텍사스인스트루먼트, 2000년대 스마트폰으로 대박을 터트린 애플까지 많은 기업이 신사업에서 크게 성공했습니다.

사업 다각화의 효과성

기업의 자원 및 역량: 기존 사업에서 축적된 자원과 역량을 새롭게 진출하는 분야에서 얼마나 효과적으로 활용할 수 있는지 이며. 시장 진입 시점: 새로운 시장에 적절한 타이밍으로 진입했는지 여부 입니다. 리스크 관리: 다각화로 인한 리스크와 비용을 얼마나 잘 관리하는지.여부이며 조직 구조와 관리 능력: 여러 사업부를 통합적으로 관리할 수 있는 능력과 조직 구조가 마련되어 있는지 입니다.

다양한 시각 적용한 후 신사업 진출

1~6 단계 분석을 수행해 긍정적인 결과를 얻었다고 해서 곧바로 신수종사업 진출을 결정하는 것은 성급할 수도 있습니다. 다양한 시각을 적용해 신수종사업 진출 여부를 다시 한 번 검토해야 합니다 글로벌 경제 상황, 국내 정치·사회적 여건 등이 신사업 발목을 잡을 수도 있기 때문입니다. 그런 충분한 검토 과정을 거쳤다면 최고경영자 결단을 통해 신사업에 진출하게 됩니다.

성공Point. 21

1. 침착(沈着)하라

위기사항이 닥칠수록 침착해야 한다. 침착성은 처세의 기본이며 재능보다 중요하다. 급격한 상황변화에도 당황하지 않고 억울한 모욕에도 분노를 억제함으로 경지에 오른 사람도 있다. 첫째로 사물과 사람에대한 통찰력을 길러야 한다. 둘째로 일의 결과를 그대로 담담하게 받아들일줄 알아야 한다. 침착하지 못하고 냉정하지 못하면 대사를 그릇칠 수 있다.

2. 간절하게 원하는 일이라면 두려움 없이 꿈을 가져라

아무리 황금을 가득 실은 배라도 나침판이 없다면 아무소용이 없다. 자신이 평소에 간절이 원하는 일을 성취하기 위해서는 두려움 없이 꿈을 꾸어야 성공의 첫번째 단추를 끼우는 것이다. 꿈이없는 사람은 부자의 바다에서 조난을 당하는 것이다. 사고회로를 담당하는 뇌가 개조되어 사고방식이나 행동에 활기가 일어날 것이다.

7-4 와신상담과 오덕

7-4-1.와신상담(臥薪嘗膽)

① 와신상담 (臥薪嘗膽)의 진의(眞意)

"와신상담(臥薪嘗膽)"은 나무 위에 눕고 쓴 쓸개를 핥는다는 뜻으로, 고난과 역경을 이겨내기 위해 마음을 굳게 다지고 이를 악물며 참고 견딘다는 의미입니다. 이는 춘추시대 오나라의 왕 합려와 월나라 왕 구천의 일화에서 유래하였습니다. 오나라가 월나라에 패배한 후, 월나라 왕 구천은 합려의 아들 부차의 침공에 대비하며 고된 고생을 감수하고 자신의 결심을 굳게 다졌습니다. 결국, 구천은 끊임없는 인내와 노력을 통해 오나라를 다시 물리치고 재기를 이룩하게 됩니다.

와신상담의 진의는 국가와 사회 건설의 중요한 기초가 될 수 있습니다. 사회와 국가가 발전하기 위해서는 외부적 위기와 내부의 난관을 헤쳐나가는 인내와 끈기, 결단력이 필수적이기 때문입니다. 국가 사회를 건설하는 데 있어, 와신상담의 자세는 다음과 같은 점에서 중요한 가치를 지닙니다:

①-1 끊임없는 인내와 자기희생:

어려운 환경 속에서도 포기하지 않고 장기적인 목표를 달성하기 위해 노력하는 정신은 국가 발전에 필수적입니다. 사회 구성원 개개인이 이러한 마음가짐을 갖는다면, 국가 전체적으로 강한 회복력과 응집력을 발휘할 수 있습니다.

①-2 고난을 통해 얻는 성장:

국가적 위기나 경제적 어려움을 겪는 시기에, 와신상담의 정신을 적용하여 그 위기를 극복한다면 사회와 국가는 더 높은 수준의 성장을 이룰 수 있습니다. 위기는 혁신과 변화를 위한 촉매가 될 수 있으며, 이를 통해 더욱 강한 국가로 거듭날 수 있습니다.

①-3 미래를 위한 준비와 단결:

외부의 도전에 대비해 내부 결속력을 다지고, 자원을 현명하게 분배하며, 미래를 준비하는 것이 중요합니다. 이를 위해 국민 전체가 '와신상담'의 정신을 공유하고, 공동의 목표를 향해 노력한다면, 장기적인 발전과 번영을 이룰 수 있습니다.

따라서 국가와 사회의 발전을 위해서는 일시적인 어려움에 좌절하지 않고, 끊임없이 목표를 향해 노력하며 미래를 대비하는 자세가 필요합니다.

② 와신상담으로 이룩한 한국경제의 실상

와신상담(臥薪嘗膽)"은 본래 고난을 참고 견디며 큰 목표를 이루기 위해 분투하는 정신을 의미하는 고사성어입니다. 이는 1960년대부터 시작된 한국 경제 발전 과정에도 잘 어울리는 표현으로, 한국은 당시 전쟁으로 폐허가 된 상태에서부터 빠르게 성장하여 오늘날의 경제 대국으로 자리 잡았습니다.

한국 경제는 1960~70년대 박정희 정부의 경제개발 5개년 계획과 수출주도형 산업화 정책을 통해 빠른 성장을 이뤘습니다. 이 과정에서 섬유, 신발, 가전제품과 같은 경공업부터 시작해 점차 중화학공업, 전자산업, 자동차, 조선 등 고부가가치 산업으로 다각화하여 산업 구조를 발전시켰습니다. 정부는 대기업에 대한 금융 지원과 외환시장 관리, 수출기업에 대한 세금 감면 등을 통해 경제 성장을 촉진했으며, 기업들도 세계 시장을 향한 수출 경쟁력을 갖추기 위해 품질과 생산성을 높이는 데 집중했습니다.

②-1 한국 경제의 성과

(a)* GDP 성장: 1960년대 이후 한국의 경제성장률은 세계에서 손꼽힐 만큼 높았으며, 1990년대에는 소위 "아시아의 네 마리 용" 중 하나로 평가받기도 했습니다.

(b)* 수출 주도 성장: 수출액이 크게 늘어나며 세계 10대 수출국에 진입했고, 2020년대에 이르러서는 반도체, 자동차, 선박, 스마트폰 등이 글로벌 시장에서 높은 점유율을 보입니다.

(c)* 기술력 발전: 한국은 정보통신, 반도체, 배터리 등 첨단산업에서도 세계적인 기술력을 갖추고 있으며, 연구개발(R&D) 투자 비율 또한 상위권입니다.

(e)* 사회 기반시설: 급격한 경제 성장과 함께 도로, 철도, 항만, 공항 등 인프라가 확충되었고, 한국은 도시화와 함께 생활 수준이 크게 향상되었습니다.

②-2 와신상담의 부작용: 세상사는 장점이 있으면 단점을 가지게 마련입니다. 그러나 빠른 경제성장 과정에서 여러 부작용도 나타났습니다.

(a)* 빈부격차: 경제성장의 혜택이 대기업과 고소득층에 집중되며, 중소기업 및 저소득층과의 격차가 커졌습니다.

(b)* 환경 문제: 산업화 과정에서 대기오염, 수질오염 등 환경 문제가 악화되었고, 지속 가능한 성장에 대한 필요성이 대두되었습니다.

(c)* 고용 불안: 급속한 기술 발전과 글로벌화로 인해 일자리가 줄어들거나 비정규직이 증가하면서 고용의 안정성이 낮아졌습니다.

한국 경제는 와신상담의 정신을 통해 많은 성과를 이뤘지만, 이제는 성장의 질을 개선하고 사회적 균형을 맞추는 것이 중요한 과제로 대두되고 있습니다.

③ 경제성장의 부작용 극소화. 한국경제. 지속성장 방안

"와신상담"은 원래 중국의 고사에서 비롯된 표현으로, 목표를 달성하기 위해 어려움과 인내를 견뎌내는 과정을 의미합니다. 이처럼 인내와 고통을 감수하며 경제 성장을 이루려는 전략은 단기적 성과를 낼 수 있지만, 장기적으로는 개인과 사회의 피로도, 창의력 저하, 혁신 정체 등의 부작용을 일으킬 수 있습니다. 이러한 부작용을 최소화하면서 지속 가능한 경제 성장을 이루기 위한 방안은 다음과 같습니다.

③-1 고용 환경 개선 및 근로 시간 단축

- 효율적 근무제: 높은 근무 시간을 요구하는 "와신상담형" 근로 문화는 장기적으로 창의성과 생산성을 저하시킬 수 있습니다. 유연 근무제, 재택근무 등 다양한 근무 방식을 장려하여 근로자의 피로도를 줄이고, 지속 가능한 근로 환경을 조성할 수 있습니다.
- 근로 시간 단축: 주 52시간제, 추가 근무 제한 등의 규정을 강화해 일과 삶의 균형을 지원함으로써 근로자의 건강과 생산성을 유지할 수 있습니다.

③-2 혁신 생태계 조성 및 창의적 교육 강화

- 창의적 교육: 초중고 및 대학에서의 창의적 사고 교육을 강화하고, 기업에서도 직원의 자기 개발과 혁신을 장려하는 문화가 필요합니다.
- 스타트업 및 중소기업 지원: 혁신은 보통 작은 기업과 개인으로부터 나

오는 경우가 많습니다. 정부와 대기업이 중소기업 및 스타트업에 투자하고 지원할 수 있도록 장려해 혁신 생태계를 촉진할 수 있습니다.

③-3 자동화 및 디지털 전환 가속화

- 디지털 전환: 업무의 자동화를 통해 생산성을 높이고, 단순 반복 작업에서 벗어나 고부가가치 업무에 집중할 수 있는 환경을 조성합니다. AI와 빅데이터, IoT 등을 활용한 스마트 공장 및 디지털 솔루션 도입으로 효율성을 제고할 수 있습니다.
- 리스킬링(재교육) 프로그램: 근로자들이 디지털 기술을 학습할 수 있도록 다양한 교육 프로그램을 지원하여, 새로운 경제 환경에 맞게 빠르게 적응하도록 돕는 것이 필요합니다.

③-4 친환경 정책과 지속 가능한 에너지 전환

- 에너지 전환: 탄소 중립을 목표로 재생 가능 에너지에 대한 투자를 확대하고, 관련 산업을 육성함으로써 장기적으로 환경과 경제 모두에 긍정적인 영향을 줄 수 있습니다. 친환경 산업 지원 ESG(환경, 사회, 지배구조) 경영을 지원하여 기업들이 친환경적으로 경영할 수 있도록 유도하고, 지속 가능한 성장을 위해 친환경 산업에 대한 인센티브를 제공해야 합니다.

③-5 복지와 안전망 확충

- 사회 안전망: 안정적인 복지 시스템은 개인이 장기적으로 경제 활동에 참여할 수 있는 기반을 제공합니다. 실업 보험 강화, 재취업 지원, 기본소득 프로그램 등을 통해 근로자들이 안정적으로 경제에 기여할 수 있도록 돕습니다.
- 심리적 지원: 경제적 스트레스가 높은 환경에서는 심리적 건강 문제도 증가합니다. 이에 대한 지원과 사회적 인식 제고를 통해 개인이 경제 활동을 장기적으로 이어갈 수 있는 여건을 마련해야 합니다.

결론으로 보면 경제 성장의 과정에서 인내와 끈기를 강조하는 와신상담 전략은 단기적 성과를 낼 수 있지만, 장기적인 지속 가능성을 위해서는 혁신과 효율성을 중시하는 문화적 변화가 필요합니다. 근로 환경 개선, 창의적 교육 및 디지털 전환, 친환경 정책, 복지 강화 등을 통해 한국 경제가 지속 가능한 성장 기반을 마련할 수 있을 것입니다.

7-4-2, 오덕(五德)이 인간사회에 주는 교훈

① 오덕(五德)의 의미

“오덕(五德)”은 유교 사상에서 유래한 개념으로, 인간이 지녀야 할 다섯 가지 중요한 덕목을 뜻합니다. 이는 인간의 품성과 도덕적 가치를 형성하는 중요한 요소로 여겨지며, 사회적 조화와 질서를 유지하는 데 있어 중요한 가르침을 전합니다. 오덕에 대한 개념은 시대와 문화에 따라 다양하게 해석될 수 있습니다.

다음과 같은 다섯 가지 덕목으로 정의됩니다.

①-1 인(仁): 사랑과 자비, 인간애를 의미합니다. 다른 사람을 배려하고 도와주는 마음가짐으로, 인간 관계의 기본이 되는 덕목입니다. 인은 특히 공동체 내에서 서로를 존중하고 연대감을 형성하는 데 중요한 역할을 합니다.

①-2 의(義): 정의와 의로움을 뜻합니다. 자신에게 이익이 되지 않더라도 옳은 일을 하고자 하는 자세를 의미하며, 개인의 이익보다 사회적 정의와 윤리를 우선시하는 태도를 나타냅니다.

①-3 예(禮): 예절과 존중을 뜻합니다. 사회적 관계에서 지켜야 할 질서와 규범을 의미하며, 상호간의 예의를 중시함으로써 조화로운 인간관계를 유지하는 데 중요한 역할을 합니다.

①-4 지(智): 지혜와 판단력을 의미합니다. 상황에 따라 옳고 그름을 분별하는 능력을 뜻하며, 올바른 선택을 할 수 있는 지혜로운 태도가 중요합니다.

①-5 신(信): 신뢰와 성실함을 나타냅니다. 약속을 지키고 신뢰를 쌓는 태도를 뜻하며, 이는 인간관계와 사회에서 신뢰를 형성하는 기초가 됩니다.

◈ 오덕이 주는 인간사회에 대한 교훈

오덕은 각각의 덕목이 개별적으로 중요할 뿐만 아니라, 상호 보완적인 관계를 통해 조화로운 사회를 이루는 데 기여합니다. 예를 들어, 인간애(仁)가 부족하면 사회적 배려가 부족해질 수 있고, 정의(義)가 없다면 공정한 사회가 이루어지기 어렵습니다. 또한 예(禮)가 없으면 사람들 사이의 존중이 사라지고, 지혜(智)가 부족하면 분별력 있는 판단을 내리기 어렵습니다. 신뢰(信)가 없다면 인간관계가 지속될 수 없습니다.

오덕은 사회적 질서를 유지하고 인간관계에서 서로를 존중하며, 책임감 있는 사회 구성원으로 살아가도록 도와주는 가르침을 줍니다.

② 오덕을 준수함으로 나타는 미풍양속 사회

"오덕을 준수함으로 나타나는 미풍양속 사회"라는 표현은 유교적 가치관이나 전통적인 미덕을 따르면서 사회에 긍정적인 영향을 미치는 질서 있고 예의 바른 사회를 의미하는 듯합니다.

이러한 사회에서는 사람들 간의 상호 존중, 예의, 정의감, 배려심 등이 강조됩니다. 각 개인이 자신의 역할과 책임을 다하며, 사회 구성원으로서 공동체를 위해 노력하는 태도가 장려됩니다. 이러한 가치들은 예절, 효심, 경로 사상과 같은 오덕(五德)을 바탕으로 한 생활 방식에서 비롯됩니다.

◈ 미풍양속 사회의 장점은 다음과 같습니다:

(a)* 안정과 질서 유지: 규범과 도덕적 가치를 존중함으로써 공동체 내에서 안정과 질서가 유지됩니다.

(b)* 상호 신뢰 형성: 개인간에 신뢰가 쌓여 공동체가 더욱 단단해지고, 더 나은 협력 관계가 형성됩니다.

(c)* 정서적안정: 서로 배려하고 예의를 지킴으로써 마음의 평온을 유지할 수 있습니다.

(e)* 공동체 정신 강화: 모두가 공익을 위해 노력하는 분위기를 통해 더 나은 사회로 나아갈 수 있습니다.

이러한 가치관이 현대 사회에도 긍정적인 영향을 줄 수 있습니다.

제8절

새로운 가치를 창출하는 중소기업

가이드 8: 미래를 향한 발전의 발걸음

미래의세계 아름다운未來 행복추구 成就의 進步

8-1. 새로운 가치를 창출하는 중소기업
- 8-1-1. 중소기업의 정의와 중요성
- 8-1-2. 중소기업의 신진대사
- 8-1-3. 중소기업의 다양성과 기응성의 역할

8-2. 새로운 가치 창출을 위한 대처
- 8-2-1. 새로운 가치 창출을 위한 대처 방안은
- 8-2-2. 변화속에서, 위기를 극복하는 힘
- 8-2-3. 부가가치 획득을 위한 거래관계 구축

8-3. 사업의 경쟁력 강화 구조개혁
- 8-3-1. 사업의 경쟁력 높이는 디지털화
- 8-3-2. 재무 · 수익성 향상과 경영 전략
- 8-2-3. 구조 변화에의 대응력
- 8-3-4. 방재 · 감재 대책

8-4. 생각을 바꾸면 길이 있다
- 8-4-1. 생각을 바꾸면 개인 · 사회 · 경제에 영향
- 8-4-2. 인간성(人間性)

8-1 새로운 가치를 창출하는 중소기업

8-1-1. 중소기업의 정의와 중요성

① 중소기업의 경제성과 가치성

①-1 중소기업의 정의

중소기업(SMEs, Small and Medium Enterprises)은 규모가 비교적 작고 자본 및 인력 측면에서 대기업에 비해 상대적으로 적은 자원을 가지고 있지만, 그럼에도 불구하고 경제에서 중요한 역할을 담당하는 기업들을 의미합니다. 각 국가마다 중소기업을 정의하는 기준은 다를 수 있으나, 대체로 매출액, 자산 규모, 직원 수 등을 기준으로 구분됩니다.

①-2 새로운 가치 창출의 중요성

새로운 가치를 창출하는 중소기업은 기존의 제품, 서비스, 비즈니스 모델에 혁신을 더해 사회적, 경제적 부가가치를 만들어냅니다. 이러한 혁신은 기술의 발전, 소비자 요구의 변화, 글로벌 경쟁 심화 등 다양한 요인에 의해 필요성이 증가하고 있습니다. 새로운 가치를 창출하는 중소기업들은 지속 가능성, 환경 보호, 디지털 전환 등과 같은 현대 사회의 주요 문제를 해결하는 데도 중요한 역할을 하고 있습니다.

①-3 중소기업의 경제적 기여

중소기업은 국가 경제에 매우 중요한 역할을 합니다. 고용 창출, 지역 경제 활성화, 산업 구조의 다양성 촉진, 그리고 새로운 시장 개척 등의 측면에서 대기업보다 유연하고 빠르게 대응할 수 있습니다. 이러한 중소기업들이 새로운 가치를 창출할 때, 그 경제적 효과는 더욱 극대화됩니다.

② 중소기업이 새로운 가치를 창출하는 주요 성공 요인

②-1 혁신과 창의성

새로운 가치를 창출하는 중소기업의 핵심은 혁신과 창의성입니다. 대기업은 대규모 자본과 기존의 시스템에 얽매이는 반면, 중소기업은 비교적 유연하고 신속하게 시장 변화에 대응할 수 있습니다. 혁신은 제품, 서비스, 기술, 비즈니스 모델 등 다양한 측면에서 발생할 수 있습니다. 예를 들어, 새로운 기술을 도입하여 제품의 질을 높이거나 생산 공정을 효율화하는 방식으로 새로운 가치를 창출할 수 있습니다.

②-2 기술력과 전문성

많은 중소기업들은 특정 분야에서의 기술력과 전문성을 바탕으로 독자적인 경쟁력을 확보합니다. 특히 4차 산업혁명 시대에 진입하면서 중소기업들이 인공지능(AI), 빅데이터, 사물인터넷(IoT) 등 신기술을 적용하여 새로운 사업 기회를 창출하고 있습니다. 이러한 기술적 전문성은 중소기업이 대기업과 차별화된 경쟁 우위를 가질 수 있는 중요한 요소입니다.

②-3 시장의 변화에 대한 민첩성

중소기업은 시장의 변화에 빠르게 적응할 수 있는 민첩성을 가지고 있습니다. 소비자들의 취향이 빠르게 변화하거나 새로운 규제 및 정책이 시행될 때, 중소기업은 보다 유연하게 그에 맞는 전략을 세우고 실행할 수 있습니다. 이러한 유연성은 특히 빠르게 변화하는 디지털 시장에서 중요한 경쟁력으로 작용합니다.

②-4 글로벌 네트워크와 협업

중소기업들이 글로벌화된 경제에서 성공하려면 다른 기업 및 연구기관과의 협업이 필수적입니다. 글로벌 시장에 진출하기 위해 다양한 파트너십을 구축하고, 해외 시장에서의 경쟁력을 강화하기 위해 현지 시장에 맞는 제품 및 서비스를 개발하는 것이 중요합니다. 국제적 협력은 특히 기술 이전, 새로운 시장 개척, 자원 및 정보의 공유 측면에서 중소기업에게 큰 가치를 제공합니다.

③ 새로운 가치를 창출한 중소기업 사례

③-1 기술 혁신을 통해 성공한 기업: A사

A사는 3D 프린팅 기술을 활용하여 제품 생산 공정을 혁신한 중소기업입니다. 이 회사는 기존의 복잡한 제조 공정을 단순화하고, 소량 생산에도 효율적으로 대응할 수 있는 시스템을 구축했습니다. 이를 통해 A사는 맞춤형 제품을 원하는 고객들에게 새로운 가치를 제공하고, 나아가 환경 친화적인 제조 방법을 통해 지속 가능한 발전을 이루고 있습니다.

③-2 지속 가능성을 중시하는 기업: B사

B사는 환경 보호와 지속 가능한 발전을 목표로 하는 중소기업입니다. 이 회사는 재활용 소재를 활용한 친환경 제품을 개발하여 시장에서 큰 호응을 얻었습니다. B사는 환경에 대한 사회적 책임을 다하면서도 혁신적인 제품 디자인과 생산 방식을 통해 고객에게 새로운 가치를 전달하고 있습니다. 또한, 친환경 제품에 대한 수요가 증가하면서 B사의 매출도 꾸준히 증가하고 있습니다.

③-3 디지털 전환을 선도하는 기업: C사

C사는 디지털 전환을 통해 새로운 가치를 창출한 성공적인 중소기업입니다. 이 회사는 클라우드 기반 소프트웨어 솔루션을 개발하여 중소기업들이 쉽게 디지털화를 할 수 있도록 돕고 있습니다. 특히, 코로나19 팬데믹으로 비대면 서비스가 확대되면서 C사의 솔루션은 더욱 큰 인기를 끌었습니다. 이를 통해 C사는 중소기업의 디지털 전환을 돕는 동시에 자체적인 시장 경쟁력을 강화했습니다.

8-1-2. 중소기업의 신진대사

기업의 폐업은 경제 전체의 생산성 향상에 기여하는 측면이 있는 한편, 생산성이 높은 기업의 폐업도 일정 정도 발생하고 있음을 나타냅니다. 또한, 생산성이 높은 기업의 폐업 배경에는 경영자의 고령화와 후계자 발이 있다고 생각되어 기업의 귀중한 경영 자원을 소산시키지 않는 사업 승계의 대처가 중요성을 늘리고 있다는 것등을 나타냅니다.

"중소기업의 신진대사"는 중소기업이 지속적으로 변화하고 성장하기 위해 내부적으로 어떤 과정을 거치는지 설명하는 개념입니다. 이 주제에 대한 내용을 게 세 가지로 구분하여 작성할 수 있습니다.

① 중소기업의 변화와 혁신 필요성

중소기업은 외부 환경의 변화, 특히 기술 발전, 소비자 요구의 변화, 시장 경쟁의 심화 등에 적응해야 합니다. 대기업에 비해 자원이 한정된 중소기업은 더 빠르고 유연하게 대응할 필요가 있습니다. 이를 위해서는 내부적으로 변화와 혁신을 지속적으로 추진하는 것이 필수적입니다.

①-1 외부 환경의 변화

ⓐ 기술 발전: 4차 산업혁명, 디지털 전환 등으로 인해 중소기업이 전통적인 방식만으로 경쟁력을 유지하기 어렵습니다.

ⓑ 소비자 요구 변화: 소비자의 니즈가 복잡하고 다양해지며, 중소기업은 이를 신속하게 반영할 수 있는 유연성이 요구됩니다.

ⓒ 시장 경쟁 심화: 글로벌화로 인해 경쟁이 치열해지며, 국내외 시장에서 경쟁력을 유지하기 위한 차별화가 필요합니다.

①-2 내부적 변화와 혁신의 필요성

중소기업이 지속적으로 성장하기 위해서는 기존의 운영 방식에서 벗어나 새로운 방식을 도입하고, 조직 구조와 경영 전략을 유연하게 조정할 필요가 있습니다. 이러한 내부 혁신이 중소기업의 생존과 발전에 필수적인 이유입니다.

② 중소기업의 신진대사 과정

중소기업의 신진대사는 기업 내부의 다양한 프로세스가 변화하고 발전하는 과정입니다. 이 과정은 일반적으로 기술 혁신, 인적 자원 관리, 조직 구조 재편성, 시장 전략 변화 등으로 구체화됩니다.

②-1 기술 혁신

기술 도입을 통한 생산성 향상, 효율적 자원 활용, 새로운 제품과 서비스 개발 등이 신진대사의 핵심 요소입니다. 예를 들어, AI와 빅데이터를 활용한 비즈니스 모델 혁신이 중소기업의 신진대사에서 중요한 역할을 합니다.

②-2 인적 자원 관리

인재 확보와 내부 교육을 통한 역량 강화가 필요합니다. 특히 중소기업에서는 제한된 인적 자원을 어떻게 효과적으로 관리하고 활용할지에 대한 전략적 접근이 중요합니다.

②-3 조직 구조 재편성

유연한 조직 구조를 통해 변화에 빠르게 대응할 수 있는 체제를 갖추는 것이 중요합니다. 전통적인 수직적 구조 대신, 소규모 팀 중심의 수평적 구조가 신진대사에 유리할 수 있습니다.

②-4 시장 전략 변화

시장 변화에 따라 기존 제품이나 서비스의 개선 또는 새로운 시장으로의 진출이 필요합니다. 이를 위해 고객의 피드백을 신속하게 반영하고, 데이터 기반의 의사 결정을 하는 것이 중요합니다.

③ 성공적인 신진대사 사례 및 요인

성공적으로 신진대사를 이루어낸 중소기업들은 몇 가지 공통된 특성을 지니고 있습니다. 그 중 대표적인 사례들을 소개하고, 이들이 성공할 수 있었던 요인들을 분석합니다.

③-1 성공 사례

기술 도입을 통한 성장: A 중소기업은 스마트 공정 시스템을 도입해 생산성을 대폭 향상시켰고, 이를 바탕으로 시장에서 경쟁력을 확보했습니다.

시장 확장을 통한 성공: B 중소기업은 기존의 내수 시장에서 해외로 시장을 확장하며 새로운 성장 동력을 확보하였습니다.

③-2 성공 요인

(a) 리더십의 변화 관리 역량: 경영진이 변화에 대한 명확한 비전을 가지고 이를 추진하는 능력이 중요합니다.

(b) 지속적인 학습과 혁신: 시장 변화에 맞춘 지속적인 학습과 내부 혁신 문화가 성공적인 신진대사의 핵심 요소입니다.

(c) 외부 자원 활용: 중소기업은 외부의 지원 프로그램, 기술 협력 네트워크 등을 적극 활용하여 신진대사 과정을 가속화할 수 있습니다.

이와 같은 내용으로 3페이지에 걸쳐 중소기업의 신진대사를 설명할 수 있습니다. 이 과정에서 기업의 혁신 필요성, 신진대사 과정의 구체적 요소, 그리고 성공적인 사례 분석을 통해 실질적인 전략을 제시할 수 있습니다.

8-1-3. 중소기업의 다양성과 기응성의 역할

중소기업·소규모 사업자의 "목표하는 모습"을 4개의 유형으로 분류한 후, 각각의 특징을 분석해, 업종만으로는 파악할 수 없는 이질성을 갖는 것 등을 나타냅니다.

경기 저하 경향이 추이로 업황에도 감염증의 영향에 의한 어려운 상황이 계속될 것으로 전망되는 가운데, 다양한 과제에 조치를 취할 필요가 있음을 나타냅니다

중소기업의 다양성과 기민성의 역할에 대한 논의는 현대 경제 환경에서 매우 중요한 주제입니다. 특히, 중소기업은 대기업에 비해 상대적으로 자원이 제한되어 있지만, 그럼에도 불구하고 특유의 다양성과 기민성을 통해 경쟁력과 지속 가능성을 확보하는 경향이 있습니다. 아래에서 5페이지 분량으로 이 주제를 정리해 보겠습니다.

◈ 서론: 중소기업의 중요성

중소기업(SME, Small and Medium Enterprises)은 전 세계 경제에서 중요한 역할을 합니다. 이들은 혁신, 고용 창출, 지역 경제 활성화 등에서 핵심적인 기여를 하며, 특히 대기업이 시장에서 대응하기 어려운 틈새 시장을 겨냥하는 능력을 갖추고 있습니다. 그중에서도 중소기업의 다양성과 기민성은 이들의 경쟁력과 생존 가능성을 높이는 중요한 요소로 평가받고 있습니다.

① 중소기업의 정의와 특징

중소기업은 국가마다 정의가 조금씩 다르지만, 일반적으로 직원 수나 매출 규모 등을 기준으로 분류됩니다. 이들은 자본과 인력 등에서 대기업에 비해 제한적이지만, 그만큼 유연하고 빠르게 시장 변화에 대응할 수 있다는 특징을 가지고 있습니다. 중소기업의 다양성은 이러한 특징을 기반으로 한 경쟁력의 중요한 부분이며, 기민성은 빠르게 변화하는 경제 환경에서 이들의 성공적인 적응을 가능하게 합니다.

② 중소기업의 다양성

다양성은 중소기업의 중요한 특징 중 하나입니다. 이는 내부적으로 다양한 아이디어와 접근 방식, 그리고 외부적으로 다양한 고객 요구에 대한 적응 능력을 말합니다. 다음은 중소기업의 다양성이 발휘되는 주요 영역입니다.

②-1 조직 구조의 다양성

대기업에 비해 중소기업은 수평적이고 유연한 조직 구조를 갖추고 있습니다. 이러한 구조는 빠른 의사 결정과 변화에 대한 신속한 적응을 가능하게 합니다. 직원들이 보다 다양한 역할을 수행하고, 팀 간 협업이 자연스럽게 이루어지며, 이로 인해 혁신적인 아이디어가 빠르게 실행에 옮겨집니다.

②-2 제품 및 서비스의 다양성

중소기업은 대기업에 비해 소규모의 시장이나 틈새 시장을 겨냥할 수 있는 능력이 뛰어납니다. 대기업이 포괄적으로 다루기 어려운 특정 소비자층의 요구에 맞춘 제품과 서비스를 제공함으로써 경쟁력을 유지할 수 있습니다. 또한, 고객의 요구에 맞춰 빠르게 제품을 변화시키거나 새롭게 도입할 수 있는 유연성을 갖추고 있습니다.

②-3 시장 대응의 다양성

중소기업은 다양한 방식으로 시장에 접근할 수 있습니다. 예를 들어, 지역적 특성을 반영한 마케팅 전략을 채택하거나, 특정 고객층에 맞춘 맞춤형 서비스를 제공함으로써 큰 성과를 거둘 수 있습니다. 대기업은 주로 표준화된 전략을 사용하는 반면, 중소기업은 더 세분화된 전략을 통해 다양한 시장 요구에 대응합니다.

③ 중소기업의 기민성

기민성(Agility)은 중소기업이 급변하는 시장 환경에서 경쟁력을 유지하는 핵심 요소입니다. 대기업에 비해 중소기업은 의사결정 과정이 간결하고 빠르게 변화하는 시장에 적응할 수 있습니다.

③-1 신속한 의사 결정

중소기업은 조직의 규모가 작기 때문에 의사 결정이 신속하게 이루어질 수 있습니다. 이는 변화하는 시장 상황이나 기술 발전에 빠르게 대응하는 데 중요한 요소입니다. 예를 들어, 새로운 기술을 도입하거나 시장 트렌드에 맞춰 제품을 변경하는 과정에서 대기업보다 훨씬 적은 시간이 소요됩니다.

③-2 시장 변화에 대한 민첩성

시장의 변화에 민감하게 반응하는 능력은 중소기업의 생존에 필수적입니다. 특히, 기술 혁신이 빠르게 진행되고 소비자의 요구가 다양해지는 현대 경제에서 중소기업은 빠르게 변화에 적응해야 합니다. 이러한 기민성 덕분에 중소기업은 대기업이 놓치는 시장 기회를 포착하고, 이를 바탕으로 성장할 수 있습니다.

③-3 혁신과 리스크 관리

중소기업은 혁신을 통해 경쟁력을 유지하며, 이는 기민성과 밀접한 관련이 있습니다. 리스크 관리 측면에서 중소기업은 작은 규모 덕분에 시장 변동성에 빠르게 대응할 수 있으며, 필요한 경우 신속히 전략을 수정하거나 방향을 전환할 수 있습니다.

따라서, 정부와 경제 정책 입안자들은 중소기업의 이러한 강점을 강화할 수 있는 정책적 지원을 제공해야 하며, 중소기업들은 내부적으로 지속적인 혁신과 변화를 추구하여 이러한 강점을 유지해 나가야 할 것입니다.

이 정리를 통해 중소기업이 현대 경제에서 다양성과 기민성을 어떻게 활용하고 있는지에 대한 전반적인 이해를 제공할 수 있었습니다.

◈ 중소기업의 경영개신과 활성화

시장의 변화에 민감하게 반응하는 능력은 중소기업의 생존의 필수적 요소입니다. 기민성(Agility)은 중소기업이 급변하는 시장환경에서 경쟁력 유지 강화하는 핵심 요소입니다.

새로운가치 창출은 중소기업의 미래와 성장 가능성보여주는 단면이라 할 것입니다. 중소기업의 경영개선과 활성화를 지향하는 그림 8-1. 중소기업 경영개선 가치창조 모형을 참조 하시기 바랍니다.

중소기업의 경영개선 가치창조 모형

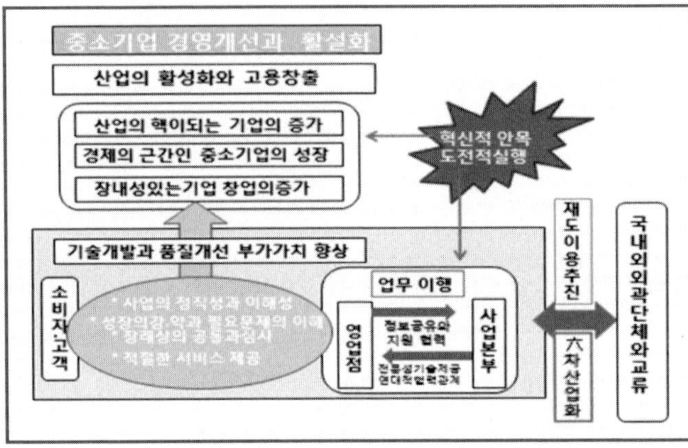

새로운가치 창출하는 중소기업

요약

결론: 중소기업의 미래와 성장 가능성

새로운 가치를 창출하는 중소기업은 경제 성장과 사회적 발전에 큰 기여를 하고 있으며, 특히 4차 산업혁명, 지속 가능한 발전, 글로벌화와 같은 현대적 트렌드 속에서 중요한 역할을 하고 있습니다. 이들은 혁신, 기술력, 시장 적응력, 글로벌 네트워크와 같은 요소를 바탕으로 지속 가능한 경쟁력을 구축하고 있습니다. 앞으로도 중소기업들이 지속적인 성장을 이루기 위해서는 혁신적인 사고와 기술적 발전이 필수적이며, 이를 통해 더 나은 사회와 경제를 구축하는 데 기여할 수 있을 것입니다.

중소기업은 그들만의 독특한 다양성과 기민성을 통해 대기업과 차별화된 경쟁력을 발휘합니다. 다양성은 중소기업이 다양한 제품, 서비스, 그리고 시장 접근 방식을 통해 고객의 요구를 충족시키는 능력을 키우며, 기민성은 변화하는 경제 환경에서 신속하게 대응하고 적응할 수 있는 능력을 부여합니다. 이 두 요소는 중소기업의 생존과 성장을 이끄는 핵심 동력이며, 중소기업이 미래에도 경제 발전에 기여할 수 있는 중요한 이유입니다.

성공Point. 22

1. 차이를 인정하라

사회조직에 있어서 사회적 지위가 높고 낮음은 필연적인 순리이다. 이때 타인과의 격차를 인정하고 사회조직 순리를 따라야 당신 미래발전을 위한 현명한 선택이 될 수 있다. 당신보다 사회적 신분이나 지위가 높은 사람들과 교제를 피한다고 해서 그사람과의 격차가 줄어드는 것은 아니다. 오히려 격차는 더욱 벌어지는 것이다. 성공하고 앞서가는 사람들과 친분을 쌓도록 노력하라. 당신의 사고방식이 바뀌면 앞서가는 사람들과 격차를 줄일 수 있다.

2. 돈은 목적이 아니라 수단으로 생각하라

돈이 목적이 된다면 돈을버는 당신이 수단이되고 다른사람 역시 수단으로 보일뿐이다. 돈이란 사람들과의 약속한 만물척도의 매개물이기 때문에 약속을 믿는 사람들과 더불어 삶의 목적과 가치를 이루는 수단으로 필요하다. 돈에 대한 올바른 마음가짐은 돈을 사랑하는 것이다. 돈을 사랑한다는 것은 돈이 꿈의 실현이나 삶의 보람을 창조해주는 중개의 역할을 하고 있기때문이다.

8-2 새로운 가치 창출을 위한 대처

기업이 창출하는 부가가치와 노동생산성은 수익 확대에서 임금 인상으로의 선순환을 계속하기 위해서는 기점이되는 기업이 창출하는 부가가치 자체를 증대시켜 나가는 것이 필요한 것 등을 나타냅니다.. 새로운 사업 영역·분야에의 진출은 수량 증가나 단가 상승에 유효하다는 것, 기존 영역에서의 차별화의 대처로 제품·서비스 개발에 임하는 기업의 노동생산성 상승폭이 큰 등을 나타냅니다.

8-2-1. 새로운 가치 창출을 위한 대처 방안은

빠르게 변화하는 사회, 기술, 경제 환경에 대응하여 혁신과 성장을 촉진하는 전략입니다. 이러한 방안을 실천하려면 다양한 접근이 필요합니다. 다음은 새로운 가치를 창출하기 위한 주요 대처 방안입니다.

① 혁신적인 제품 및 서비스 개발

(1) 고객의 니즈 파악: 고객의 변화하는 요구와 기대를 지속적으로 파악하고 분석하여 그에 맞는 새로운 제품이나 서비스를 기획합니다.

(2) 기술 융합: 인공지능(AI), 블록체인, 빅데이터 등 최신 기술을 활용해 기존 제품이나 서비스에 새로운 가치를 더할 수 있습니다.

(3) 지속 가능한 개발: 환경 보호와 사회적 책임을 고려한 제품 및 서비스 개발은 미래 세대에게도 가치를 제공할 수 있는 지속 가능한 성장의 원동력이 됩니다.

② 디지털 전환

(1) 디지털 플랫폼 활용: 전통적인 비즈니스 모델을 디지털화하거나 온라인 플랫폼을 적극적으로 활용하여 고객과의 소통 채널을 확대하고 효율성을 증대시킵니다.

(2) 데이터 기반 의사결정: 빅데이터 분석을 통해 고객 행동을 예측하고, 제

품 및 서비스 개선에 반영할수 있습니다.

(3) 자동화와 인공지능 도입: 업무 프로세스의 자동화를 통해 비용 절감 및 효율성을 극대화할 수 있으며, AI를 활용한 맞춤형 고객 서비스 제공이 가능합니다.

③ 새로운 비즈니스 모델 구축

(1) 구독 경제 모델: 제품이나 서비스를 구독 형태로 제공하여 지속적인 수익 창출을 꾀합니다. 이는 고객과의 장기적 관계를 구축할 수 있는 방식입니다.

(2) 플랫폼 비즈니스: 단일 제품 판매에서 벗어나 플랫폼을 통해 다양한 서비스나 제품을 연계하는 방식으로 비즈니스의 범위를 확장할 수 있습니다.

(3) 공유 경제 활용: 자원을 공유하는 경제 모델을 통해 초기 투자 비용을 줄이면서도 고객에게 다양한 선택지를 제공할 수 있습니다.

④ 협력과 파트너십 강화

(1) 산업 간 협력: 다른 산업과의 협업을 통해 새로운 가치를 창출할 수 있습니다. 예를 들어, IT와 헬스케어가 결합해 새로운 헬스케어 솔루션을 제공하는 방식입니다.

(2) 오픈 이노베이션: 외부 아이디어와 기술을 적극 수용하는 개방형 혁신 모델을 도입하여 더 빠르고 효과적인 혁신을 촉진할 수 있습니다.

(3) 글로벌 파트너십: 글로벌 시장으로의 진출을 고려해 다른 국가와의 파트너십을 통해 새로운 시장 기회를 창출할 수 있습니다.

⑤ 창의성과 유연성 증대

(1) 조직 문화 혁신: 창의성을 촉진하는 조직 문화를 조성하여 직원들이 자유롭게 아이디어를 제안하고, 실험할 수 있도록 합니다.

(2) 유연한 조직 구조: 수평적이고 유연한 조직 구조를 통해 변화하는 시장에 빠르게 대응할 수 있습니다.

(3) 학습과 성장의 기회 제공: 직원들에게 지속적인 학습 기회를 제공하여 새로운 기술과 트렌드에 빠르게 적응하도록 돕습니다.

⑥ 고객 중심 전략

(1) 고객 경험 최적화: 고객이 제품이나 서비스를 이용하는 모든 과정을 세심하게 분석하여 더 나은 경험을 제공하는 것이 중요합니다.

(2) 맞춤형 서비스 제공: 고객 데이터를 분석하여 맞춤형 서비스를 제공하고, 고객의 개별 요구를 충족시킬 수 있는 방안을 모색합니다.

(3) 커뮤니티 구축: 고객과 긴밀한 관계를 유지하고 소통할 수 있는 커뮤니티를 구축하여 브랜드 충성도를 높입니다.

8-2-2. 변화속에서, 위기를 극복하는 힘

사회가 크게 변화하는 가운데, 중소기업·소규모 기업의 경영자에게 기대되는 자기 변혁 그리고 주위 관계자와의 관계 방식의 재구성에 대해 검토 재료를 제공합니다. 또한, 전형적인 예로서 재해 대책에 대해 분석을 실시 합니다.

위기 극복을 위한 역량 배양에 대한 개념은 다양한 분야에서 중요하게 다루어지며, 개인이나 조직이 예기치 못한 상황에서 효과적으로 대응할 수 있는 능력을 기르는 것을 의미합니다. 이를 위해 필요한 핵심 요소들을 정리하면 다음과 같습니다:

① 문제 해결 능력

위기 상황에서는 빠르고 정확한 문제 해결 능력이 필수적입니다. 이를 위해 논리적 사고와 창의적 접근이 필요하며, 다양한 가능성을 고려하여 최선의 해결책을 찾아내는 훈련이 요구됩니다.

② 심리적 회복력 (레질리언스)

위기를 극복하려면 좌절하거나 낙담하지 않고 빠르게 회복할 수 있는 심리적 강인함이 필요합니다. 이를 기르기 위해서는 긍정적인 마인드셋과 실패를 배움의 기회로 삼는 자세가 중요합니다.

③ 대처 전략 개발

위기 상황에 미리 대비할 수 있는 전략을 세우는 것이 중요합니다. 위기 대응 시나리오를 준비하고, 다양한 상황에 맞춰 대처할 수 있는 유연한 계획을 수립해야 합니다.

④ 리더십과 팀워크

위기 상황에서 리더십은 중요한 역할을 합니다. 명확한 의사 결정, 팀 구성원의 역할 분담, 의사소통 능력을 통해 위기를 효율적으로 관리할 수 있어야 합니다. 또한 팀원들 간의 협력과 신뢰가 필수적입니다.

⑤ 변화 관리 능력

위기 상황은 종종 급격한 변화와 불확실성을 동반합니다. 변화에 대한 적응력과 이를 관리하는 능력은 위기 극복에 중요한 역할을 합니다. 변화하는 환경에 민첩하게 대응하고 유연하게 대처하는 것이 필요합니다.

⑥ 스트레스 관리

위기 상황에서는 정신적, 신체적으로 큰 스트레스를 받을 수 있습니다. 효과적인 스트레스 관리 방법을 익혀야 위기 속에서도 침착하게 행동할 수 있으며, 이를 통해 장기적인 극복 가능성이 높아집니다.

⑦ 정보 수집 및 분석 능력

정확한 정보와 데이터를 기반으로 상황을 파악하는 것이 위기 극복의 첫걸음입니다. 신속하게 정보를 수집하고 이를 분석하여 상황을 평가하는 능력을 배양하는 것이 중요합니다.

8-2-3. 부가가치 획득을 위한 거래관계 구축

중소기업이 스스로의 강점을 발휘하고 부가가치를 획득해 나가기 위해서는 각각의 기업이 협상력을 높임과 동시에 거래조건의 개선을 도모할 필요가 있음, 양호한 거래관계 구축에 향해서는 대기업을 포함한 발주측 사업자에게 요구되는 역할도 큰 것을 나타냅니다. 경쟁사에 비해 제품·서비스에 우위성을 가진 기업 중에도 우위성이 가격에 충분히 반영되어야 존속이 가능해 집니다.

부가가치 회득을 위한 거래관계 구축은 기업이 더 높은 부가가치를 창출하고 이를 통해 경쟁 우위를 확보하기 위한 전략적인 활동입니다. 이를 위해서는 거래관계의 다양한 측면을 고려해야 하며, 그 과정에서 주요 전략을 몇 가지로 징리힐 수 있습니다.

① 신뢰 기반의 장기적 파트너십 구축

신뢰는 거래관계에서 가장 중요한 요소 중 하나입니다. 장기적인 협력을 위해 상호 신뢰를 구축하고 이를 유지하는 것이 중요합니다. 신뢰 관계가 형성되면 정보 교환이 원활해지고, 상호 협력이 강화되며, 비용을 절감할 수 있습니다.

장기적인 관계는 갑작스러운 시장 변화에도 대응하기 쉬우며, 공급망을 안정적으로 유지할 수 있게 합니다.

② 협력적 혁신 및 기술 교류

협력적 혁신을 통해 기업 간에 새로운 아이디어와 기술을 공유하면 각 기업이 단독으로 추진할 때보다 더 큰 부가가치를 창출할 수 있습니다.

거래관계에서 혁신적인 기술을 서로 교환하거나 공동 연구를 진행하는 등 기술적 협력은 새로운 시장 기회를 창출할 수 있습니다.

③ 고객 중심의 가치 제공

고객이 원하는 것을 파악하고, 이를 제공하기 위해 거래 관계를 구축하는 것이 핵심입니다. 고객의 요구에 맞춰 제품이나 서비스를 개선하고, 고객이 만족할 수 있는 가치를 제공하는 것이 중요합니다.

고객 만족도가 높을수록 고객의 충성도가 증가하고, 장기적으로 매출 성장으로 이어질 수 있습니다.

④ 공급망 최적화 및 효율성 향상

공급업체, 유통업체 등과의 관계를 효율적으로 관리하면 비용 절감과 품질 개선을 동시에 달성할 수 있습니다.

공급망의 투명성과 효율성을 높이는 거래관계 구축은 비용 절감과 동시에 고객에게 더 빠르고 안정적으로 서비스를 제공할 수 있는 방법입니다.

⑤ 공동 마케팅 및 브랜딩

파트너 기업과 공동 마케팅을 진행하거나 브랜딩 전략을 함께 구축함으로써 각 기업의 인지도를 높일 수 있습니다. 이를 통해 더 큰 소비자 기반에 접근할 수 있으며, 각 파트너가 가진 강점을 활용해 상호 이익을 극대화할 수 있습니다.

⑥ 가치 사슬의 상호 보완성 극대화

각 기업의 가치 사슬을 분석하여 거래 파트너 간 상호 보완적인 역할을 강화하면 더 큰 시너지 효과를 기대할 수 있습니다. 예를 들어, 한 기업의 생산 능력과 다른 기업의 유통 네트워크가 결합되면 더 넓은 시장에 제품을 효율적으로 공급할 수 있습니다.

⑦ 학습과 성장의 기회 제공

직원들에게 지속적인 학습은 연구개발로 새로운 가치를 창출하여 변화하는 시장에 도전하고 적응하는 기회를 제공하여 새로운 트렌드에 빠르게 적응하도록 돕습니다.

경쟁사에 비해 제품의 품질이나 원가조성의 우위성이나 기술적·서비스에서도 우위성을 가진 기업으로 존속이 가능해 집니다. 이를 지속 발전하기 위하여 공공 연구기괌과 제휴 공동 연구개발 함으로서 새로운 가치창출로 국가산업발전에 기여도를 높여 나갈수 있을 것입니다.

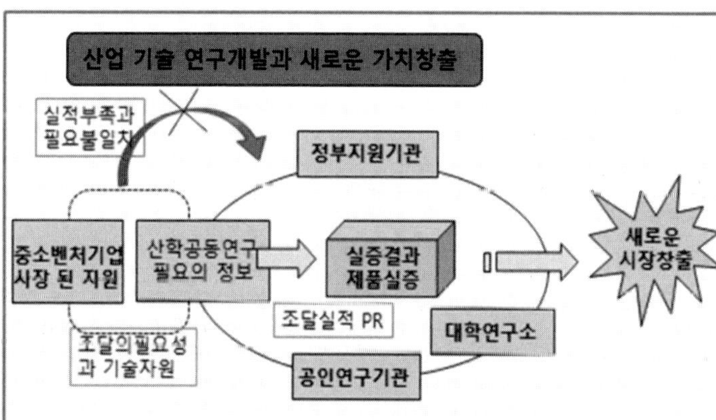

그림 8-2. 산업 기술 연구개발과 새로운 가치창출 모형

새로운 가치 창출을 위한 대처

요약

▶ 지속 가능한 성장 전략

- 환경적 책임감 증대: 기업의 환경적 책임을 중요시하여 친환경 제품이나 서비스를 개발하고, 자원 순환 체계를 구축합니다.
- 사회적 가치 창출: 기업 활동이 사회적 문제 해결에 기여할 수 있도록 사회적 가치를 중시한 경영 전략을 도입합니다.
- 장기적 비전 설정: 단기 이익보다는 장기적인 성장을 목표로 하여 미래를 대비한 투자를 진행합니다. 이러한 방안들은 변화하는 환경 속에서 새로운 가치를 창출하는 데 중요한 요소입니다. 각 기업이나 조직의 상황에 맞게 적절히 조합하고 실행하는 것이 성공의 열쇠입니다.

▶ 판단력과 실행력

위기 상황에서 결정을 내리고 이를 빠르게 실행하는 것이 중요합니다. 모든 상황을 완벽하게 예측할 수 없으므로, 불완전한 정보 속에서도 결단력 있게 행동할 수 있는 능력을 키워야 합니다. 위와 같은 요소들은 개인과 조직이 위기를 마주했을 때 유연하고 효과적으로 대처할 수 있도록 돕는 핵심 역량입니다. 이를 통해 위기를 기회로 전환하고 더 나은 성장을 도모할 수 있습니다.

▶ 결론(結論)으로

부가가치 회득을 위한 거래관계 구축은 단순히 거래 상대와의 일회성 거래를 넘어서, 장기적이고 협력적인 관계를 형성해 나가는 과정입니다. 신뢰 구축, 혁신 협력, 고객 중심의 가치 제공, 효율성 향상, 공동 마케팅 등 다양한 전략을 종합적으로 활용하면 더 높은 부가가치를 창출할 수 있습니다.

성공Point. 23

1. 상대방의 장점만 보라

사람은 누구나 장점과 단점을 가지고 있다. 장점을 살려나가는 사람은 성공하는 사람이 되고 단점에서 벗어나지 못하는 사람은 어려운 굴레에서 탈출을 못하는 사람이 된다. 세상에 단점이없는 완벽한 사람은 없다. 타인을 대할 때 상대방의 장점만 주의력을 집중시킨다면 그사람의 단점은 눈에보이 않을 것이다. 함부로 상대방에 대한 평가를 내리지 말라. 사람은 누구나 개인적인 이익을 위해 크고 작은 수단과 방법을 강구하기 마련이다. 만약 합리적이고 공정하게 사람을 기용한다면 당신을 속이는 일은 없을 것이다.

2. 꿈을 달성하기위한 목표치와 시기를 결정하라

잘못된 목표의 설정은 목표를 달성하였다 하더라도 성취감을 느끼지 못한다. 정확한 목표없는 프로세스는 실패한다. 목표없이 일을 진행하는 사람은 기회가와도 기회를 모르고 지나간다. 정확한 플랜에 따라 프로젝트가 이행되어야 한다. 무엇을, 언제, 어떻게, 얼마나, 언제까지 등

8-3 사업의 경쟁력 강화 구조개혁

8-3-1. 사업의 경쟁력 높이는 디지털화

디지털화 방안은 변화하는 시장 환경에서 필수적입니다.

코로나 바이러스 감염증 유행에 의해 중소기업의 디지털화에 대한 의식이 높아진 것, 사업 계속력 강화의 관점에서 디지털화에 임하는 기업이 증가하고 있습니다. 또한 중소기업에서의 디지털화의 과제를 분석하고, 디지털화에 적극적인 조직문화의 양성과 경영자의 관여, 전사적인 추진체제 구축, 업무 프로세스의 재검토에 임하고 있습니다.

사업의 지속력과 경쟁력을 높이기 위한 디지털화 방안은 변화하는 시장 환경에서 필수적입니다. 이를 통해 기업은 효율성을 높이고, 시장 변화에 민첩하게 대응하며, 고객과의 관계를 강화할 수 있습니다. 아래는 디지털화를 통한 사업의 지속력 및 경쟁력 강화를 위한 주요 전략입니다:

① 디지털 전환 전략 수립

- 명확한 목표 설정: 디지털화의 목적을 명확하게 정의해야 합니다. 생산성 향상, 비용 절감, 고객 경험 개선 등 목표에 따라 전략을 수립합니다.
- 조직 문화 변화: 디지털 전환은 기술뿐만 아니라 조직의 문화도 변화해야 성공할 수 있습니다. 이를 위해 혁신적인 사고와 기술 수용을 촉진하는 문화를 만들어야 합니다.

② 클라우드 및 데이터 기반 인프라 도입

- 클라우드 컴퓨팅 도입: 클라우드 기술을 통해 비즈니스의 유연성을 극대화할 수 있습니다. 운영 비용 절감, 빠른 확장성, 재해 복구 능력을 강화할 수 있습니다.
- 데이터 분석 및 AI 활용: 데이터를 분석해 고객 행동 및 시장 트렌드를 파악하고, AI 기술을 통해 예측 및 자동화된 의사결정을 내릴 수 있습니다.

③ 고객 중심 디지털 솔루션 도입

• 디지털 고객 경험 개선: 웹사이트, 모바일 애플리케이션, 소셜 미디어 등 다양한 채널에서 고객 경험을 개선하는 디지털 솔루션을 도입해야 합니다. 개인화된 서비스 제공 및 고객 만족도 향상에 중점을 둡니다.
• CRM(고객 관계 관리) 시스템 도입: 고객과의 상호작용을 체계적으로 관리하고 분석할 수 있는 CRM 시스템을 통해 고객 충성도를 높이고, 새로운 비즈니스 기회를 창출할 수 있습니다.

④ 자동화 및 생산성 향상

• 업무 프로세스 자동화(RPA): 반복적이고 단순한 업무를 자동화해 인적 자원을 보다 창의적이고 가치 있는 업무에 투입할 수 있습니다.
• IoT(사물인터넷) 기술 활용: IoT를 통해 실시간 데이터를 수집하고, 이를 바탕으로 생산성을 극대화하고, 자산을 효율적으로 관리할 수 있습니다.

⑤ 사이버 보안 강화

• 보안 인프라 강화: 디지털화가 진행됨에 따라 사이버 보안 위협이 증가합니다. 따라서 강력한 보안 시스템 구축과 정기적인 보안 점검이 필수적입니다.
• 보안 교육 및 훈련: 직원들에게 보안 인식 교육을 제공하고, 보안 위협에 대한 대응 역량을 강화해야 합니다.

⑥ 애자일(Agile) 방식 도입

• 민첩한 개발 및 운영 프로세스: 애자일 방식을 통해 빠르게 변화하는 환경에 대응할 수 있도록 개발 주기를 짧게 하고, 유연한 피드백 시스템을 도입해야 합니다. 이를 통해 빠른 출시와 시장 적응력을 높일 수 있습니다.
• DevOps 도입: 개발과 운영을 통합해 소프트웨어의 품질을 높이고, 출시 시간을 단축할 수 있습니다.

⑦ 디지털 교육 및 인력 강화

• 디지털 역량 강화 교육: 디지털 도구 및 기술 사용에 대한 교육을 직원

들에게 제공해 전사적인 디지털 역량을 향상시킵니다.

- 전문 인력 채용: 디지털화 과정에서 필요한 데이터 분석가, AI 전문가, 클라우드 엔지니어 등 전문 인력을 확보합니다.

⑧ 신규 디지털 비즈니스 모델 개발

- 플랫폼 비즈니스 모델 도입: 기존 비즈니스 모델을 디지털 플랫폼으로 전환해 새로운 수익 구조를 창출합니다. 예를 들어, 서비스형 제품(PaaS) 또는 구독형 서비스(SaaS)를 통해 지속적인 수익을 창출할 수 있습니다. E-커머스 및 온라인 채널 확장은 온라인 판매 채널을 확장하고, 디지털 마케팅 전략을 통해 더 많은 고객에게 도달할 수 있습니다.

⑨ 파트너십 및 외부 생태계 활용

- 오픈 이노베이션(Open Innovation): 외부 기업과 협력해 기술 개발 및 시장 진출을 가속화합니다. 이를 통해 새로운 아이디어와 기술을 빠르게 도입할 수 있습니다.
- 스타트업과의 협력: 유망한 스타트업과 협업해 혁신적인 기술을 도입하고, 시장에서의 경쟁력을 강화할 수 있습니다.

8-3-2. 재무 · 수익성 향상과 경영 전략

환경변화에 따른 경영전략의 재검토 등의 대처에 대해 분전 합니다.

게나가 사입의 지속력 강화 및 추가 성장·발전을위한 디지털화, 사업 승계, M&A등에 관한 대처에 대해서도 분석 검토합니다. 중소기업·소규모 사업자의 다양성을 바탕으로 목표로 하는 역할과 기능에 따른 유형으로 분류되는 특징의 방향성으로 나타냅니다.

중소기업에서 재무 수익성을 향상시키기 위한 경영전략은 여러 가지가 있지만, 회사의 규모와 업종에 따라 다르게 적용될 수 있습니다. 아래는 다양한 상황에서 적용할 수 있는 몇 가지 주요 전략입니다.

① 비용 절감

- 고정비 관리: 임대료, 인건비 등 고정비를 줄이는 방법을 모색합니다. 예를 들어, 공간을 공유하거나 유연한 근무 형태를 도입하여 인건비를

절감할 수 있습니다.

- 공급망 최적화: 공급업체와의 협상을 통해 원가를 절감하거나, 새로운 공급업체를 발굴해 비용 효율을 높일 수 있습니다.
- 자동화 및 기술 도입: 생산 과정에서 자동화 기술을 도입하거나 소프트웨어를 통해 반복 업무를 효율적으로 처리하면 인건비 절감과 생산성 향상을 동시에 이룰 수 있습니다.

② 수익성 개선

- 고부가가치 제품 개발: 가격 경쟁이 심한 시장에서 벗어나 고객에게 더 많은 가치를 제공할 수 있는 제품이나 서비스를 개발하여 마진을 높일 수 있습니다.
- 차별화된 서비스 제공: 경쟁사와 차별화된 서비스를 제공하여 고객 충성도를 높이고, 고객 당 수익을 증대시킬 수 있습니다.
- 가격 전략 최적화: 시장의 반응에 따라 가격을 조정하거나, 프리미엄 제품군을 추가하여 수익을 극대화할 수 있습니다.

③ 재무 구조 개선

- 자본 조달 전략 개선: 필요 시 저금리 대출, 정부 지원금, 투자 유치 등을 통해 자금을 확보하고, 이를 효율적으로 운용하는 것이 중요합니다.
- 부채 구조 개선: 고금리 부채를 낮은 금리의 부채로 전환하거나, 상환 기간을 조정하여 재무 부담을 줄일 수 있습니다.
- 재고 관리 최적화: 불필요한 재고를 줄이고 재고 회전율을 높이면 자금을 효율적으로 활용할 수 있습니다.

④ 마케팅 및 판매 전략 강화

- 디지털 마케팅 활용: 비용 대비 효율이 높은 온라인 마케팅 전략을 사용하여 더 많은 고객을 유치할 수 있습니다.
- 고객 관계 관리(CRM) 시스템 도입: 기존 고객과의 관계를 강화하고, 재구매를 유도하여 고객 생애 가치를 극대화할 수 있습니다.
- 신시장 개척: 현재 시장에서 벗어나 해외 시장 또는 새로운 고객 세그먼트를 공략하는 것도 수익성을 높일 수 있는 방법입니다.

⑤ 리스크 관리

- 위험 분산: 특정 제품, 고객, 시장에 대한 의존도를 낮추고, 다양한 수익원을 확보하여 리스크를 분산할 수 있습니다.
- 환율, 금리 등의 외부 요인 모니터링: 외부 경제 환경 변화를 면밀히 모니터링하고 그에 맞는 대응 전략을 세워 리스크를 관리할 수 있습니다.

이러한 전략들을 중소기업의 상황에 맞게 조정하고, 실행 가능한 계획으로 구체화하는 것이 재무 수익성을 향상시키는 핵심입니다.

8-3-3. 구조 변화에의 대응력

중소기업·소규모 기업 경영자에게 자기 변혁의 능력이 요구되어 집니다.

인구감소, 디지털화, 글로벌화 등 경제·사회구조의 변화 속에서 중소기업이나 소규모 기업의 경영자가 어떻게 행동변용해야 하는지, 또한 이해관계자와의 관계를 어떻게 재구축 테이 해야 할지, 데이터나 사례를 사용해 힌트를 나타냅니다.

구조 변화에 대응력을 배양하는 방안은 개인, 조직, 국가 차원에서 빠르게 변화하는 환경에 적응하고 경쟁력을 유지하기 위해 필수적입니다. 이를 효과적으로 실행하기 위한 몇 가지 방안을 정리해보겠습니다.

① 유연성 및 적응력 강화

(1) 개인 차원: 다양한 기술과 지식을 습득하고, 빠르게 변화하는 환경에 적응하는 능력을 기르기 위해 지속적인 자기계발이 필요합니다. 예를 들어, 새로운 기술 트렌드나 산업 변화에 대한 학습을 통해 미래 변화에 대비할 수 있습니다.

(2) 조직 차원: 조직 내 유연한 업무 구조를 도입해 변화에 신속하게 대응할 수 있도록 해야 합니다. 이를 위해 애자일(Agile) 방식이나 린(Lean) 경영 방식을 도입하여 변화에 대한 신속한 대응과 적응을 가능하게 합니다.

(3) 국가 차원: 정부는 규제 완화, 기술 혁신을 지원하는 정책을 통해 사회 전반의 변화 대응력을 높일 수 있습니다. 특히 새로운 산업의 성장을 촉진하는 법적/제도적 장치를 마련하여 산업 구조의 변화에 대응합니다.

② 기술 혁신과 디지털 전환

(1) 개인 차원: 4차 산업혁명 시대에 맞추어 인공지능(AI), 빅데이터, 사물인터넷(IoT) 등 새로운 기술을 학습하고 활용하는 능력을 기르는 것이 중요합니다.

(2) 조직 차원: 디지털 전환을 통해 업무 프로세스를 자동화하고 데이터 기반 의사결정을 강화합니다. 이를 통해 조직은 빠르게 변화하는 시장과 환경에 유연하게 대응할 수 있습니다.

(3) 국가 차원: 국가 차원에서는 IT 인프라 구축 및 연구 개발(R&D)에 대한 지원을 통해 디지털 경제의 기반을 마련해야 합니다. 또한 디지털 격차를 줄이기 위한 교육 정책과 기술 훈련을 강화할 필요가 있습니다.

③ 지속적인 학습 문화 정착

(1) 개인 차원: 평생 학습의 중요성을 인식하고, 끊임없이 새로운 지식과 기술을 습득하는 습관을 기르는 것이 중요합니다.

(2) 조직 차원: 구성원들이 지속적으로 학습할 수 있는 환경을 조성해야 합니다. 직무 관련 교육 프로그램을 제공하거나, 외부 교육 참여를 장려하는 방안을 통해 변화에 적응할 수 있는 인재를 육성합니다.

(3) 국가 차원: 국가 교육 정책에서 평생 교육 시스템을 강화하여 국민들이 일생에 걸쳐 변화에 적응할 수 있는 능력을 배양할 수 있도록 지원합니다.

사업의 경쟁력 강화 구조개혁

요약

▶ 지속 가능한 디지털화

환경 친화적 기술 도입: 지속 가능성을 고려한 디지털 기술(예: 에너지 효율성 높은 데이터 센터, 전자 폐기물 최소화)을 도입해 장기적인 성장을 도모합니다.

CSR(기업의 사회적 책임) 강화: 디지털 기술을 통해 사회적 문제를 해결하는 비즈니스 모델을 개발해 기업 이미지 및 브랜드 가치를 높일 수 있습니다.

이와 같은 디지털화 방안을 통해 기업은 지속적으로 변화하는 시장 환경에서 경쟁력을 유지하고, 새로운 기회를 창출할 수 있습니다.

▶ 미래 예측 및 선제적 대응

조직 차원: 시장 조사와 빅데이터 분석 등을 통해 미래 시장의 변화에 대한 예측을 강화하고, 이를 토대로 선제적 전략을 수립해야 합니다. 국가 차원: 미래 사회에 대한 장기적인 예측을 바탕으로 국가 정책을 수립하고, 인구 변화, 기술 발전, 환경 변화 등에 대응할 수 있는 방안을 마련해야 합니다. 구조 변화는 피할 수 없는 과정이므로, 이를 대비하기 위한 다양한 차원에서의 대응력 배양이 중요합니다.

▶ 위기 관리 능력 향상

위기 상황에서도 침착하게 대처할 수 있는 심리적 안정과 문제 해결 능력을 기르는 것이 중요합니다. 조직 차원: 위기 관리 프로세스를 마련하고, 시나리오 기반의 훈련을 통해 위기 대응 능력을 높이는 것이 중요합니다. 이를 통해 예상치 못한 변화에도 효과적으로 대응할 수 있습니다. 국가 차원에서는 경제, 사회, 환경적 위기에 신속하게 대응할 수 있는 매뉴얼을 마련하고, 위기 상황에 대비한 훈련을 주기적으로 실시해야 합니다.

성공 Point. 24

1. 성공의 밑거름이 되어줄 조력자를 찾아라

사업의 성공여부는 인재를 만나느냐 못만나느냐에 달려있다. 매사는 재인이라 하였다. 적재적소(適材適所)에 인재기용(人材起用)하면 업무는 80%달성이란 말이 있다. 인재 등용이 어렵다는 것이다. 훌륭한 인재를 조력자로 얻으면 당신의 성공을 10년이상 앞당길수 있다. 사람을 볼 때 그사람의 현재의 모습보다 그 사람의 잠재능력 미래의 가치를 보라.

2. 타고난 적성을 찾아 천직으로 삼아라

자신의 적성에 맞는 천직을 깨닫지 못하면 행복하기 어렵다. 인생의 최대의 비극은 많은사람들이 자기가 진정으로 하고싶은 일이 무엇인지 알지 못하고 있다는 것이다. 우리인간은 누구나 바닥을 알 수 없는 거대한 가능성을 가지고 태어났다. 그것을 이끌어 내는 것이 천직이다.억만장자가 되기위한 자격을 아는가? 그것이 천직에 종사하는 것이다.

8-4 생각을 바꾸면 길이 있다

8-4-1 생각을 바꾸면 개인 • 사회 • 경제에 영향

① 개인적인 변화

"생각을 바꾸면 길이 있다"는 말은 개인의 성장과 발전에 있어서도 매우 의미 있는 통찰을 제공합니다. 이는 고정된 사고방식을 유연하게 바꾸어 나갈 때, 예상치 못한 해결책과 기회가 열린다는 점을 강조합니다. 개인적 차원에서 생각의 전환이 가져올 수 있는 몇 가지 변화를 살펴보겠습니다.

①-1 문제 해결 능력의 향상

고정관념에 얽매이지 않고 문제를 다른 시각에서 바라보면 새로운 해결책을 발견하기 쉽습니다. 예를 들어, 실패를 부정적인 경험으로만 생각하지 않고, 배움의 기회로 재해석한다면 비슷한 문제에 대처하는 방법이 훨씬 유연해질 수 있습니다. 이로 인해 어려운 상황에 직면했을 때 좌절하지 않고, 이를 계기로 삼아 성장할 수 있게 됩니다.

①-2 자기 계발과 도전 의지 강화

생각을 바꾸면 새로운 가능성을 발견하고 도전의식이 강해집니다. 기존의 관습이나 습관에 얽매이지 않고 새로운 것을 배우고 경험하는 데 더 개방적이 되어, 개인적인 성장과 자기 계발의 기회가 많아집니다. 예를 들어, 새로운 분야를 배우는 것에 두려움을 느끼던 사람이 "배우는 속도를 높일 수 있다"는 사고방식으로 접근한다면, 자신감이 생기고 더 많은 시도를 하게 됩니다.

①-3 긍정적인 마인드와 회복 탄력성

생각을 전환하는 것은 긍정적인 마인드를 갖게 하는 데에도 큰 역할을 합니다. 실패를 두려움의 대상으로만 보는 것이 아니라, 하나의 과정으로 생각하는 방식은 회복 탄력성(resilience)을 높이고, 시련이나 역경에도 유연하게 대처할 수 있는 마음가짐을 길러줍니다. 이는 스트레스 관리에 효과적이며, 더 행복하고 안정된 삶을 사는 데에도 도움이 됩니다.

①-4 인간관계 개선

개인의 사고방식 변화는 대인관계에도 큰 영향을 미칩니다. 자신과 타인을 이해하고 수용하는 마음을 갖게 되면, 편견이나 선입견 없이 상대방을 바라보게 됩니다. 예를 들어, 상대방의 행동을 이해하지 못할 때 이를 부정적으로만 받아들이기보다는 "다른 관점이 있을 수도 있다"는 열린 사고로 접근하면 오해를 줄일 수 있고, 더 건강한 관계를 형성하게 됩니다.

①-5 인생의 목표와 가치관 재정립

마지막으로 생각을 전환하는 과정에서 인생의 목표와 가치관에 대한 새로운 통찰을 얻을 수 있습니다. 자신의 잠재력과 능력을 긍정적으로 바라보는 습관이 길러지면, 단순히 외적인 성공이나 결과에 얽매이지 않고, 자신이 진정으로 원하는 목표를 향해 나아갈 수 있게 됩니다. 이는 삶의 만족도를 높이고, 자신의 가치관에 맞는 삶을 살 수 있는 길을 열어줍니다.

결국, 생각을 바꾸면 개인의 성장과 발전에 있어서도 다양한 가능성을 열 수 있습니다. 고정된 사고방식을 유연하게 변화시키고, 상황을 긍정적으로 받아들이는 자세를 통해 더 풍요롭고 의미 있는 삶을 살아갈 수 있게 됩니다.

② 사회적 변화(社會的變化)

생각의 전환은 개인과 집단의 가치관을 바꾸고, 이를 통해 사회 전반에 새로운 규범과 문화가 자리잡을 수 있습니다. 예를 들어, 환경 보호에 대한 의식이 강화되면서 소비자들은 친환경 제품을 선호하고, 기업들은 이에 맞춘 제품과 서비스를 개발하게 됩니다. 이는 환경 친화적인 사회로의 전환을 촉진할 뿐 아니라, 전 세계적으로 새로운 트렌드를 형성하여 지속 가능한 사회를 만들어가는데 기여합니다.

생각을 바꾸는 것은 사회적 변화를 촉진하는 데 매우 중요한 역할을 합니다. 개인의 사고방식과 가치관이 변화하면 그것이 모여 사회 전체의 문화와 규범, 나아가 제도에까지 영향을 미칠 수 있기 때문입니다. 이런 변화는 다양한 영역에서 나타날 수 있으며, 몇 가지 중요한 측면을 통해 설명할 수 있습니다.

②-1 편견과 고정관념의 변화

사회적 변화는 개인의 편견과 고정관념을 넘어서기 위한 노력에서 시작됩니다. 예를 들어, 성 역할에 대한 고정관념을 깨기 위해 사람들은 남녀가 특정한 역할에만 국한되지 않는다는 생각을 점차 받아들이고 있습니다. 이러한 변화는 궁극적으로 성평등과 같은 사회적 진보를 이루게 하며, 직장, 가정, 교육 등 여러 영역에서 평등을 추구하는 법과 제도의 개선으로 이어집니다.

②-2 환경 인식의 변화

환경 보호에 대한 인식 변화도 사회적 변화를 이끄는 중요한 요소입니다. 기후변화와 환경문제에 대한 사람들의 관심이 높아지면서, 지속 가능성에 대한 생각이 보편화되었습니다. 개인이 환경을 고려한 선택을 함으로써 기업과 정부도 이에 맞춰 친환경 정책을 수립하게 되고, 결과적으로 전체 사회가 더 지속 가능한 방향으로 나아가는 효과를 볼 수 있습니다.

②-3 다양성 존중과 포용

현대 사회에서 다양한 문화, 인종, 성적 지향 등을 존중하고 포용하는 태도는 더 이상 선택이 아닌 필수가 되어 가고 있습니다. 사람들이 서로의 차이를 존중하고 포용하는 법을 배우면서, 차별 없는 사회를 향한 법적, 사회적 변화가 일어납니다. 이는 기업에서 다양성 및 포용성 정책의 강화로 이어지고, 사회적 갈등을 줄이는 역할도 합니다.

②-4 사회적 정의와 공정성에 대한 인식

사회적 정의와 공정성에 대한 생각이 변하면, 사회 전반에 걸쳐 공정하고 정의로운 구조를 만들기 위한 노력이 시작됩니다. 예를 들어, 불평등에 대한 인식이 높아지면 복지 제도 강화, 공정한 고용 기회 제공, 차별 없는 법률 개정 등의 변화가 일어납니다. 이는 결국 사람들에게 더 공정한 사회에 대한 기대감을 형성하고, 모두가 평등하게 대우받는 사회를 지향하게 만듭니다.

②-5 교육과 의식 수준의 향상

교육은 사람들의 생각을 변화시키는 중요한 수단입니다. 교육을 통해 비판적 사고와 개방적인 사고를 기르면서, 사람들은 더 큰 관점에서 사회문제를 이해하고, 문제 해결을 위해 함께 행동하려는 의지를 가지게 됩니다. 이러한 변화는 장기적으로 사회에 긍정적인 영향을 미치며, 더 나은 사회를 위해 노력하는 시민의식을 형성합니다.

결론적으로 개인의 생각이 변화하면 그것이 모여 사회의 집단적 사고와 행동에 영향을 주고, 궁극적으로는 법, 제도, 문화의 변화를 불러올 수 있습니다. 작은 생각의 변화가 모여 더 큰 사회적 변화를 이끌어낼 수 있다는 점에서, 개인과 사회 모두가 변화에 열린 태도를 가지는 것이 중요합니다.

③ 경제적 영향에 대하여

경제적 측면에서는 생각의 전환이 새로운 기회를 창출하며 산업과 시장의 성장을 이끕니다. 예를 들어, 디지털 전환과 공유 경제의 발전은 전통적인 비즈니스 모델에 큰 변화를 가져왔습니다. 생각을 바꾸어 온라인 플랫폼을 활용한 서비스와 공유 경제 개념을 도입하면서, 소비자는 더 저렴하고 편리한 서비스를 이용할 수 있게 되었고, 기업은 새로운 방식으로 수익을 창출할 수 있게 되었습니다.

사고방식과 관점의 변화는 경제적 측면에서 큰 영향을 미칠 수 있습니다. 이를 크게 소비, 투자, 저축, 그리고 경영 측면에서 볼 수 있습니다.

③-1 소비 습관의 변화

사람들의 생각이 변화하면 소비 방식도 달라질 수 있습니다. 예를 들어, 지속 가능성과 환경 보호에 대한 인식이 높아지면 친환경 제품에 대한 수요가 증가할 수 있습니다. 이는 기존 시장의 재편과 새로운 시장의 형성으로 이어지며, 환경 친화적인 상품을 제공하는 기업이 유리해질 수 있습니다.

③-2 투자 관점의 변화

개인과 기업이 투자에 대해 가지는 생각이 바뀌면 자본이 흘러가는 방향도 달라집니다. 예를 들어, ESG(환경, 사회, 지배구조) 투자에 대한 관심이 증가하면서, 윤리적이고 지속 가능한 경영을 하는 기업들이 더 많은 자본을 유치할 수 있게 되었습니다. 이와 같은 투자 관점의 변화는 경제 전반에 걸쳐 장기적인 영향을 미칠 수 있습니다.

③-3 저축성습관의 변화

미래에 대한 불확실성이나 경제 상황에 대한 인식이 달라지면 저축 습관도 변하게 됩니다. 예를 들어, 경제에 대한 비관적인 시각이 커지면 가계는 저축을 늘리고 소비를 줄이는 경향을 보일 수 있습니다. 이는 단기적으로는 경제 성장을 둔화시킬 수 있지만, 장기적으로는 안정적인 자산 축적이 가능하게 합니다.

③-4 경영 전략의 변화

기업이 사회적 가치나 직원 복지에 대한 중요성을 인식하게 되면, 단기적인 수익을 추구하기보다 장기적인 성장을 목표로 하는 경영 전략을 선택할 가능성이 커집니다. 이는 조직 문화와 생산성에 영향을 미쳐 장기적으로는 기업의 생존 가능성을 높이고 경제 전반에도 긍정적인 영향을 미칠 수 있습니다.

③-5 창업과 신산업의 활성화

또한 생각의 전환을 통해 혁신적인 아이디어와 기술이 경제의 핵심 요소로 자리잡으면서, 창업과 신산업의 활성화가 이루어집니다. 예를 들어, 인공지능, 빅데이터, 바이오테크와 같은 첨단 기술 산업이 급성장하는 배경에는 변화에 유연하게 대응하고 새로운 사고 방식을 받아들인 기업과 사회의 노력이 큰 역할을 했습니다. 이로 인해 일자리가 창출되고, 경제가 성장하게 됩니다.

생각을 바꾸면 새로운 가능성이 열리며, 이는 사회적 변화와 경제적 성장을 동시에 이끌어 낼 수 있습니다. 기존의 방식에 얽매이지 않고, 새로운 시각으로 접근한다면 문제를 해결하고 새로운 길을 열어나갈 수 있습니다.

8-4-2 인간성(人間性)

① 인간성이 중요시되는 이유

인간성은 사람에게 본질적으로 내재된 특성이나 가치로, 주로 다른 사람에 대한 공감, 이해, 배려, 자비심, 그리고 도덕적 책임감을 포함합니다. 이는 타인과의 관계에서 나타나며, 사람들을 공평하고 존중하는 마음가짐으로 행동하게 만드는 원천이 됩니다. 인간성은 사람 사이의 유대를 형성하고 사회를 건강하고 안정적으로 유지하는 데 중요한 역할을 합니다.

인간성이 중요한 이유는 크게 다음과 같은 세 가지 측면에서 설명할 수 있습니다.

①-1 사회적 유대: 인간성은 공동체 구성원들이 서로 신뢰하고 연대감을 느끼게 해 주며, 사회 내에서 상호 존중을 기반으로 한 협력을 가능하게 합니다. 인간성이 없다면 사람들은 서로를 신뢰하기 어렵고, 사회는 무질서에 빠지기 쉬워집니다.

①-2 정서적 안정과 행복: 인간성은 사람들 사이의 따뜻한 관계와 정서적 유대감을 형성합니다. 인간성에 기반한 배려와 공감은 사람들에게 심리적 안정과 행복감을 제공하며, 이는 건강한 정신과 정서 발달에 필수적입니다.

①-3 도덕적 책임감: 인간성은 옳고 그름을 판단하고 행동의 책임을 지는 기초가 됩니다. 인간성은 사람들이 도덕적 가치를 존중하게 만들고, 자신뿐만 아니라 타인에게 해를 끼치지 않는 행동을 하도록 이끌어 줍니다.

결국 인간성은 개인과 사회가 조화를 이루며 평화롭게 살아갈 수 있게 만드는 중요한 요인입니다. 인간성은 단순히 개인적인 덕목이 아니라, 공동체와 인간다움을 유지하는 데 핵심적인 가치로 여겨집니다.

② 홍익인간 인간성 인덕이 사회에 미치는 영향

"홍익인간(弘益人間)"은 우리나라의 철학적 가치관 중 하나로, "널리 인간을 이롭게 한다"는 뜻입니다. 이는 개인의 이익을 넘어, 모든 사람에게 이로운 사회를 지향하는 사상을 담고 있습니다. 홍익인간의 개념은 인간성, 인덕과 밀접한 관계가 있으며, 이를 바탕으로 한 공동체의 형성과 사회적 책임감을 강조합니다.

②-1 홍익인간, 인간성, 인덕의 관계와 정의

ⓐ 홍익인간(弘益人間): 널리 인간을 이롭게 하는 것을 목적으로 하는 사상으로, 모든 사람을 존중하고 더불어 살아가는 삶을 지향합니다. 이는 자신뿐만 아니라 타인과 사회에 긍정적인 영향을 주기 위해 노력하는 것이며, 개인의 행복을 넘어선 공동체의 행복을 추구하는 가치입니다.

ⓑ 인간성(人間性): 인간성은 사람 사이의 존중, 공감, 배려 등을 포괄하는 성향이나 본질적 특성입니다. 인간성은 사람들 사이에서 서로

도울 수 있게 하고, 서로의 아픔을 이해하며 공동체를 형성하는 바탕이 됩니다. 홍익인간을 실천하기 위해서는 필수적인 요소로, 사람들 사이에 연대를 형성하고 서로를 이롭게 하는 토대를 마련해 줍니다.

(c) 인덕(人德): 인덕은 "인의 덕"을 의미하며, 인간성에서 나온 덕목을 실천하는 자세와 행위를 뜻합니다. 이는 인간으로서 지켜야 할 도덕적 기준을 실천하는 행위로, 자신을 넘어 타인에게도 유익이 되는 삶을 살도록 이끌어줍니다. 인덕은 홍익인간 사상에서 중요한 덕목으로, 타인과 공동체를 위한 배려와 책임감을 강조합니다.

②-2 사회에 미치는 영향

홍익인간과 인간성, 인덕은 사회적 유대와 공동체 의식을 강화하여 여러 긍정적인 영향을 미칩니다.

(a) 사회적 연대와 신뢰 형성: 홍익인간을 바탕으로 한 인간성과 인덕은 개인과 공동체 간의 신뢰를 쌓고, 서로를 돕고자 하는 마음을 키워줍니다. 이는 구성원 간의 연대를 강화하고 서로 존중하는 사회 분위기를 조성합니다.

(b) 공익과 상생의 사회 구축: 홍익인간을 실천하는 사람들은 개인의 이익보다는 공동체의 이익을 우선시하며, 타인을 배려하고자 노력합니다. 이는 공익을 중심으로 한 상생의 문화를 형성하게 하고, 다양한 사회 문제에 함께 대응할 수 있는 건강한 공동체를 만듭니다.

(c) 도덕적 기준과 공동체 책임감 강화: 홍익인간의 인덕을 실천하는 사회는 구성원 모두가 도덕적 기준을 존중하게 합니다. 구성원들은 서로에게 책임감을 느끼며, 타인에게 해가 되는 행동을 자제하고 바람직한 사회적 행동을 지향합니다.

결국, 홍익인간 사상은 개인의 삶과 공동체에 큰 영향을 미치며, 개인의 인간성 함양과 인덕 실천을 통해 서로 존중하고 협력하는 사회를 만들어 갑니다. 이는 모두가 평화롭고 공정하게 살아갈 수 있는 사회적 기반을 마련해 줍니다.

③ 인간성이 경제 사회에 미치는 영향

인간성(humanity)은 경제 사회에 다양한 긍정적 영향을 미칠 수 있으며, 이를 통해 경제 성장뿐만 아니라 사회적 안정과 발전을 촉진합니다. 여기에는 기업의 윤리적 책임, 신뢰 형성, 공정성, 사회적 연대와 같은 요소들이 포함됩니다. 인간성이 경제와 사회에 미치는 주요 영향을 다음과 같이 나눠볼 수 있습니다:

③-1 신뢰와 협력의 증대

- 신뢰 형성: 인간성은 사회 내 신뢰를 구축하는 데 중요한 역할을 합니다. 신뢰가 형성되면 경제 활동이 원활하게 이루어지고, 거래 비용이 감소하며, 협력이 활성화됩니다. 협력 증대는 윤리적이고 상호 배려적인 행동은 구성원 간의 협력을 촉진합니다. 이를 통해 경제 사회에서의 상호 의존성과 생산성이 증가하게 됩니다.

③-2 기업의 사회적 책임 강화

- 윤리 경영: 인간성을 강조하는 사회에서는 기업들이 윤리적이고 책임 있는 경영을 하도록 요구받습니다. 이는 기업이 단기적 이익보다 장기적 가치를 추구하게 만들어, 사회에 긍정적 영향을 미칩니다.
- 지속 가능성: 환경 문제나 사회 문제에 대한 인식을 높여 지속 가능한 방식으로 경제 활동을 수행하게 합니다. 기업들은 인권, 환경 보호, 지역사회 공헌 등 다양한 사회적 요구를 고려하게 됩니다.

③-3 경제적 불평등 감소

- 공정성 증대: 경제 사회에서 인간성이 중요한 역할을 할 때 공정성이 강조되며, 이는 경제적 불평등을 완화하는 데 기여할 수 있습니다. 분배의 공정성이나 기회의 평등이 보장될 때, 사회적 갈등을 줄이고 경제적 안정성을 높일 수 있습니다. 사회 안전망 강화는 인간성이 중시되는 사회는 약자와 취약 계층을 배려하는 사회적 시스템을 강화합니다. 사회적 안전망이 강화되면 경제적 위기 상황에서도 사람들이 안정감을 느낄 수 있습니다.

③-4 생산성 및 혁신 촉진

- 직원 만족도 및 생산성: 직장에서 인간성을 존중하는 문화는 직원들의 만족도와 몰입도를 높여 생산성을 증진시킵니다. 직원들이 소외감을 느끼지 않고 소속감을 느낄 때, 혁신적인 아이디어가 많이 나오고 업무 효율성이 높아질 수 있습니다.

- 창의적 환경 조성: 인간성이 존중되는 조직 문화에서는 구성원들이 자유롭게 창의적인 아이디어를 제안하고 도전할 수 있습니다. 이는 장기적으로 혁신적인 성과를 만들어내는 데 중요한 요소로 작용합니다.

③-5 사회적 연대와 안정성 확보

- 사회적 연대 강화: 인간성을 중시하는 사회는 개인주의보다는 집단의 연대와 협력을 강조합니다. 이는 공동체 의식을 강화하여 사회적 불안정서를 줄이는 데 기여합니다.
- 사회적 갈등 완화: 인간성을 중요시하는 사회는 갈등을 평화적으로 해결하려는 태도를 가지며, 이는 사회적 갈등과 불평등을 줄이고 경제 사회의 전반적인 안정성을 높이는 효과를 가져옵니다.

③-6 결론적으로 인간성이

경제 사회에 미치는 긍정적 영향은 개인과 조직, 더 나아가 사회 전체의 건강하고 지속 가능한 발전을 가능하게 합니다. 인간성을 중시하는 사회는 단기적 이익보다는 장기적이고 지속 가능한 경제 성장을 추구하며, 이는 사회적 안정성을 높이고 구성원 모두가 함께 번영할 수 있는 기반을 마련합니다.

제9절

리더의 역할(力活)

가이드 9: 무한대의 세계 끝없는 가능성
(無限의 眞實 무한의 역량개발→ 探究의 結實)

9-1. 리더는조직의 흥망성쇠(興亡盛碎)를 가져와
- 9-1-1. 리더 실패의 이유, 뒤집으면 리더 성공의 이유
- 9-1-2. 성공리디의 3가지 요건

9-2. 리더 경영자의 인품과 경영관
- 9-2-1. 경영자의 인품과 역량
- 9-2-2. "우리는 우리 방식대로 하겠다."
- 9-2-3. 백사장사진 들이밀고 첫수주…맨땅서 대형유조선 만든 뚝심

9-3. 경제발전이 국가보위 안보와의 관계
- 9-3-1. 산업 발전이 국가 안보에 미치는 영향
- 9-3-2. 경제발전과 부국강병(富國强兵)의 관계
- 9-3-3. 사회안정과 경제발전만이 평화적 통일의 길이다

9-1 리더는조직의 흥망성쇠(興亡盛碎)를 가져와

9-1-1. 경영자가 기업경영에 성공하는 조건

리더와 경영자가 성공하는 조건은 매우 다양하며, 그들의 리더십 스타일과 경영 전략에 따라 다를 수 있지만, 일반적으로 다음과 같은 구체적인 조건들이 중요합니다. 이 조건들은 단기적인 성공뿐만 아니라 장기적인 기업의 성장과 지속 가능성을 이끌어내는 데 필수적인 요소들입니다.

① 비전과 전략적 사고

(1) 명확한 비전 제시: 성공적인 리더는 조직이 나아가야 할 방향에 대해 명확한 비전을 제시하고, 이를 구성원들이 이해하고 공감할 수 있도록 합니다. 비전은 조직의 목표를 이루기 위한 나침반 역할을 합니다.

(2) 전략적 사고와 실행: 비전을 실현하기 위한 구체적인 전략을 세우고, 이를 체계적으로 실행할 수 있어야 합니다. 시장의 변화와 환경을 분석하고, 이를 반영한 전략을 수립합니다.

(3) 장기적 관점 유지: 단기적인 성과에만 집착하지 않고, 장기적인 성장을 위한 전략을 추진합니다. 변동성이 큰 시장에서 지속 가능한 성장을 도모합니다.

② 효과적인 의사결정 능력

(1) 정보 기반 의사결정: 데이터와 분석을 기반으로 하는 의사결정이 필요합니다. 직관에만 의존하지 않고, 다양한 정보를 수집하고, 분석하여 전략적으로 의사결정을 내립니다.

(2) 위험 관리: 경영자가 의사결정을 할 때 리스크를 충분히 분석하고, 위험을 최소화할 수 있는 대안을 마련해야 합니다.

(3) 결단력과 실행력: 결정한 사항을 신속하게 실행에 옮길 수 있는 결단력과 실행력이 필수적입니다. 불확실한 상황에서 리더는 신속하고 명확하게 결정을 내려야 조직의 방향이 흔들리지 않습니다.

③ 조직 문화와 인재 관리

(1) 긍정적인 조직문화 구축: 직원들이 자발적으로 일에 참여하고, 서로 협력할 수 있는 조직문화를 조성합니다. 신뢰, 존중, 투명한 커뮤니케이션 등이 중요한 요소입니다.

(2) 팀워크와 협력: 조직 내 팀워크와 협력을 강조하여, 다양한 부서와 팀이 공동의 목표를 달성할 수 있도록 유도합니다. 갈등을 해결하고, 팀 간 협업을 촉진하는 능력이 중요합니다.

(3) 인재 확보와 육성: 성공적인 경영자는 뛰어난 인재를 끌어들이고, 이들을 적절하게 관리하며, 성장할 수 있는 환경을 제공합니다. 또한, 직원들의 지속적인 역량 개발과 리더십 개발을 지원합니다.

④ 혁신과 지속 가능한 성장

(1) 지속적인 혁신 추구: 성공적인 리더는 현재의 상태에 안주하지 않고, 지속적으로 새로운 아이디어와 혁신을 추구합니다. 제품, 서비스, 프로세스 등의 혁신을 통해 시장에서의 경쟁력을 유지합니다.

(2) 디지털 트랜스포메이션: 기술 발전에 대응하여 디지털 전환을 추진합니다. AI, 데이터 분석, 클라우드 등 최신 기술을 적극적으로 활용해 업무 효율성을 높이고, 경쟁 우위를 강화합니다.

(3) 지속 가능성: 환경적, 사회적 책임을 고려한 지속 가능한 경영을 실천합니다. 이는 장기적으로 기업의 평판을 높이고, 지속 가능한 성장을 가능하게 합니다.

⑤ 고객 중심 사고

(1) 고객 가치 창출: 고객의 요구와 기대를 정확히 파악하고, 이를 반영한 제품과 서비스를 제공해야 합니다. 고객 중심의 사고를 통해 시장에서의 경쟁력을 강화합니다.

(2) 피드백과 개선: 고객의 피드백을 적극적으로 수집하고 이를 반영하여 서비스나 제품을 지속적으로 개선하는 자세가 필요합니다.

(3) 고객과의 신뢰 구축: 고객과의 장기적인 신뢰를 구축하는 것이 중요합니다. 이는 고객 충성도를 높이고, 입소문을 통해 새로운 고객을 유치하는 데 기여합니다.

⑥ 윤리적 경영과 사회적 책임

⑴ 윤리적 경영 실천: 리더는 투명하고 윤리적인 경영을 통해 조직의 신뢰를 구축해야 합니다. 부정적 요소가 발생하지 않도록 철저히 관리하고, 윤리적 문제를 사전에 예방합니다.

⑵ 사회적 책임 수행: 기업의 사회적 책임을 다하는 것도 중요합니다. 이는 환경 보호, 지역 사회와의 협력, 직원 복지 등 다양한 측면에서 실천할 수 있습니다.

⑶ 장기적인 명성과 신뢰 구축: 윤리적 경영과 사회적 책임을 다하는 것은 기업의 장기적인 명성을 높이고, 시장에서의 신뢰를 구축하는 데 중요한 역할을 합니다.

⑦ 효과적인 커뮤니케이션

⑴ 투명한 소통: 리더는 조직 내외부와 투명하고 명확한 커뮤니케이션을 해야 합니다. 조직 내에서는 직원들에게 명확한 비전과 목표를 전달하고, 외부 이해관계자와도 신뢰를 쌓는 소통이 필요합니다.

⑵ 경청과 피드백: 효과적인 리더는 직원들의 의견을 경청하고, 이를 바탕으로 개선 사항을 반영합니다. 피드백을 통해 지속적으로 조직의 문제를 해결해 나가야 합니다.

⑶ 위기 소통: 위기 상황에서의 적절한 소통은 조직의 신뢰를 지키는 데 매우 중요합니다. 위기에 대한 투명한 설명과 적극적인 대응 방안 제시가 필요합니다.

⑧ 리더십과 팀 관리

⑴ 변화 관리 능력: 성공적인 경영자는 조직의 변화를 효과적으로 이끌 수 있어야 합니다. 직원들이 변화에 잘 적응할 수 있도록 지원하고, 이를 통해 조직이 빠르게 성장할 수 있도록 합니다.

⑵ 멘토링과 리더십 개발: 리더는 후배 리더들을 키워내고, 조직 내에서 리더십을 강화하는 역할을 해야 합니다. 멘토링과 리더십 프로그램을 통해 조직의 역량을 지속적으로 강화합니다.

⑶ 감정적 지능: 감정적 지능이 높은 리더는 직원들의 감정과 동기를 이해하고, 이를 통해 조직 내 분위기를 긍정적으로 이끌어 갈 수 있습니다.

⑨ 자원 관리와 재무 건전성

(1) 효율적인 자원 배분: 기업의 자원(인력, 자금, 시간 등)을 효율적으로 배분하고 관리할 수 있어야 합니다. 이를 통해 불필요한 비용을 줄이고, 생산성을 높입니다.

(2) 재무 건전성 유지: 성공적인 경영자는 재정적인 측면에서 건전한 상태를 유지하며, 수익성 높은 전략을 통해 지속 가능한 성장을 도모합니다. 부채와 자산을 잘 관리하고, 투자와 비용을 신중히 결정합니다.

(3) 장기적인 재정 계획: 재무 계획을 장기적으로 세우고, 미래의 불확실성에 대비한 전략적 재무 관리를 합니다.

⑩ 결론적으로 리더와 경영자의 조건

결론적으로 리더와 경영자가 성공하기 위한 조건은 단기적인 성과를 넘어, 지속 가능한 성장과 조직의 장기적인 발전을 위한 전략적 사고와 실행력이 중요합니다. 비전, 전략적 사고, 의사결정 능력, 혁신, 고객 중심, 윤리적 경영, 팀워크 관리 등 여러 요소가 균형 있게 작동해야만 성공할 수 있습니다. 결국 성공적인 경영자는 조직과 구성원들의 잠재력을 최대한 이끌어내고, 환경의 변화를 기회로 삼아 미래 지향적으로 조직을 이끌어 나가는 능력이 필요합니다.

9-1-2. 경영자가 기업경영에 실패하는 이유

경영자가 기업 경영에 실패하는 원인은 여러 가지가 있으며, 실패의 원인은 종합적이고 복합적인 경우가 많습니다. 기업의 경영 실패는 기업 내외부 요인, 시장 상황, 경영자의 리더십 및 의사결정 과정 등 다양한 요소의 결합으로 발생합니다. 구체적으로 살펴보면, 경영자가 기업 경영에 실패하는 조건은 다음과 같습니다.

① 비전과 전략 부족

(1) 불명확한 비전: 기업의 미래 방향이 명확하지 않거나, 비전이 현실성 없거나 구체적이지 않은 경우 직원들이 동기 부여를 받지 못하고 혼란을

겪게 됩니다.

⑵ 단기적 목표만 추구: 장기적인 비전 없이 단기적인 성과만을 목표로 하면 지속 가능한 성장을 어렵게 만들 수 있습니다. 장기적인 전략 없이 단기 성과에만 집중하면 시장 변화에 대응하지 못하게 됩니다.

⑶ 전략 부재 또는 잘못된 전략: 잘못된 시장 분석이나 과도한 위험을 감수한 전략 수립, 또는 현 시장 상황과 맞지 않는 전략을 추진하면 실패로 이어질 수 있습니다. 또한, 전략이 유동적이지 않고 고정되어 있을 때도 적절한 대응이 어려워집니다.

② 시장 변화에 대한 무감각

⑴ 시장 트렌드와 기술 변화에 둔감: 빠르게 변하는 시장 환경과 기술 발전에 둔감하거나, 변화를 무시하면 경쟁자들에게 뒤처지게 됩니다. 디지털화나 혁신적인 기술을 도입하지 않으면 경쟁 우위를 상실할 수 있습니다.

⑵ 경쟁 분석 부족: 경쟁사나 시장 동향을 제대로 분석하지 않고, 스스로의 성공에만 의존하면 시장에서 고립되거나 뒤처질 위험이 큽니다.

⑶ 소비자 변화에 미리 대응하지 않음: 소비자 행동이나 시장의 요구가 변화할 때 적시에 이를 반영하지 않으면 매출 감소와 함께 브랜드 신뢰도도 떨어집니다.

③ 잘못된 의사결정과 리더십 부족

⑴ 결단력 부족: 상황이 불확실하거나 어려울 때 결단력을 발휘하지 못하면, 조직은 혼란스럽고 리더십이 부족한 것으로 비춰질 수 있습니다. 결성을 내리지 못하거나 지나치게 신중하여 기회를 놓치는 경우도 많습니다.

⑵ 정보 기반 의사결정 부족: 직관이나 감에 의존한 의사결정은 신뢰할 수 있는 정보를 기반으로 하지 않을 때 잘못된 결과를 초래할 수 있습니다. 데이터 분석이나 시장 조사를 무시한 채 빠르게 결정을 내리면 실패할 위험이 큽니다.

⑶ 단기적 이익에만 집중: 장기적인 목표나 조직의 지속 가능성을 무시하고 단기적인 이익만을 추구하는 경영자는 장기적으로 조직에 해가 될 수 있습니다.

④ 조직문화와 인재 관리 실패

(1) 불안정한 조직문화: 직원들이 불안정하거나 비효율적인 조직 문화에서 일하면, 동기 부여가 낮아지고 생산성이 떨어집니다. 이는 결국 기업의 성과에 부정적인 영향을 미칩니다. 비효율적인 커뮤니케이션, 상하 간의 불신, 낮은 직원 참여도 등은 조직 문화 문제를 악화시킵니다.

(2) 인재 관리 부족: 뛰어난 인재를 채용하고, 이들을 성장시키지 못하면 기업의 성장은 한계가 있습니다. 인재를 적절히 관리하지 않거나 성과를 인정하지 않으면 인재 유출이 발생하고, 이는 장기적인 성장에 큰 악영향을 미칩니다.

(3) 리더십 개발 미비: 리더가 후계자를 키우지 않거나, 중간 관리자의 리더십 역량을 키우지 않는다면 조직의 지속적인 성장에 어려움을 겪을 수 있습니다. 또한, 리더가 적절한 상황에서 리더십을 발휘하지 못할 때도 문제가 됩니다.

⑤ 위기 관리 및 변화 관리 실패

(1) 위기 대응 능력 부족: 경제 불황, 자연 재해, 기술적 문제, 사회적 이슈 등 다양한 위기 상황에서 신속하고 효율적으로 대응하지 못하면 기업의 생존이 위협받을 수 있습니다. 위기 관리 계획이 부재하거나, 대응이 늦어지면 심각한 경영 실패를 초래할 수 있습니다.

(2) 변화에 대한 저항: 경영자가 변화를 두려워하거나 직원들이 변화에 저항하면, 혁신이 이루어지지 않고, 조직은 발전하지 못합니다. 변화 관리에 실패하면 조직의 적응력이 떨어지고, 장기적으로 위기에 처할 수 있습니다.

(3) 적절한 리스크 관리 실패: 기업이 과도한 위험을 감수하거나 리스크 관리 전략을 마련하지 않으면, 예상치 못한 상황에서 큰 피해를 입을 수 있습니다. 지나치게 보수적인 리스크 회피도 문제가 될 수 있습니다.

⑥ 재무 관리 실패

(1) 과도한 부채: 과도한 부채는 기업의 재정 건전성을 위협하며, 경제적 불안정성을 초래할 수 있습니다. 특히 경영자가 과도한 대출을 통해 사업

을 확장하거나 위험한 투자를 할 때 재정적으로 심각한 상황이 될 수 있습니다.

(2) 비효율적인 자원 관리: 자원을 비효율적으로 관리하면 기업의 운영 비용이 급증하고, 이는 이익률에 악영향을 미칩니다. 자금을 제대로 관리하지 못하면, 자금 부족으로 인한 위기가 발생할 수 있습니다.

(3) 수익성 저하: 매출은 증가해도 비용이 지나치게 늘어나면서 수익성이 악화되는 경우가 많습니다. 이런 상황에서는 사업 확장이 어려워지거나, 장기적으로 기업이 손실을 겪을 수 있습니다.

⑦ 소통 부족과 불투명한 커뮤니케이션

(1) 내부 소통의 실패: 리더가 직원들과 효과적으로 소통하지 않거나, 의사소통이 단절되면 혼란스러운 상황이 발생하고, 직원들이 불만을 품게 됩니다. 이는 조직 전체의 생산성과 효율성을 저하시킬 수 있습니다.

(2) 투명한 커뮤니케이션 부족: 경영자가 조직 내외부와 투명하게 소통하지 않으면 신뢰가 저하됩니다. 직원들이 경영진의 의도나 전략을 이해하지 못하면 조직의 목표 달성에 어려움이 생깁니다.

(3) 외부 이해관계자와의 갈등: 고객, 공급업체, 투자자 등 외부 이해관계자와의 커뮤니케이션이 부족하거나 불투명하면 관계가 악화되고, 이는 기업의 신뢰도와 평판에 악영향을 미칩니다.

⑧ 윤리적 실패 및 사회적 책임 회피

(1) 윤리적 문제: 기업이 불법적인 활동을 하거나, 윤리적 기준을 무시하면 법적 제재나 사회적 비난을 받을 수 있습니다. 이는 기업 이미지에 심각한 타격을 주고, 장기적으로 사업에 악영향을 미칩니다.

(2) 사회적 책임 회피: 기업이 사회적 책임을 다하지 않으면, 브랜드 이미지가 나빠지고, 고객과 시장의 신뢰를 잃을 수 있습니다. 이는 장기적으로 기업의 성과에 심각한 영향을 미칩니다.

⑨ 단기적 이익 추구로 인한 윤리적 타협

단기적인 이익을 위해 윤리적 기준을 타협하면, 결국 장기적으로 기업의 신뢰를 잃고, 사회적 비난을 받게 됩니다.결론적으로 영자가 기업 경영에 실패하는 주요 조건은 전략적 미비, 시장 변화에 대한 둔감, 잘못된 의사결정, 조직문화 관리 실패, 재무 관리 실패, 위기 대응 실패, 소통 부족, 윤리적 문제 등 복합적인 요인에서 비롯됩니다. 성공적인 경영자는 이러한 실패의 조건들을 미리 인식하고 예방할 수 있는 능력을 갖추어야 하며, 이를 통해 지속 가능한 성장을 도모할 수 있습니다.

9-1-2. 선진기업 육성전략

선진기업으로 육성하려면 경영자의 경영전략은 매우 중요한 역할을 합니다. 성공적인 경영자는 다음과 같은 핵심 전략을 수립하고 실행함으로써 조직의 성장을 도모할 수 있습니다.

① 명확한 비전과 목표 설정

(1) 비전(Vision): 경영자는 회사가 장기적으로 나아가야 할 방향을 명확히 설정해야 합니다. 비전은 회사의 핵심 가치를 반영하고, 장기적인 목표를 제시하는 역할을 합니다.

(2) 단기 및 중장기 목표: 명확한 목표를 설정하고, 이를 달성하기 위한 단계별 계획을 수립합니다. 목표는 구체적이고 측정 가능해야 하며, 목표 달성을 위해 필요한 자원을 효과적으로 배분합니다.

② 혁신적인 조직문화 구축

(1) 지속적인 혁신: 변화하는 시장 환경에 유연하게 대응하고, 신기술 도입과 내부 프로세스 개선을 통해 혁신을 지속해야 합니다. 혁신적인 기업문화는 직원들이 창의적으로 문제를 해결하고 도전할 수 있도록 지원합니다.

(2) 학습과 성장을 장려: 직원들의 전문성과 역량 강화를 위해 지속적인 교육과 훈련을 제공하며, 이를 통해 인재를 육성하고 유지합니다.

③ 고객 중심 전략

(1) 고객 가치 창출: 경영자는 고객의 요구를 충족시키고, 고객에게 더 높은

가치를 제공하는 제품과 서비스를 개발해야 합니다. 고객의 피드백을 지속적으로 반영하며, 변화하는 소비 트렌드에 맞춰 제품과 서비스 품질을 개선합니다.

⑵ 고객과의 신뢰 구축: 고객과의 신뢰를 바탕으로 장기적인 관계를 구축하며, 이를 통해 충성 고객층을 확보합니다.

④ 효율적인 자원 관리

⑴ 재무 전략: 재정적 안정성을 유지하고, 비용을 절감하면서도 생산성을 높일 수 있는 전략을 마련해야 합니다. 재무 계획과 예산 관리는 기업의 성장과 지속 가능성을 보장하는 중요한 요소입니다.

⑵ 인적 자원 관리는 인재를 유치하고, 적재적소에 배치하며, 동기부여를 통해 최상의 성과를 낼 수 있도록 유도합니다. 인재 관리 전략은 기업의 성과와 직접적으로 연관되어 있습니다.

⑤ 글로벌화와 디지털화 전략

⑴ 글로벌 시장 진출: 해외 시장 진출을 통한 글로벌 성장을 모색합니다. 이를 위해 현지 시장에 맞춘 전략을 수립하고, 다국적 운영 경험을 통해 세계 시장에서 경쟁력을 갖출 수 있도록 준비해야 합니다.

⑵ 디지털 혁신: 디지털 트랜스포메이션을 통해 생산성 향상, 비용 절감, 고객 경험 개선 등을 이루어야 합니다. 데이터 분석, 인공지능(AI), 클라우드 컴퓨팅 등 최신 기술을 도입하여 경쟁 우위를 유지합니다.

⑥ 지속 가능한 경영

⑴ 환경 및 사회적 책임: ESG(환경, 사회, 지배구조) 경영을 통해 지속 가능한 경영을 실현합니다. 친환경 경영과 사회적 책임을 다하는 기업은 장기적으로 신뢰를 얻고, 규제에 대응할 수 있는 능력을 갖추게 됩니다.

⑵ 윤리 경영: 투명하고 윤리적인 경영을 통해 기업 내부 및 외부의 신뢰를 얻으며, 법과 규정을 준수하는 것이 필수입니다.

이러한 전략들은 선진기업으로 도약하는 데 필수적이며, 경영자는 이를 통해 조직이 지속적으로 성장할 수 있도록 방향을 설정하고 리더십을 발휘해야 합니다.

지속가능한 선진화 경영을 하려면 경영자의 리더십이 절대적입니다. 기업의흥망성쇠는 경영자의 능력 여하가 좌우합니다.

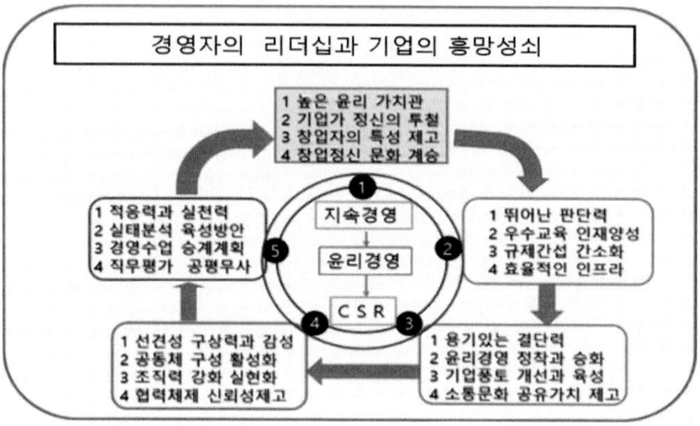

그림 9-1. 경영자의 리더십과 기업의 흥망성쇠 모형

리더는조직의 흥망성쇠

요약

▶ 오랫동안 자리를 지킨 비법이 있다면.

변화에 유연하게 대처하는 능력이 없었으면 이렇게 오랫동안 내 자리를 지키진 못했을 것입니다. 혁신의 기회를 잡고 꾸준히 '혁신 모드'로 일을 했다는 점 역시 장기적으로 일을 할 수 있었던 이유입니다. 현 소셜미디어 시대에서 리더들은 회복력이 있어야 합니다. 그렇지만 CEO의 업무 역시 빨리 바뀔 수 있다. 이에 CEO에게는 회복력과 끈기가 있어야 합니다.

- 리더십 스타일이 한번 성립되면 이를 바꾸기 힘들 텐데. 저는 다르게 생각 합니다. 세계에서 좋은 리더라고 평가받는 사람들을 보면 그들은 모두 자신의 행동변화에 대해 말합니다. 나는 커리어가 쌓일수록 리더는 반드시 변화해야 한다고 생각합니다. 승진을 하고 새로운 포지션을 맡게 되면 근무환경이 달라 집니다. 이전 직위에서는 10명이 보고를 했다면, 직급이 높아질수록 본인에게 보고를 하는 사람들이 훨씬 더 많아 집니다. 이런 상황에서 해당 리더는 직책에 맞게 변화하고 행동해야 합니다.
- 여성인력 활용을 위해 기업이 해야 할 일은. 기업은 남자와 여자 직원들 모두의 가족을 위한 사내 정책을 세워야 합니다. 여성만을 위한 정책을 세워선 안됩니다. 남성을 위한 육아정책 역시 있어야 한다. 또 (육아 때문에) 퇴사를 한 직원들이 다시 근무할 수 있는 환경이 조성되어야 합니다. 관리자들이 좋은 본보기를 보이는 것이 중요하다. 그는 한 회사를 이끌면서 평범함 가정생활을 하고 있습니다.

성공Point. 25

1. 그 사람의 미래를 보라

성공하는 사람은 미래 바전의 가능성을 중시한다. 큰일을 도모하는자는 작은 이익에 얽매이지 않는다. 이해관계에 따라 친구를 사귀지 말라. 편견에 사로잡힌 눈으로 사람을 판단하여서는 않된다. 우리가 살아가는 이사회는 기회로 가득차 있다. 누구든지 기회를 활용하면 언제든지 변신이 가능하다. 제아무리 능력이 있다 하더라도 인품을 간과하여서는 안된다.

2. 인정을 받고 싶으면 상대를 먼저 인정하라

상대를 인정하면 그는 저절로 당신에게 호감을 가진다. 능력이 뛰어난 사람은 언젠가 다른사람의 도움으로 꿈을 달성하거나 성공할 수 있는 기회를 잡을 것이다. 사람은 누구나 자신의 존재를 인정받고 싶어한다. 자신의 존재를 인정받고 싶다면 먼저 상대방의 존재를 인정하라. 그러면 자연스럽게 당신의 존재를 인정할 것이다.

9-2 리더 경영자의 인품과 역량

9-2-1. 경영자의 인품과 역량

기업을 원만하게 운영하기 위해 리더는 다양한 인품과 역량을 갖추어야 합니다. 아래에 리더가 필요한 주요 인품과 역량을 정리해보겠습니다.

① 비전 제시와 전략적 사고

(1) 비전(祕典): 기업의 방향성과 목표를 제시하고, 장기적인 비전을 설정해야 합니다. 리더는 기업이 나아가야 할 방향을 명확하게 제시하고, 그 비전을 구성원들이 이해하고 따를 수 있도록 해야 합니다.

(2) 전략적 사고: 시장의 변화에 민감하게 반응하고, 기업이 성장할 수 있도록 구체적인 전략을 마련하는 능력이 필요합니다. 이는 장기적인 기업 생존과 경쟁력 강화를 위한 필수적인 능력입니다.

② 의사소통 능력

(1) 리더는 명확 소통: 효과적으로 의사소통을 해야 합니다. 구성원들에게 자신의 생각을 명확히 전달하고, 반대로 직원들의 의견을 경청하는 자세도 중요합니다.

(2) 투명한 소통: 경영 방침, 기업의 현황, 비전 등을 솔직하고 투명하게 직원들에게 전달함으로써 신뢰를 구축할 수 있습니다.

③ 결단력과 책임감

(1) 결단력: 중요한 순간에 신속하게 결정을 내릴 수 있는 능력이 필요합니다. 갈등 상황이나 위기에서 빠르게 결정을 내리지 못하면 기업의 기회를 놓치거나 위기가 심화될 수 있습니다.

(2) 책임감: 리더는 자신의 결정과 행동에 대해 책임을 져야 하며, 실패나 어려움이 있을 때 이를 회피하지 않고 해결하려는 자세를 가져야 합니다.

④ 윤리적 리더십과 신뢰 구축

(1) 윤리적 태도: 정직하고 도덕적인 기준을 지키는 것이 중요합니다. 기업의 비전과 목표를 달성하기 위해 비윤리적인 방법을 선택하지 않고, 구성원들과 고객들이 신뢰할 수 있는 리더가 되어야 합니다.

(2) 신뢰 구축: 리더는 자신의 신뢰를 쌓기 위해 꾸준한 노력을 해야 하며, 이를 통해 조직 내에서의 신뢰와 존경을 받을 수 있습니다.

⑤ 팀워크와 협업 능력

리더는 단순히 지시하는 역할을 넘어서, 팀이 효과적으로 협력할 수 있도록 지원하고 조정하는 역할을 합니다. 서로 다른 의견과 성향을 가진 구성원들을 잘 조화롭게 이끌어내는 능력이 필요합니다.

(1) 갈등 관리: 갈등 상황에서 공정하게 중재하고 해결하는 능력도 리더십의 중요한 요소입니다.

⑥ 변화에 대한 적응력

급변하는 시장과 기술 환경에 맞춰 유연하게 적응하는 능력이 필요합니다. 변화에 대한 두려움보다는 변화를 주도할 수 있는 리더십이 요구됩니다.

(1) 혁신 추구: 기존의 방식을 고수하기보다는 새로운 방법을 모색하고, 기업이 지속적으로 성장할 수 있도록 혁신적인 마인드를 가져야 합니다.

⑦ 감정 지능 (EQ)

(1) 자기 관리: 감정을 잘 통제하고 스트레스를 관리할 수 있는 능력이 필요합니다. 특히 위기 상황에서는 침착하고 차분한 태도로 상황을 이끌어가야 합니다.

(2) 타인 이해: 구성원들의 감정을 이해하고 그들의 동기를 파악하여, 그에 맞는 동기 부여와 피드백을 제공할 수 있어야 합니다.

⑧ 지속적인 자기 개발

리더는 자신의 역량을 지속적으로 발전시켜야 하며, 최신 트렌드나 기술 변화에 대해 학습하는 자세를 가져야 합니다. 자기 개발을 통해 리더십을 강화하고, 직원들에게도 롤모델이 되어야 합니다.

9-2-2. 현대 그룹의 발전사 요약

현대 그룹의 발전사는 우리경제의 발전사이며 성공을 목표로 살아가는 개인이나 기업인의 모델이 되기때문에 본권에 기고 합니다.

"우리는 우리 방식대로 하겠다." 도전·창의·혁신 다시, 정주영 정신

◈ 시대가 변해도 변하지 않는 흐름은 정신세계인 것 같습니다. 확고부동한 창의 정신과 도전정신은 경영 세대를 3대를 이어 오면서도 이어져 오늘의 현대를 세계 유수의 기업으로 성장 시키고 있습니다. 우리후학도나 사업인들은 현대의 기업가정을 모델로 이나라 산업발전에 기여한다면 국가경제 발전의 밑거름이 될 수 있기 때문에 다시 조명해 보고자 합니다.

◈ 현대 그룹의 발전사

현대그룹은 대한민국 경제 성장의 상징이자 핵심적인 역할을 해온 기업으로, 창업부터 현재까지 다양한 분야에서 혁신을 거듭해 왔습니다. 현대의 발전사는 자동차, 건설, 중공업 등을 통해 국가 경제에 중요한 발자취를 남긴 역사입니다.

다음은 현대의 창업에서 현재까지의 발전 과정을 단계별로 정리한 내용입니다.

현대 창업자 기업가 정신과 현재경여자의 경영관

현대그룹의 창업자 정주영 회장과 현재 현대자동차 그룹을 이끄는 정의선 회장은 각각의 시대에 맞는 경영 철학을 기반으로 현대의성장을 이끌어왔습니다. 이 두 인물의 경영관은 한국 경제를 대표하는 현대그룹의 성공을 뒷받침해 온 중요한 요소입니다.

다음은 이 두 인물의 기업가 정신과 경영 철학을 체계적으로 정리한 내용입니다.

① 창업자 정주영 회장의 기업가 정신

(1) 정주영 회장은 한국 경제의 개척자이자: 불굴의 도전 정신으로 현대그룹을 창업하고 세계적 기업으로 성장시켰습니다. 그의 기업가 정신은 한국 경제가 어려운 상황에서도 새로운 가능성을 찾아내는 개척정신에 바탕을 두고 있습니다.

(2) 불굴의 도전정신과 개척정신: 정주영 회장은 "해보기는 했느냐?"라는 말을 남길 정도로 도전을 두려워하지 않았습니다. 1970년대에 현대중공업 설립 시 자본과 기술이 부족했지만, 세계적 조선소 건설에 도전하였고, 성공을 거두며 한국 조선업의 초석을 다졌습니다.

(3) 실행력과 추진력: 정 회장은 결정한 것은 반드시 실행으로 옮겼고, 빠른 결단과 추진력으로 성과를 내는 데 집중했습니다. 이는 한국 전쟁 이후 복구 사업이나 해외 건설 사업 등에서 현대가 빠르게 성장하는 밑거름이 되었습니다.

(4) 국가 경제와 동반 성장: 정주영 회장은 단순한 기업의 성장뿐만 아니라 한국 경제와 사회 발전을 목표로 하였습니다. 현대그룹은 많은 인프라 건설 프로젝트와 산업 개발을 통해 국가 경제 성장에 이바지했으며, 해외 건설과 조선업 진출로 대한민국을 세계에 알리는 역할을 했습니다.

② 정의신 회징의 현대적 경영관

정의선 회장은 현재 현대자동차 그룹을 이끌며, 새로운 기술과 환경 변화에 대응하는 미래 지향적 경영 철학을 기반으로 글로벌 경쟁력을 강화하고 있습니다.

(1) 지속 가능한 성장과 친환경 경영: 정의선 회장은 친환경 기술과 지속 가능한 성장을 중시하며, 현대자동차 그룹을 친환경 모빌리티 선도 기업으로 변화시키고 있습니다. 전기차와 수소차 개발에 적극 투자하며, 2040년까지 주요 시장에서 내연기관차를 단계적으로 축소해 탄소 중립을 달성할 계획입니다

(2) 혁신과 디지털 전환은 정의선 회장은 4차 산업혁명 시대에 맞춰 자율주행, 커넥티드 카, 로보틱스 등 미래 모빌리티 기술에 투자하고 있습니다. 2020년 로보틱스 기업 보스턴 다이내믹스를 인수하고, 자율주행 스타트업과 협력하는 등 현대자동차 그룹을 기술 중심의 스마트 모빌리티 회

사로 전환시키고 있습니다.

(3) 글로벌 브랜드와 품질 중심 경영: 정의선 회장은 현대자동차의 글로벌 브랜드 가치를 높이기 위해 품질과 디자인에 집중하고 있습니다. 제네시스 브랜드를 통해 고급 자동차 시장에서 경쟁력을 강화하고 있으며, 고객 중심 경영을 통해 신뢰받는 브랜드로 자리매김하고자 합니다.

③ 혁신과 지속 가능성 추구 (2010년대~현재)

(1) 사회적 책임과 ESG 경영: 정의선 회장은 현대자동차 그룹의 ESG(환경, 사회, 지배구조) 경영을 강화하며, 기업의 사회적 책임을 중시하는 경영을 펼치고 있습니다. 사회적 가치 창출과 윤리적 경영을 중시하며, 고객과 사회에 긍정적인 영향을 미치는 방향으로 기업의 역할을 확대하고 있습니다.

(2) 미래차와 친환경 기술 개발 (2010년대 이후): 현대자동차는 2010년대부터 전기차, 수소차 등의 친환경 기술 개발에 투자하며 미래 모빌리티 시장을 선도하고자 했습니다. 특히 2018년 출시된 '넥쏘' 수소차는 현대가 세계 수소차 시장에서의 경쟁력을 보여주는 대표 모델이 되었습니다.

(3) 스마트 모빌리티로의 전환: 현대는 최근 자율주행, 로보틱스, 스마트 시티와 같은 차세대 기술에 투자하며 '스마트 모빌리티 솔루션' 제공자로 전환을 시도하고 있습니다. 또한 UAM(도심 항공 모빌리티)와 같은 혁신 기술을 통해 미래 교통과 생활 방식에 정의선 회장은 친환경, 혁신, 글로벌 경쟁력, ESG 중심의 현대적 경영 철학을 통해 현대자동차 그룹의 지속 가능성과 사회적 책임을 중시하는 경영을 펼치고 있습니다.

정주영 창업자의 개척정신과 정의선 회장의 미래지향적 경영이 결합되어 현대그룹은 전통과 혁신을 동시에 갖춘 글로벌 선도 기업으로 지속 성장하고 있습니다.

④ 기업가 정신을 찾아서

(1) 현대차는 고유 모델 개발이라는 독자 노선을 택했습니다.
국내 첫 고유 모델인 포니가 1975년 12월 탄생했습니다. 당시 한국은 산업 기반이 제대로 갖춰지지 않은 상태였습니다. 국내 기업이 기술·자본

집약적 조선·자동차 사업을 맨땅에서 일궈낸다는 것은 불가능한 과업으로 여겨졌습니다. 생전에 정주영 회장은 이렇게 회고했습니다. "원칙론적으로 보면 한국 경제는 전부 안될 일뿐이지 될 일은 하나도 없었다. 자본도, 자원도, 경제 전쟁에서 이길 만한 기술 축적도 없었다."

불가능해 보이는 도전을 성공으로 이끌어낸 기적이 일어난 지 약 50년 후 울산에선 또 다른 도전을 진행하고 있습니다. 현대차는 고급 브랜드 제네시스의 최상위 모델이 될 'GV90'을 양산하기 위한 작업으로 구슬땀을 흘리고 있습니다. 벤틀리·마이바흐 등 내로라하는 명차들과 당당히 경쟁할 수 있는 모델을 내놓겠다는 목표를 가지고 있습니다. 진입장벽이 높은 최고급 자동차 시장에서 입지를 다지는 일은 보급형 시장에서 몸집을 키우는 것보다 훨씬 도전적인 과제입니다.

도전정신으로 대표되는 정주영 회장의 기업가정신 이면에는 깊은 고민이 배어 있습니다.

김성훈 울산대 경영대학 교수는 "정 회장의 말이 담긴 자서전·인터뷰·어록 등을 모두 모아 분석해보니 가장 많이 반복되는 단어는 '생각'이었다"면서 "치열한 고민이 있었기에 불가능했던 도전을 성공으로 이끈 것"이라고 말했습니다.

⑵ 마이카포니부터, 럭셔리 GV90까지…

도전 이어온 '현대웨이'代이은 현대차 혁신정신 정주영·정세영 '1세대 헌신' 공장터 보여주고 "포니 만들자" 전세계가 놀란 현대차의 시삭 투자받아 숨가쁘게 생산 돌입 럭셔리카 만든 '정의선 뚝심' "무모한 도선" 회의론 보란 듯이 베스트카 제네시스 만들어내 GV90 코치도어 적용 명품 반열에 올랐습니다.

정주영·정세영 형제는 1973년 말 주지아로를 한국으로 초대해 울산에서 두 가지 장면을 보여줬습니다. 먼저 허허벌판이나 다름없던 땅을 구경시켰습니다. "여기에 공장을 세울 계획입니다. 당신이 디자인할 자동차는 새로 들어설 공장에서 만듭니다." 제대로 된 공장도 없이 고유 모델을 디자인해달라는 제안에 주지아로는 반신반의 했습니다. 포니 디자인을 맡아도 자신의 명성에

흠이 가는 일은 없겠다는 확신이 들었다고 합니다.

영국 최대 자동차회사였던 BLMC 출신 인물을 부사장으로 영입했고 일본 미쓰비시와 기술 제휴를 맺는 등 고유 모델 양산을 위한 준비작업을 숨 가쁘게 진행했습니다. 현대차는 1976년 1월 포니 양산을 본격화 했습니다. 포니는 시판 첫해에 1만726대가 판매되며 단숨에 국내 시장점유율 1위(43%)에 올랐습니다. 같은 해 7월 에콰도르 수출을 기점으로 해외로 무대를 넓혀 1986년 2월에는 포니가 미국 시장에 상륙하는 데 성공했습니다.

(3) 정의선회장 게임체인저로 변신

"정의선 현대자동차 회장은 자동차업체 최고경영자(CEO) 이상의 면모를 보여준다."

지난해 1월 세계적인 자동차 전문지 '모터트렌드'는 정 회장을 '올해의 인물(Person of the Year 2023)'로 선정하며 그의 역량에 찬사를 보냈습니다. 단순히 자동차 판매 대수를 늘리는 것에 그치지 않고 그룹의 본질을 바꾸는 데 성공했다고 강조했습니다.

자동차업계에서 차지하는 위상을 두세 단계 높였을 뿐만 아니라 그룹의 성격도 단순한 자동차 회사가 아닌 소프트웨어에 기반한 종합 모빌리티 업체로 변모시켰습니다.

소프트웨어 분야에 대한 투자에도 정 회장의 강력한 의지가 반영되었습니다. 2022년 4010억원을 투자해 자율주행 소프트웨어 스타트업인 '포티투닷(42dot)'을 인수했습니다. 포티투닷은 센서가 아니라 카메라와 이를 운영하는 인공지능(AI)을 기반으로 한 자율주행 시스템을 개발합니다. 2025년에는 챗GPT와 같은 거대언어모델(LLM)도 개발한다는 계획을 가지고 있습니다. 한 현대차 관계자는 "정 회장은 엔진과 변속기가 중심인 자동차의 시대에서 소프트웨어가 중심이 된 이동장치의 시대가 생각보다 빨리 올 것으로 보고 있습니다."

2019년 로봇 사업 전담 조직으로 신설된 로보틱스랩은 오는 12월 국내 공장에서 산업용 웨어러블 로봇인 '엑스블 숄더'를 수천 대 생산할 계획입니다. 이 기기는 작업자가 입는 형식으로 작업자의 근력을 강화하고 부상 위험을 낮춰주는 로봇입니다. 조직이 구성된 뒤 2년여간은 선행 개발을 이어왔는데, 정 회장 취임 이후 실제 양산에 속도가 붙었습니다. 2025년 4분기에는 배달, 안내, 촬영 등 기능을 갖춘 카트형 로봇 '모베드'를 양산할 계획입니다.

9-2-3. 백사장사진 들이밀고 첫수주…맨땅서 대형유조선 만든 뚝심

조선강국 이끈 HD현대 50년 정주영의 도전, 첫 선박 탄생 거북선 지폐 내밀며 기술제휴 세계 최대 해운사서 수주 성공 핵심 설계기술도 내재화 야심 정기선의 집념, 세계 1위 우뚝 세계 첫 메탄올 추진 엔진 탑재 친환경·스마트 선박으로 혁신 첨단기술 접목 '초격차' 목표를 세우고 있습니다.

이기업을 성공을 목표로 두고 노력하는 개인이나 경영자를 위하여 성장 경로를 살펴보겠습니다.

현대조선의 발전사

현대중공업은 현대그룹이 대한민국의 산업화와 경제성장을 이끄는 데 크게 기여한 조선 회사로, 세계적인 조선업체로 성장했습니다. 현대중공업의 발전사는 조선업뿐만 아니라 중공업 전반에 걸쳐 현대가 대한민국을 대표하는 기업으로 자리 잡는 과정을 보여줍니다.

다음은 현대중공업의 발전 과정을 단계별로 정리한 내용입니다.

① **창립과 조선업 진출** (1973**년**~1980**년대**)

- 현대중공업 설립 (1973년): 정주영 회장은 울산에 조선소 건설을 결정하며, 당시 한국 조선업의 기반이 거의 없던 시기였음에도 불구하고, 1973년 현대중공업을 설립했습니다. 영국의 선박회사와의 협약을 통해 두 척의 초대형 유조선(ULCC)을 수주하며 야심찬 첫발을 내디뎠습니다.
- 울산 조선소 완공 및 첫 선박 진수 (1974년): 1974년 6월 울산 조선소가 완공되었고, 첫 번째로 건조한 26만 톤급 초대형 유조선을 진수했습니다. 이로써 현대중공업은 국내 최초의 조선소이자 조선업체로 자리 잡게 되었으며, 한국 조선업의 역사도 시작되었습니다.
- 해외 진출과 수출 성공: 현대중공업은 설립 초기부터 일본, 유럽 등 선진국을 대상으로 해외 시장 진출을 추진했으며, 이를 통해 국제적으로

경쟁력을 키웠습니다.

② **중공업 분야 다각화와 경쟁력 강화** (1980~1990**년대**)

- 조선과 중공업 확장: 1980년대에 들어 현대중공업은 조선업 외에 해양 플랜트, 산업기계, 엔진 등의 중공업 분야로 사업을 다각화하여 다양한 수요에 대응할 수 있는 종합 중공업 회사로 성장했습니다.
- 세계 조선업계 1위 달성 (1983년): 1980년대 초반부터 고도화된 기술력과 대규모 생산능력을 바탕으로 글로벌 수주량을 확대하면서 1983년에는 세계 1위 조선소로 자리매김했습니다.
- 기술력 강화와 국산화: 현대중공업은 엔진 국산화와 연구개발을 통해 독자적인 기술력을 확보했고, 1985년 세계 최대의 해양 구조물 건조에 성공하며 기술 우수성을 인정받았습니다.

③ **글로벌 시장 지배력 강화** (2000**년대**)

- 대형 선박 및 해양플랜트 기술력 강화: 2000년대 현대중공업은 초대형 컨테이너선과 LNG 운반선 등 고부가가치 선박의 설계와 제작을 확대하여 경쟁력을 높였습니다. 또한 해양플랜트 분야에서 세계적 수준의 기술력을 확보하며 주요 수주를 따내는 성과를 거두었습니다.
- 다양한 중공업 분야 진출: 현대중공업은 조선업 외에도 풍력발전, 발전설비, 플랜트 등 여러 분야로 사업을 확장했습니다. 이로써 회사는 종합 에너지 솔루션 제공업체로도 입지를 넓혔습니다.

④ **독립 경영과 재편** (2010**년대**)

- 그룹 분리 및 독립 경영 (2010년): 2010년대 초반 현대중공업은 현대그룹에서 완전히 분리되어 독립적인 회사로 운영되기 시작했습니다. 이를 통해 각 계열사는 보다 자율적인 경영을 통해 전문성을 높였습니다.

1974년 6월, HD현대중공업 1호 선박 '애틀랜틱 배런호' 앞에 선 정주영 회장(왼쪽). 2024년 울산 1도크에서 건조되고 있는 메탄올 추진 컨테이너 운반선과 정기선 부회장(오른쪽). HD현대는 "무슨 일이든 할 수 있다고 생각하는 사람이 해낸다. 의심하면 의심하는 만큼밖에 못하고, 할 수 없다고 생각하면

할 수 없다."

차관을 구하기 위해 정 회장은 백방으로 뛰었고 영국 런던에서 선박 컨설턴트 회사 애플도어의 찰스 롱보텀 회장을 만나 거북선이 그려진 500원짜리 지폐를 내밀며 추천서를 받았고 이를 기반으로 영국 바클레이스 은행으로부터 차관 제공 결정을 받아냈지만, 영국 수출신용보증국의 최종 승인을 얻기 위해선 배를 사겠다는 선주를 찾아야 했습니다.

조선소 기공식으로부터 2년3개월째 되던 1974년 6월, 울산 미포만에는 길이 330 m, 너비 52 m, 높이 27 m에 달하는 초대형 유조선 애틀랜틱 배런호의 뱃고동 소리가 울려 퍼졌습니다. 조선소 건설과 함께 선박 건조를 시작하는 세계 조선업 역사상 전무후무한 방법으로 조선업에 뛰어든 현대중공업의 노력이 결실을 맺는 순간이었습니다. 이때 정 회장은 건조 기술뿐 아니라 핵심 설계 기술까지 내재화하겠다는 목표를 세웠습니다.

⑤ 1호 선박 띄운지 59년지나 초대형 컨테이너

1호 선박을 물에 띄운 지 50년이 지난 올해 8월 말. 애틀린틱 배런호를 지었던 HD현대중공업 1도크에는 초대형 컨테이너 운반선 한 척이 흘수선 위로 짙은 하늘색을 빛내며 위용을 뽐내고 있었습니다. 오는 12월 울산 조선소 역사상 2490번째로 인도될 이 배는 반백년 사이에 달라진 HD현대의 위상을 상징적으로 보여줍니다. 선박 설계는 물론 탑재하는 엔진까지 핵심 기술이 모두 HD현대 것입니다.

이 배에는 대형선 중 세계 최초로 메탄올 추진 이중연료엔진이 탑재되었습니다. 또 초대형 컨테이너선 최초로 선실을 선박 뱃머리인 선수에 배치해 화물 적재 효율성과 운항 가시성을 동시에 개선 했습니다. 선형은 망망대해에서 최소한의 저항을 받으며 바람과 파도를 헤치고 나갈 수 있도록 설계되었습니다. HD현대는 세상에 없는 배를 만들기 위한 미래 기술을 착실히 준비하였습니다. 세계 최대 해운사 머스크가 HD현대에 메탄올 추진 초대형 컨테이너선 총 18척을 발주한 배경입니다.

HD현대는 친환경·디지털 등 패러다임 변화에 발맞춘 기술 혁신을 통해 '초격차'를 실현한다는 목표입니다. 조선업 후발 국가인 중국이 도저히 따라올 수 없는 경지로 기술 수준을 끌어올리겠다는 것입니다. HD현대중공업은 2021년 최첨단 친환경 선박인 메탄올 추진선을 세계 최초로 수주한 이후 현재까지 총 5척의 배를 머스크에 인도했고, 현재 10척을 추가로 건조하고 있습니다.

우리나라를 대표하는 현대는 창업에서 현재에 이르기까지 무수한도전과 난관을 극복하고 오늘의 세계적인 기업으로 도약하는 모범 기업입니다. 우리가 우리나라 산업 경제발전을 추구하려면 현대가 걸어온 발자취를 배워야 할 것입니다.

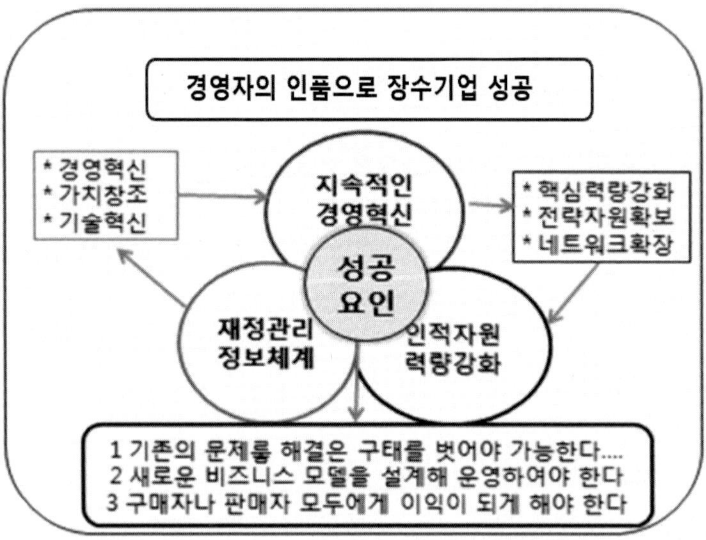

그림 9-2. 경영자의 인품으로 장수기업 성공

리더 경영자의 인품과 경영관

요약

▶ 리더는 비전 제시, 전략적 사고, 의사소통

리더가 기업을 원만하게 운영하기 위해서는 단순히 관리자의 역할을 넘어서서, 비전 제시, 전략적 사고, 의사소통, 결단력, 윤리적 리더십, 팀워크와 협업, 변화 적응력, 감정 지능 등을 두루 갖추어야 합니다. 이러한 역량들은 기업의 성장과 지속 가능한 성공을 이끄는 중요한 요소들입니다.민감한 정보를 공유하지 마세요. 채팅을 검토하고 모델을 훈련하는 데 사용할 수 있습니다.

⋆ 판매 다변화에 성공

현대자동차는 판매처 다변화에도 성공했습니다. 미국은 현대차 전체 글로벌 판매량 중 20%를 차지하는 제1의 해외 시장으로 올라 섰습니다. 2016년에는 중국 시장이 23.5%, 미국 시장이 15.9%의 판매 점유율을 보였는데, 8년 만에 이를 완전히 뒤집은 것입니다, 올해 상반기 기준 현대차 글로벌 판매량 중 21.2%는 미국, 15.2%는 인도, 13.8%는 유럽 시장이었습니다.

⋆ 고부가가치 첨단산업화

김성훈 울산대 경영대학 교수는 "한국의 경제 발전을 일으킨 전통적 제조업이 과거 위상을 잃어가고 있지만, 정 부회장은 새로운 기술을 도입하며 조선업을 고부가가치·첨단산업화하고 있다"면서 "어떻게든 해낸다는, 절대로 포기하지 않는다는 정 회장의 기업가정신이 창업 3세대에 이르러 새로운 형태로 발전하고 있다"

Point. 26

1. 말은 명확하고 간결하게 하라

성공하는 인물은 밀할 때 간단 명료하게 요점만 말한다. 큰인물의 특성은 냉철한 머리와 유능한 실력을 정확하게 표현해준다.

- 요점만 간단하게 말한다.
- 사람들이 믿고 신뢰할수 있도록 근거있는 말을한다.
- 진심이 담긴 말을한다.
- 상대를 존중하며 세 번 생각한뒤 말한다.
- 분위기 파악을 한뒤 말하는 습관을 갖는다.

2. 콤플렉스를 장점으로 전환시키는 테크닉

자신의 단점이나 콤플렉스가 마음에 걸리면 그것을 긍정적인 방향으로 전환시켜라. 성공하는 사람들은 다른사람의 결점이 눈에띄면 그것을 장점으로 바꾸어 말해주는 재주가 탁월하다.

9-3 경제발전과 안보와의 관계

9-3-1 산업 발전이 국가 안보에 미치는 영향

산업 발전이 국가 안보에 미치는 영향은 매우 중요하며, 경제적, 기술적, 군사적, 사회적 측면에서 복합적인 영향을 줍니다. 이를 정리하면 다음과 같습니다.

① 경제적 안정과 안보

산업 발전은 국가 경제의 성장과 직결됩니다. 경제력이 강한 국가는 방위 예산을 확대하고 군사력을 강화할 수 있으며, 사회복지, 교육, 연구개발에 더 많은 투자를 할 수 있습니다. 경제적 안정은 내외부적인 위협에 대응할 수 있는 기초 자원을 제공해 국가 안보에 필수적인 기반이 됩니다.

⑴ 자급자족 능력: 산업 발전을 통해 필수 물자, 식량, 에너지 등을 자급자족할 수 있는 능력이 국가의 생존에 중요합니다. 글로벌 공급망이 차단되거나 경제 제재가 가해질 경우, 자국 내에서 필요한 자원을 생산할 수 있어야 합니다.

⑵ 산업 기반의 군사화: 산업이 발전함에 따라 국가의 방위 산업도 성장하게 됩니다. 군수품 제조, 항공, 방산 기술 등이 발달하여 외부 위협에 대한 대응 능력을 높입니다.

② 기술 발전과 사이버 안보

산업 발전은 기술 혁신을 가속화하며, 이러한 기술 혁신은 국가 안보에 필수적인 요소로 작용합니다. 특히, IT와 같은 첨단 기술이 발달함에 따라 사이버 안보가 중요한 이슈로 떠오르고 있습니다.

⑴ 기술 의존도와 안보 리스크: 첨단 기술에 대한 의존도가 높아지면서, 기술적 패권을 장악한 국가나 기업에 대한 의존은 국가 안보의 리스크를 증가시킵니다. 이를 보완하기 위해 자국 내 기술 개발 역량 강화가 필수적입니다.

⑵ 사이버 보안 강화: 디지털 인프라와 데이터가 중요한 자산이 되면서 사

이버 공격에 대한 방어력이 국가 안보의 중요한 요소로 자리잡았습니다. 정보 유출, 해킹, 데이터 파괴는 국가의 경제와 군사력을 약화시킬 수 있습니다.

③ 에너지 안보

산업 발전과 에너지 자원의 안정적인 공급은 국가 안보의 핵심입니다. 에너지는 국가 산업과 경제를 유지하는 필수적인 자원이기 때문에, 에너지 자원의 확보는 국가 전략에서 매우 중요합니다.

⑴ 에너지 독립성: 자국 내 에너지 자원의 개발 및 재생 가능 에너지로의 전환은 에너지 독립성을 높여 외부에 의한 에너지 공급 차단의 위험을 줄입니다.

⑵ 지정학적 경쟁: 에너지 자원은 종종 국제 정치 및 군사 갈등의 원인이 됩니다. 자원 확보를 위한 경쟁이 격화되면서 에너지 패권을 둘러싼 지정학적 갈등이 발생할 수 있습니다.

④ 국방 기술과 군사력 증강

산업 발전은 국방 기술의 발전과 밀접하게 연결되어 있습니다. 강력한 산업 기반을 통해 무기 시스템, 군사 장비, 첨단 기술을 개발할 수 있으며, 이를 통해 국가의 군사적 방어 능력을 강화할 수 있습니다.

⑴ 군사력 현대화: 산업의 기술적 발전은 군사 무기와 장비의 현대화에 기여합니다. 드론, 인공지능(AI), 로봇 기술 등의 발전은 미래 전쟁에서의 우위를 확보하는 데 필수적입니다.

⑵ 비대칭 전력 강화: 소형화된 군사 장비, 첨단 기술 기반의 무기 체계는 상대적으로 약한 국가도 강대국에 맞서 효과적으로 방어할 수 있는 능력을 갖추게 합니다.

⑤ 글로벌 경쟁과 국제정치적 영향

산업이 발전한 국가는 국제 사회에서 경제적, 군사적, 정치적 영향력을 발휘할 수 있습니다. 특히, 특정 산업 분야에서 기술 우위를 점하면 해당 분야의 글로벌 리더로 자리매김할 수 있으며, 이를 통해 외교적 협상에서도 유리한 위치를 차지할 수 있습니다.

(1) 국제적 협력과 리더십: 산업화가 성공한 국가는 글로벌 무역과 경제 블록에서 중요한 역할을 하며, 국제 안보 협력에도 주도적으로 참여할 수 있습니다. 예를 들어, 방위 산업과 관련된 국가 간 협력은 상호 방어와 안보를 강화하는 수단이 될 수 있습니다.

9-3-2.경제발전과 부국강병(富國强兵)의 관계,

경제발전과 부국강병(富國强兵, 부유한 나라와 강력한 군대)의 관계는 역사적으로 깊은 연관이 있습니다. 국가의 경제적 번영과 군사적 강대함은 상호보완적인 요소로 작용하며, 국가 발전의 핵심 목표로 간주됩니다. 이 두 가지 개념의 상호작용을 다음과 같이 설명할 수 있습니다:

① 경제발전이 부국강병에 미치는 영향

경제발전은 부유한 국가를 만드는 토대가 되며, 이는 군사력을 강화하는 데 필요한 자원을 제공합니다.

(1) 재정적 기반 강화: 경제가 발전하면 정부는 더 많은 세수를 확보할 수 있고, 이를 통해 군사력 증강에 필요한 국방비를 지출할 수 있습니다. 경제력이 뒷받침되지 않으면 대규모 군사력 유지나 현대적 무기 개발이 어렵습니다.

(2) 기술 발전: 경제 발전은 기술 혁신을 촉진하고, 이는 군사 기술에도 직접적인 영향을 미칩니다. 특히 현대 사회에서 경제 발전과 기술 혁신은 정밀 무기, 사이버전, 드론과 같은 첨단 군사 기술 개발로 이어집니다.

(3) 산업 인프라 구축: 경제 발전 과정에서 강력한 산업 인프라가 구축되면, 이는 군수산업의 발전으로 연결됩니다. 생산 능력의 확대는 무기와 군사 장비의 대량 생산과 공급을 가능하게 합니다.

(4) 인적 자원 개발: 경제 발전은 교육과 보건에 대한 투자를 가능하게 하며, 이는 고급 인재를 양성하는 데 기여합니다. 이러한 인재는 군사 전략 개발, 군사 기술 혁신, 외교 및 정보전 등 다양한 분야에서 핵심적인 역할을 합니다.

② 부국강병이 경제발전에 미치는 영향

군사력이 강해지면 이는 국가의 경제 발전에도 긍정적인 영향을 미칠 수 있습니다.

⑴ 국가 안보 보장: 강한 군사력은 외부의 위협으로부터 국가를 보호해 안정적인 경제 활동을 보장합니다. 국가가 안전해야 기업이 안심하고 투자할 수 있고, 국민도 경제 활동에 집중할 수 있습니다.

⑵ 외교적 영향력 증대: 군사력이 강한 국가는 국제 무대에서 외교적 발언권이 커집니다. 이는 무역 협상에서 유리한 위치를 차지할 수 있고, 해외 자원 확보와 시장 진출에서도 우위를 점할 수 있습니다.

⑶ 전쟁과 경제적 기회: 때로는 군사적 개입이 경제적 기회로 이어지기도 합니다. 특정 지역에서의 군사적 승리는 천연 자원 확보, 무역 루트 장악, 해외 시장 진출과 같은 경제적 이익을 가져올 수 있습니다. 다만, 이러한 방식은 장기적으로 부작용이 있을 수 있어 신중한 접근이 필요합니다.

③ 상호 의존적 관계

부국강병과 경제발전은 상호의존적인 관계를 가지고 있습니다. 한쪽이 성장하면 다른 쪽에도 긍정적인 영향을 미치며, 그 반대의 경우에는 상대적인 약화를 초래할 수 있습니다.

⑴ 경제력의 군사력 전환: 경제 발전을 통해 얻은 자본과 기술은 군사력 증강에 사용될 수 있습니다. 경제력이 튼튼해야 장기적으로 강한 군사력을 유지할 수 있습니다.

⑵ 군사력 유지와 경제적 부담: 반대로 군사력이 과도하게 확대되면 경제에 부담이 될 수 있습니다. 지나치게 많은 자원을 군사비에 투입하면, 사회 복지나 경제적 생산성 향상에 필요한 투자가 줄어들 수 있어 경제 발전에 부정적인 영향을 줄 수 있습니다.

9-3-3. 사회안정과 경제발전만이 평화적 통일의 길이다

사회 안정과 경제 발전만이 평화적 통일의 길이다"는 평화로운 통일을 위해서는 사회적 안정과 경제적 발전이 필수적이라는 주장을 담고 있습니다. 이를 구체적으로 정리하면 다음과 같습니다.

① 사회적 안정의 중요성

⑴ 통일 과정의 기반: 평화적 통일은 사회의 안정성을 바탕으로 해야 합니

다. 정치적 혼란이나 사회적 갈등이 통일 과정을 방해할 수 있기 때문에, 사회 전반의 안정과 통합된 규범이 필요합니다.

(2) 국민 통합과 협력: 사회가 안정되면 국민들 간의 상호 신뢰와 협력이 강화되어 통일을 이루기 위한 협조와 대화가 원활해집니다.

(3) 안전한 환경 조성: 사회 안정은 범죄율 감소와 같은 안전한 환경을 만들어주며, 이는 평화적 통일을 이루는 데 중요한 역할을 합니다.

② 경제적 발전의 필요성

(1) 통일 비용 감당 능력: 경제가 발전해야 통일 과정에서 발생하는 비용을 감당할 수 있습니다. 통일은 인프라 재건, 사회 복지 확대, 경제 통합 등의 비용이 따르기 때문에 경제적 자원이 충분히 뒷받침되어야 합니다.

(2) 삶의 질 향상: 경제 발전은 국민들의 생활 수준을 높여주고, 통일 이후에도 안정된 삶을 보장할 수 있는 기반이 됩니다.

(3) 통일 후의 경제 통합: 경제 발전은 남북 간 경제 격차를 줄이고, 통일 후 경제적 불균형으로 인한 갈등을 최소화하는 데 기여합니다.

경제발전과 안보와의 관계

요약

결론은 산업 발전은 국가 안보의 중요한 요소로서, 경제적 안정, 기술 발전, 에너지 안보, 군사력 증강 등에 큰 영향을 미칩니다. 산업과 기술이 발전할수록 국가의 자주적 방어 능력과 글로벌 경쟁력은 강화되며, 이는국가 안보의 토대가됩니다.

경제발전과 부국강병은 서로 떼어놓기 어려운 관계에 있으며, 균형을 유지하는 것이 중요합니다. 경제발전이 이루어져야 군사력 증강이 가능하고, 군사력이 뒷받침되어야 경제적 안정을 유지할 수 있습니다. 그러나 한쪽에 과도한 비중을 두기보다는 양쪽의 균형을 맞추는 것이 장기적인 국가 발전에 핵심입니다.

평화적 통일의 길은 갈등 예방: 사회적 안정과 경제적 발전은 통일 과정에서 발생할 수 있는 내부적, 외부적 갈등을 예방하고 완화하는 역할을 합니다.

지속 가능한 평화: 통일 이후에도 지속 가능한 평화를 유지하기 위해서는 사회적, 경제적 기반이 튼튼해야 합니다. 경제적 번영과 사회적 안정은 통일된 국가가 국제사회에서 평화롭고 안정적으로 자리잡는 데 도움을 줍니다.

결론적으로, 사회 안정과 경제 발전은 평화적 통일을 이루기 위한 필수적인 요소입니다. 사회가 안정되고 경제가 발전된 상태에서만 국민적 합의와 국제적 협력이 조화를 이루어 통일이 실현될 수 있습니다.

성공 Point. 27

1. 남의말에 경청하는 법을 배워라

- 말하기좋아하는 사람은 자제력이 부족하다
- 사람의 생활범위는 한계가 있나
- 말하기를 즐기는 사람은 자신도 모르게 자신의 결점을 드러낸다
- 수다스러운 사람은 생각없이 자신의 의견이나 생각을 늘어놓는나

성공하는 큰인물은 다른사람들의 생각이나 의견을 즐겨 들으며 소중한 간접경험과 무궁무진한 영감을 얻는다. 그들은 경청의 중요성을 잘 알기에 잘 활용한다.

2. 풍요로운 삶을 누릴수록 더욱 감사하는 마음을 가져라

자비는 그대의 풍요함과 부유함이 저절로 흘러나오는 것이다. 정신적이든 물질적이든 부가 찾아오는 모든과정은 감사 라는 말로 요약될수 있다. 당신이 감사한마음을 가지지 않는다면 풍요로운 삶을 영유하기는 어려울 것이다.

제10절

무한 가능성의 진리

가이드 10: 무한 행복추구 가능성, 진리

새로운希望 世界 無限의 가치 創造행복구현

10-1. 무에서 유를 창출하는 비법

10-1-1. 과학적 관점에서 창조역량 발휘

10-1-2. 고객만족을 위한 창의적인 경영

10-1-3. 고객만족의 마케팅 실현화

10-2. 젊게, 여유롭게, 명예롭게 시는지혜

10-2-1. 젊게 청어처럼 사는 지혜

10-2-2. 여유롭고 부유하게 삶을 이어가려면

10-2-3. 명예롭고 존경받으며 살아가려면

10-3. 평화속에 행복을 영유하려면

10-3-1. 주권재민의 정치형태에서 국민의 책무

10-3-2. 경제발전을 위한 국민이 취할바

10-3-3. 사회 안전 번영을 위한 국민이 취할 책무

10-3-4. 국가 보위를 위한 국민의 책무

10-4. 고수와 하수의 차이

10-4-1. 고수와하수 임계점의 극복

10-4-2. 반전의 사고(反轉, 思考)

10-1 무에서 유를 창출하는 비법

10-1-1. 과학적 관점에서 창조력량 발휘

"무한한 가능성의 진리"는 철학적, 과학적, 영적 관점에서 매우 깊이 있는 주제입니다. 이 개념은 다양한 방식으로 해석될 수 있으며, 인간의 사고와 우주의 본질에 대해 성찰하는 데 중요한 역할을 합니다. 이를 다음과 같은 측면에서 정리할 수 있습니다.

① 철학적 관점

(1)* 가능성의 본질: 철학자들은 "무한한 가능성"을 현실 세계와 대비되는 가능 세계의 개념으로 논의해 왔습니다. 예를 들어, 라이프니츠는 모든 가능한 세계 중에서 우리가 살고 있는 세계가 가장 좋은 세계라는 "최선의 가능 세계론"을 주장했습니다.

(2)* 존재론적 가능성: "무한한 가능성"은 존재론적으로도 논의됩니다. 이는 존재하는 것과 존재할 수 있는 것 사이의 경계를 모호하게 만드는 개념입니다.

현실에 일어나지 않은 일들도 가능 세계에서는 일어날 수 있기 때문에, 모든 가능성은 일정 부분 실제성을 지닐 수 있다는 관점입니다.

(3)* 자유의지와 선택: 무한한 가능성의 진리는 인간의 자유의지와도 연결됩니다. 우리는 매 순간 다양한 선택의 가능성을 마주하게 되며, 그 선택들이 현실로 실현되는 과정에서 가능성이 구체화된다고 할 수 있습니다.

② 과학적 관점

(1)* 양자역학의 가능성: 현대 물리학, 특히 양자역학은 무한한 가능성의 개념과 밀접하게 연결됩니다. 양자역학에서는 입자의 상태가 확정되지 않고 여러 가능성을 동시에 갖는 "중첩 상태"에 있을 수 있다고 설명합니다. 특정 상황에서 관측이 일어나는 순간, 그 중 하나의 가능성이 실제로 실현됩니다.

⑵* 다중우주 이론: 일부 과학자들은 무한한 가능성의 진리를 우주론적 관점에서 설명하기 위해 다중우주 이론을 제안했습니다. 이 이론에 따르면, 우리가 살고 있는 우주 외에도 무한히 많은 우주가 존재하며, 그 각각이 서로 다른 물리적 법칙과 상태를 가지고 있을 수 있습니다. 이는 무한한 가능성을 현실로 확장한 개념입니다.

③ 영적 관점

⑴* 내면의 가능성: 영적인 측면에서 무한한 가능성은 인간의 내면, 즉 잠재력과 연결됩니다. 동양 철학에서는 인간이 자신의 참된 본성을 깨달음으로써 무한한 가능성을 실현할 수 있다고 가르칩니다. 불교에서는 모든 존재가 잠재적으로 깨달음을 이룰 수 있는 가능성을 가지고 있다고 믿으며, 이 가능성을 현실로 만들기 위한 수행과 수양을 중시합니다.

⑵* 신성한 가능성: 기독교와 같은 신학적 관점에서는 "무한한 가능성"을 신의 무한한 능력과 사랑으로 해석할 수 있습니다. 신의 섭리에 따라 모든 일이 가능하며, 인간은 신의 뜻에 따라 무한한 잠재력을 가지고 창조된 존재로 여겨집니다.

④ 인간 경험 속에서의 가능성

⑴ 미래와 희망: 무한한 가능성은 인간의 삶에서 미래에 대한 희망과 직결됩니다. 과거의 경험이나 현재의 상황이 어떠하든, 앞으로 펼쳐질 무수한 가능성들이 우리의 삶을 변화시킬 수 있음을 인식하는 것이 중요합니다.

⑵ 창의성과 혁신: 창의적인 사고와 혁신은 무한한 가능성의 진리를 바탕으로 이루어집니다. 기존의 틀을 벗어나 새로운 가능성을 모색하는 과정에서 인간은 더 나은 미래를 만들어 나갈 수 있습니다.

10-1-2. 고객만족을 위한 창의적인 경영

고객만족을 위한 창의적 경영은, 과학적 접근을 통해 고객의 요구와 기대를 보다 정확하게 파악하고, 이를 경영 전략에 반영하여 효과적으로 대응하는 과정입니다. 과학적 접근을 활용한 창의 경영은 고객의 만족도를 높이고, 기업의 경쟁력을 유지하는 중요한 방법입니다. 이를 과학적 관점에서 설명하면 다음과 같습니다.

① 데이터 기반의 의사결정

과학적 경영은 데이터 분석에 기반을 둔 의사결정을 강조합니다. 고객의 행동 패턴, 구매 이력, 피드백 등 다양한 데이터를 수집하고 분석하여 고객이 원하는 것을 예측할 수 있습니다. 이를 통해 기업은 고객이 무엇을 필요로 하는지 파악하고, 그에 맞는 맞춤형 제품이나 서비스를 제공할 수 있습니다. 예를 들어, 고객이 자주 구매하는 제품군이나 선호하는 가격대를 분석하여 맞춤형 마케팅 전략을 세우는 것이 그 예입니다.

② 실험과 최적화

과학적인 방법론에서는 가설 설정과 실험을 통해 창의적인 아이디어를 검증하고 개선할 수 있습니다. A/B 테스트와 같은 실험 기법을 사용하여 새로운 서비스나 제품 개선안을 실험하고, 실제로 어떤 요소가 고객만족에 긍정적인 영향을 미치는지를 확인할 수 있습니다. 이를 통해 불확실성을 줄이고, 고객의 요구에 맞춘 최적화된 경영 전략을 세울 수 있습니다.

③ 고객 심리와 행동 이해

과학적 경영에서는 고객의 심리와 행동 패턴을 연구하는 행동 경제학, 심리학 등의 연구 결과를 활용합니다. 고객은 때로는 합리적인 이유가 아닌 감정적 또는 심리적인 요인에 따라 결정을 내립니다. 따라서 고객의 의사결정 과정을 이해하고 이를 경영에 반영하는 것이 중요합니다. 예를 들어, 제품의 포장이나 웹사이트의 디자인 요소가 고객의 구매 결정에 큰 영향을 미칠 수 있다는 것을 과학적 연구를 통해 알 수 있습니다.

④ 지속적인 혁신

창의 경영은 지속적인 혁신을 요구합니다. 과학적 접근을 통해 기존 데이터를 분석하고, 새로운 기술이나 방법론을 적용하여 고객의 만족을 높이는 것이 창의 경영의 핵심입니다. 예를 들어, AI와 머신러닝을 사용해 고객의 미래 행동을 예측하고, 이를 통해 사전 대응할 수 있는 혁신적인 고객 서비스 시스템을 구축할 수 있습니다.

⑤ 고객 피드백 시스템의 체계화

과학적 관점에서 고객의 피드백을 체계적으로 수집하고 분석하는 것은 매우 중요합니다. 고객이 직접적으로 제공하는 피드백 외에도 소셜 미디어, 리뷰 사이트 등 다양한 경로를 통해 얻은 비정형 데이터를 분석함으로써 고객의 숨은 요구를 찾아내고 이를 반영할 수 있습니다. 이를 통해 고객의 요구를 선제적으로 반영할 수 있는 전략을 수립할 수 있습니다.

10-1-3. 고객만족의 마케팅 실현화

고객만족을 위한 마케팅 실행화는 고객의 기대와 요구를 충족시킴으로써 긍정적인 경험을 제공하고, 장기적으로 고객의 충성도를 확보하는 데 중점을 둡니다. 고객만족 마케팅은 기업이 제품과 서비스를 고객 중심으로 설계하고, 이를 효과적으로 전달하는 일련의 활동을 포함합니다. 이를 정리하면 다음과 같습니다.

① 고객 중심의 전략 수립

고객만족을 목표로 하는 마케팅 전략은 고객의 요구와 기대를 반영해야 합니다. 이를 위해 기업은 고객 세분화, 시장 조사, 설문조사 등을 통해 고객이 어떤 가치를 중요하게 생각하는지 파악해야 합니다. 고객 중심의 마케팅 전략은 고객의 필요와 욕구에 맞춰 제품과 서비스를 제공함으로써 고객의 만족을 극대화하는 데 초점을 맞춥니다.

② 개인화된 마케팅

개인화된 마케팅은 고객에게 맞춤형 경험을 제공하는 중요한 방법입니다. 고객의 구매 이력, 선호도, 행동 패턴 등을 분석하여 각 개인에게 맞춤형 제안, 프로모션, 콘텐츠를 제공하는 방식입니다. 예를 들어, 이메일 마케팅에서 고객이 관심 가질 만한 제품을 추천하거나, 웹사이트 방문 시 개인 맞춤형 페이지를 보여주는 방법이 있습니다. 이는 고객이 기업으로부터 특별한 대우를 받고 있다는 느낌을 주며 만족도를 높입니다.

③ 고객 경험 관리 (CEM)

고객만족을 위한 마케팅에서 중요한 요소 중 하나는 **고객 경험 관리 (Customer Experience Management, CEM)**입니다. 이는 고객이 기업과 상호작용하는 모든 접점에서 긍정적인 경험을 제공하는 것을 목표로 합니다. 예를 들어, 고객이 제품을 검색하고 구매하는 과정, 고객 서비스와의 상호작용, 사후 서비스까지 모든 접점에서 일관된 긍정적인 경험을 제공하는 것이 중요합니다. 이를 위해 웹사이트의 편리한 사용자 인터페이스, 신속한 고객 응대, 고품질의 사후 지원 등이 필요합니다.

④ 고객 피드백 반영

고객의 피드백을 적극적으로 수집하고 이를 제품 개발 및 서비스 개선에 반영하는 것은 고객만족 마케팅의 핵심 요소입니다. 고객 설문조사, 리뷰, 소셜 미디어 피드백 등 다양한 경로로 받은 의견을 분석하고 개선 사항을 실행하는 것은 고객과의 신뢰를 쌓는 데 큰 도움이 됩니다. 이를 통해 고객은 자신의 의견이 존중받고 있다고 느끼며, 기업은 제품 및 서비스 품질을 지속적으로 향상시킬 수 있습니다.

⑤ 고객 충성도 프로그램

고객 충성도 프로그램은 고객이 브랜드에 장기적으로 충성할 수 있도록 유도하는 마케팅 전략입니다. 할인 혜택, 포인트 적립, VIP 프로그램 등을 통해 고객이 지속적으로 기업과의 관계를 유지하도록 합니다. 이를 통해 고객은 반복 구매를 할 가능성이 높아지고, 장기적으로 브랜드에 대한 신뢰와 만족을 느끼게 됩니다. 또한, 충성도 높은 고객은 자발적으로 기업을 추천하는 브랜드 홍보자가 될 수 있습니다.

⑥ 디지털 마케팅과 고객 참여

디지털 마케팅을 활용한 고객 참여는 고객만족을 높이는 중요한 전략입니다. 소셜 미디어, 이메일, 웹사이트, 모바일 앱 등을 통해 고객과의 소통을 강화하고, 실시간으로 고객의 반응을 확인할 수 있습니다. 이를 통해 고객과의 관계를 지속적으로 관리하고, 필요할 때 즉각적인 대응이 가능합니다. 예를 들어, 소셜 미디어에서 고객의 질문에 빠르게 답변하거나, 고객이 웹사이트에서 특정 문제를 겪었을 때 실시간 지원을 제공하는 방법 등이 있습니다.

⑦ 브랜드 일관성 유지

고객만족을 위한 마케팅 실행에서 중요한 또 다른 요소는 브랜드 일관성 유지입니다. 기업의 메시지, 가치, 비전이 모든 마케팅 채널에서 일관되게 전달되어야 합니다. 브랜드의 일관성은 신뢰를 형성하고, 고객에게 안정감을 제공하여 만족도를 높일 수 있습니다. 마케팅 캠페인, 광고, 제품 포장, 고객 서비스 등에서 모두 동일한 브랜드 가치를 전달함으로써 고객에게 긍정적인 인상을 심어줍니다.

⑧ 품질 유지 및 개선

고객 만족을 위해 제품과 서비스의 품질을 지속적으로 유지하고 개선하는 것이 필요합니다. 마케팅 전략에서 고객의 기대에 부합하는 품질을 제공하는 것은 기본이며, 기대를 초과하는 품질을 제공함으로써 고객의 충성도를 얻을 수 있습니다. 품질은 단순히 제품의 성능뿐만 아니라 서비스 제공 과정, 고객 지원, 배송 등 모든 측면에서 중요합니다.

무에서 유를 창조하려면 다양한 경험과 학문적 지식에서 성공의 모델을 찾아야 합니다. 그러기 위해서는 관계중심의 잠재력을 실현하는데 집중하는 것이 필요합니다. 그림 10-1 참고하시어 성공의 요인을 인지하시기 바랍니다.

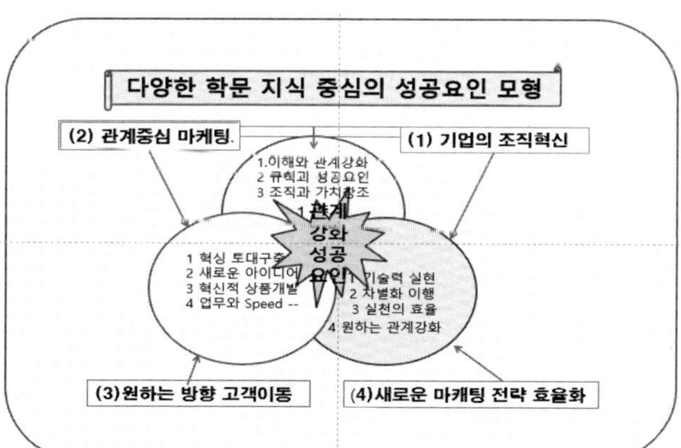

그림 10-1. 다양한 학문 지식 중심의 성공요인 모형

무에서 유를 창출하는 비법

요약

결론은"무한한 가능성의 진리"는 인간이 우주와 자신을 이해하는 데 있어 중요한 개념입니다. 이 진리는 현실의 한계를 넘어서서 사고하고, 우리의 잠재력을 실현하며, 우주와 삶에 대한 경외심을 일깨우는 역할을 합니다. 철학적, 과학적, 영적 관점 모두에서 무한한 가능성은 그 자체로 강력한 창조와 변화의 힘을 상징합니다.

과학적인 접근을 통한 창의적 경영은 데이터를 기반으로 고객의 요구를 파악하고, 실험과 혁신을 통해 최적의 솔루션을 제공함으로써 고객 만족을 극대화하는 과정입니다. 이를 통해 기업은 지속 가능한 성장을 이룰 수 있으며, 변화하는 시장 상황에서도 경쟁력을 유지할 수 있습니다

고객만족을 위한 마케팅 실행화는 고객의 기대와 요구를 파악하고, 이를 전략적으로 반영하여 고객에게 가치를 전달하는 과정을 말합니다. 데이터 기반의 개인화, 고객 경험 관리, 피드백 반영, 충성도 프로그램, 디지털 마케팅 등 다양한 방법을통해 고객의 만족도를 높이고, 이를통해 기업의 성장을 지속할 수 있습니다.

성공 Point. 28

1. 이세상에는 당신보다 똑똑한 사람이 많다

성공하는 인물은 자신이 새로운 아이디어를 떠올리고 문제점을 깨닫는 것은 다른 사람들도 하는일이라고 여긴다. 단순이 아이디어를 만들고 문제점을 해결하는 것만으로는 성공을 거두기어려우며 두각을 나타낼수 있는 방법은 딱 한가지 이다. 바로 꿀벌이 꿀을모으는 것처럼 겸손한 마음으로 다른사람의 장점과 좋은 아이디어를 끊임없이 배우고 습득하는 것이다.

- 절대로 당신의 지혜가 충분하다고 착각에 빠지지말라. 크나큰 위업은 똑똑한 머리로 만들어 지는 것이 아니라 훌륭한 인격으로 이루어진다.

2. 마지막 결승점까지 완주 하라

이세상에는 끈기를 대체할 것은 없다. 높은학력. 부유한 가정. 권력을가진 친구등 어떤것도 이를 대체할 것은 없다. 모든성공은 보통사람들이 포기하고 뒤돌아서는 순간 완성된다. 보통사람들이 상상할 수 없는 강인한 끈기를 발휘하여 승리를 쟁취한다.

곤경에 빠졌을 때 문제의 시작점이 어디에 있는지 뒤돌아 살펴보라. 때로는 해결할 수 있는 열쇠가 바로 옆에 있는데도 미쳐 깨닫지 못할때가 있다.

10-2 젊게, 여류롭게, 명예롭게

10-2-1. 젊게 청어처럼 사는 지혜

'청어 DNA'를 심고 가꿔야 내마음 속 청어 떼가 뛰논다고 생각합니다. 건강 백세라는 말이 실감나는 세상입니다. 이들의 공통점은 첫째, 늘 미래에 대한 호기심이 강합니다. 둘째, 공익적이고 이타심이 큽니다. 셋째, 긍정적이고 잘 웃습니다. "청어처럼 살고 싶다" 말에서 청어는 생명력이 강하고 늘 바다를 거침없이 헤쳐나가는 상징처럼 보입니다. 나이가 들어도 젊은이처럼 활기차게 살고 싶다는 의지에서 비롯된 이 표현의 의미를 실현하기 위한 방법을 몇 가지 정리해보면 다음과 같습니다.

① 긍정적인 사고방식 유지

(1) 긍정적이고 유연한 사고: 새로운 도전과 변화를 두려워하지 않고, 긍정적으로 받아들이는 자세가 중요합니다.

(2) 호기심 유지: 나이가 들어도 세상에대한 호기심을 잃지 않는 것이 젊은 마음을 유지하는 비결입니다.

② 신체 건강 관리

(1) 꾸준한 운동: 규칙적인 운동은 몸의 활력을 유지하고, 건강한 노화를 돕습니다. 걷기, 요가, 수영 등 적당한 운동을 추천합니다.

(2) 건강한 식습관: 균형 잡힌 식단과 충분한 수분 섭취로 건강을 유지하세요.

③ 배움과 성장의 지속

(1) 평생 학습: 새로운 지식을 꾸준히 습득하고, 끊임없이 배우는 자세가 중요합니다. 독서나 새로운 기술 학습 등을 통해 지적 성장을 지속하세요.

(2) 취미 활동: 새로운 취미나 관심 분야를 탐색하며 즐거움을 느끼는 것도 삶에 활기를 더해줍니다.

④ 사회적 활동

(1) 사회적 교류: 새로운 사람들과의 만남이나 다양한 사회 활동을 통해 활력을 얻고, 젊은 감각을 유지하세요.

(2) 봉사와 나눔: 봉사활동이나 타인을돕는 일은 삶에의미를 더하고 활력을 유지하는 좋은 방법입니다.

⑤ 감사와 여유

(1) 감사하는 마음: 현재의 삶에 대한 감사와 만족을 느끼면 심리적으로 여유가 생기고, 이는 긍정적인 에너지를 제공합니다. 스트레스 관리는 마음의 평안을 유지하고 스트레스를 효과적으로 관리하는 것이 중요합니다.

⑥ 도전과 모험

(1) 새로운 목표 설정: 나이가 들어도 도전할 수 있는 새로운 목표를 세우고 이를 이루기 위해 노력하세요. 모험적인 활동이나 여행도 좋은 동기부여가 됩니다.

이러한 방식을 통해 청어처럼 생기 있고 도전적인 삶을 지속할 수 있습니다. 중요한 것은 나이와 상관없이 끊임없이 성장하고 발전하는 자세를 유지하는 것입니다.

나이가 들어서도 건강한 삶을 유지하며 세상을 위해 활기차게 활동하는 분이 많으면 이자체가 젊은이들에게는 희망의 메시지가 될것 입니다.

10-2-2. 여유롭고 부유하게 삶을 이어가려면

사람은 누구나 부자로 여유롭게 살고 싶어 합니다. 그러나 그리 잘않되는 이유는 무엇일까? 여유로운 부자로 삶을 이어가는 과정은 재정적 성공뿐만 아니라, 삶의 전반적인 균형과 만족감을 추구하는 것을 목표로 합니다.

다음은 그 과정을 단계별로 정리한 것입니다.

① 목표 설정

(1) 재정적 목표: 장기적으로 달성하고자 하는 목표를 명확히 세웁니다. 예를 들어, 일정 수준의 자산 축적, 은퇴 후 안정된 생활 등 구체적인

재정 목표를 설정합니다.

(2) 라이프스타일 목표: 재정적인 성공 외에도 원하는 삶의 방식, 개인적인 성장, 가족과의 시간 등 삶의 균형을 고려한 목표를 세웁니다.

② 재정 계획 수립

(1) 예산 관리: 소득과 지출을 철저하게 관리하고, 매달 일정 금액을 저축 및 투자에 할당합니다.

(2) 비상 자금 마련: 예상치 못한 상황에 대비해 6~12개월 생활비를 비상 자금으로 준비합니다.

(3) 지속적인 저축과 투자: 저축과 투자를 통해 복리 효과를 누리며 자산을 꾸준히 늘려갑니다. 장기적인 관점에서 리스크를 분산하고, 안정적인 투자 방법을 찾는 것이 중요합니다.

③ 투자 전략 개발

(1) 자산 분배: 주식, 부동산, 채권 등 다양한 자산에 분산 투자하여 리스크를 줄입니다. 수익성 높은 투자처 발굴: 자기 자신이 이해하고 확신할 수 있는 투자처를 찾고, 장기적으로 안정적인 수익을 낼 수 있는 투자 기회를 발굴합니다.

(2) 현금 흐름 관리: 부동산 임대, 배당 주식 등 정기적인 현금 흐름을 창출할 수 있는 사산에 투자하여 안정적인 소득을 만듭니다.

④ 재정적 지식 향상

(1) 재정 교육: 재정 관리와 투자에 대한 책, 세미나, 전문가의 조언 등을 통해 지속적으로 공부하며 경제적 흐름을 이해합니다.

(2) 세금 전략 최적화: 세금을 절감할 수 있는 방법을 공부하고, 전문가의 도움을 받아 재정적으로 최적화된 세금 전략을 세웁니다.

⑤ 네트워크와 관계 관리

(1) 전문가 네트워크 구축: 금융 전문가, 변호사, 세무사 등 각 분야의 전문가들과 관계를 맺어 적절한 도움을 받을 수 있는 네트워크를 형성합니다.

(2) 동료 및 멘토: 성공한 사람들과 교류하며 그들의 경험을 배우고, 자신

을 격려할 수 있는 동료나 멘토를 찾습니다.

⑥ 지속적인 자기 관리

(1) 건강 관리: 부는 건강과 직결됩니다. 건강이 뒷받침되어야 장기적으로 부를 유지할 수 있으므로, 규칙적인 운동과 건강한 식습관을 유지합니다.

(2) 시간 관리: 시간을 현명하게 관리하여 중요한 일에 집중하고, 여유와 휴식을 위한 시간을 확보합니다.

⑦ 부를 지키고 증가시키기

(1) 위기 대처 능력: 경제 불황이나 예기치 못한 상황에 대비해 투자 포트폴리오를 재조정하고 리스크를 관리할 수 있어야 합니다.

(2) 부의 보호: 자산을 법적, 재정적으로 보호하기 위해 유언장 작성, 상속 계획 등을 세워 불필요한 분쟁이나 자산 손실을 막습니다.

10-2-3. 명예롭고 존경받으며 살아가려면

명예롭게 살고 싶은 욕망만 앞서지 공동사회에서 모범적인 행위가 선행되지 않을 때 누가 그를 존경하고 신뢰할까요? 명예롭고 존경받는 삶을 살기 위해서는 지속적인 자기계발, 윤리적 행동, 그리고 긍정적인 인간관계를 쌓는 것이 중요합니다.

다음은 그러한 삶을 위해 따를 수 있는 몇 가지 절차와 원칙입니다.

① 명확한 가치관과 윤리적 기준 확립

(1) 자신만의 원칙과 가치관 정립: 존경받는 사람들은 자신만의 명확한 기준을 가지고 행동합니다. 도덕적이고 윤리적인 결정을 내리기 위한 가치관을 확립하는 것이 중요합니다.

(2) 정직과 투명성: 모든 일에 정직하고, 책임을 다하며, 자신의 행동에 대한 투명성을 유지해야 합니다.

② 지속적인 자기계발

(1) 배움의 지속: 명예롭고 존경받는 사람은 지식을 쌓고 새로운 기술을

배우는 것을 멈추지 않습니다. 정기적으로 독서, 교육, 경험을 통해 자신을 성장시킵니다.

(2) 스스로의 한계 극복: 어려움을 피하지 않고 정면으로 맞서며, 끊임없이 자신의 한계를 뛰어넘는 도전을 이어가야 합니다.

③ 타인에 대한 배려와 공감

(1) 타인의 입장에서 생각하기: 존경받는 사람들은 다른 사람의 감정과 상황을 이해하고 공감하는 능력을 가지고 있습니다. 상대방의 입장을 이해하려고 노력하세요.

(2) 도움이 되는 존재가 되기: 적극적으로 타인을 돕고, 사회에 긍정적인 영향을 미칠 수 있는 행동을 하세요. 이는 공동체에 대한 기여로 이어집니다.

④ 책임감과 신뢰 구축

(1) 자신의 행동에 대한 책임: 자신이 한 일에 대해 항상 책임을 지고, 실수나 잘못을 인정하며 이를 고치려는 노력을 기울여야 합니다.

(2) 일관성 있는 행동: 일관성 있는 행동은 타인의 신뢰를 얻는 중요한 요소입니다. 말과 행동이 항상 일치하도록 노력해야 합니다.

⑤ 겸손과 감사의 마음 유지

(1) 겸손하게 행동하기: 자신이 이루어낸 성과나 능력에 대해 자랑하기보다 겸손한 자세를 유지하는 것이 중요합니다. 이는 타인에게 신뢰와 존경을 받을 수 있는 기본적인 자세입니다.

(2) 감사 표현하기: 주변 사람들에게 감사의 마음을 표현하고, 받은 도움에 대해 항상 고마운 마음을 가져야 합니다.

⑥ 리더십과 책임감 발휘

(1) 긍정적인 리더십: 타인에게 긍정적인 영향을 미치는 리더십을 발휘하세요. 권위적이기보다는 사람들을 이끌고 협력하는 리더가 되어야 합니다.

(2) 사회적 책임 수행: 자신의 역할과 책임을 다하며, 사회에 대한 기여와 봉사를 통해 존경을 받을 수 있습니다.

⑦ 신뢰할 수 있는 인간관계 형성

(1) 신뢰 기반의 관계: 진정성과 신뢰를 바탕으로 한 인간관계를 구축하세요. 이는 오랜 시간 쌓아올리는 것이며, 꾸준한 노력과 상호 존중이 필요합니다.

(2) 건강한 소통: 명예롭고 존경받는 사람들은 소통에 능하며, 상대방의 말을 경청하고 진솔하게 의견을 나눕니다.

⑧ 위기 상황에서의 태도

(1) 어려운 상황에서의 품위 유지: 위기 상황에서도 품위를 잃지 않고, 차분하고 냉철한 태도로 문제를 해결하려는 노력을 해야 합니다.

(2) 도덕적 판단: 유혹에 흔들리지 않고 도덕적 판단을 내리는 능력이 필요합니다. 이는 특히 위기 상황에서 중요한 덕목입니다.

⑨ 젊게,여유롭고, 명예롭게 사는 지혜는

현재의 약점과 관련된 외부환경에 적응하는 유연한 태도가 중요하며 살아감에 확실한 비전과 경영자는 경영이념에 입각한 행동력 강화기 필요합니다. 그림 10-2. 젊게 여유롭게 사는 지혜 모형을 참고하시기 바랍니다.

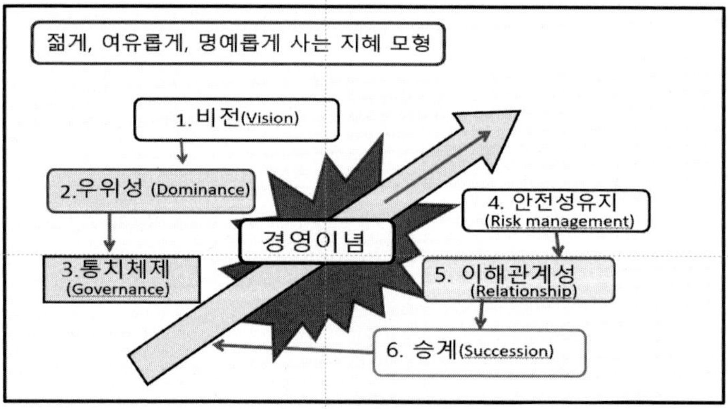

그림 10-2. 젊게 여유롭게 사는 지혜 모형

젊게, 여유롭고, 명예롭게 사는 지혜

요약

▶ 도전과 모험

새로운 목표 설정: 나이가 들어도 도전할 수 있는 새로운 목표를 세우고 이를 이루기 위해 노력하세요. 모험적인 활동이나 여행도 좋은 동기부여가 됩니다. 이러한 방식을 통해 청어처럼 생기 있고 도전적인 삶을 지속할 수 있습니다. 중요한 것은 나이와 상관없이 끊임없이 성장하고 발전하는 자세를 유지하는 것입니다. 나이가 들어서도 건강한 삶을 유지하며 세상을 위해 활기차게 활동하는 분이 많으 면 이자체가 젊은이들에게는 희망의 메시지 가 될 것입니다.

▶ 사회적 기여

기부와 나눔: 재정적 여유가 생기면 사회적 기여를 통해 더 큰 가치를 창출하고, 자신과 주변에 긍정적인 영향을 미치는 방법을 모색합니다. 이는 내면의 만족감을 증대시킬 수 있습니다.여유로운 부자의 삶은 단순히 돈만을 쫓는 것이 아닌, 지속적인 자기 개발, 재정적 안정, 사회적 기여 등이 균형을 이루는 과정입니다.

▶ 결론적으로

명예롭고 존경받는 삶은 단순한 목표가 아니라 지속적인 노력과 자기 성찰의 결과입니다.

성공 Point. 29

1. 자발적으로 참여를

성공하는 사람들은 업무가 있기에 비로서 성공의 기회가 수어신다고 생각한다. 그래서 이들은 업무를 수행하며 완수하지 못한 업무에대해서는 변명하지 않는다. 이들은 업무의 본질을 정확하게 이해하는 덕분에 언제나 타인들보다 뛰어난 성과를 달성하며 중용되는 기회를 읻는다. 당신이 노력한 만큼 얻을 수 있다. 자발적으로 솔선해서 새로운 업무방식을 탐구하라. 그러면 남들보다 주목받는 기회가 한층 많아진다.

2. 사람들에게 기쁨을주면 자신도 즐거워진다.

다른사람에게 기쁨을 주면 그것은 그 사람의 행복이 될뿐만 아니라 자신에게도 도움이 돌아온다. 다른 사람으로부터 기쁨을 선물받으면 그사람에게 호감을 느끼고 상대를 위해 무엇인가 도움이 되고 싶다는 마음으로 발전한다. 이기쁨과 호감이 상조의 재산이 되는 것이다. 자신에게 이익이 되지않는 일에대해서는 칭찬하려 하지않는다. 찬사는 교묘하고도 은밀하여 미묘성이 있다. 주는자와 받는자를 모두 만족시키기 때문이다.

10-3 평화속에 행복을 영유하려면

1-3-1. 주권재민의 정치형태에서 국민의 책무

평화 속에서 행복을 영유하기 위해서는 정치적인 측면에서 국민이 해야 할 역할과 취할 태도가 매우 중요합니다. 이를 위해 몇 가지 핵심 요소를 정리해 보았습니다.

① 정치 참여의 중요성 인식

국민이 정치에 적극적으로 참여하는 것은 민주주의의 기본입니다. 이를 통해 국민은 정책 결정에 직접 또는 간접적으로 영향을 미칠 수 있습니다.

(1) 참정권 투표: 선거에 참여하는 것은 국민이 자신의 목소리를 반영할 수 있는 중요한 수단입니다. 투표를 통해 국민은 자신의 가치와 비전을 대변하는 대표자를 선출할 수 있습니다.

(2) 정치 교육과 의식 함양: 정치에 대한 기본적인 이해와 관심을 가지는 것은 자신의 권리를 지키고, 더 나아가 국가의 발전에 기여할 수 있는 중요한 기반입니다.

② 건전한 비판과 감시

정치 지도자나 정부가 잘못된 방향으로 나아갈 때 이를 비판하고 견제하는 것은 국민의 권리이자 의무입니다.

(1) 언론과 소셜 미디어를 통한 비판: 언론과 소셜 미디어는 정부의 정책을 감시하고, 문제가 발생했을 때 이를 공론화하는 데 중요한 역할을 합니다. 국민은 이를 통해 자신의 목소리를 낼 수 있습니다.

(2) 정보의 정확성 확인: 잘못된 정보나 가짜 뉴스에 휘둘리지 않고, 신뢰할 수 있는 정보에 기반한 비판과 의견을 형성하는 것이 중요합니다.

③ 사회적 합의와 협력

국민들 간의 정치적 차이가 있더라도, 사회적 합의와 협력을 통해 평화를 유지하는 것이 중요합니다.

(1) 다양한 의견 존중: 다양한 정치적 견해를 존중하고, 상호 이해를 도모하는 것이 평화로운 사회를 만드는 데 필수적입니다.

(2) 갈등 해결 노력: 정치적 차이로 인해 갈등이 발생했을 때, 이를 평화적으로 해결하려는 노력이 필요합니다. 이는 대화를 통한 문제 해결, 타협, 협상 등을 포함할 수 있습니다.

④ 정치적 책임감과 공익 우선

국민은 자신만의 이익이 아닌, 공익을 우선시하는 태도를 가져야 합니다.

(1) 공동체 의식 강화: 국민 개개인이 자신의 이익보다 국가와 공동체의 이익을 중요하게 생각하는 태도를 가져야 합니다. 공공의 이익이 우선되어야 모두가 평화롭고 행복하게 살아갈 수 있습니다.

(2) 책임감 있는 정치적 결정: 자신이 내린 정치적 결정이 사회에 미치는 영향을 고려하고, 장기적으로 사회에 긍정적인 변화를 이끌 수 있는 선택을 해야 합니다.

⑤ 정치 제도의 투명성과 공정성 요구

국민은 정부와 정치 제도가 투명하고 공정하게 운영되도록 지속적인 관심을 가져야 합니다.

(1) 부패 감시(腐敗監視): 부패는 사회의 평화와 행복을 저해하는 큰 요소입니다. 국민은 정부의 부패를 감시하고, 이를 해결하기 위한 목소리를 내야 합니다.

(2) 법과 제도의 공정성 강화: 모든 국민이 동등하게 대우받을 수 있는 법과 제도를 요구하고, 이를 지지하는 정치적 결정을 내려야 합니다.

1-3-2. 경제발전을 위한 국민이 취할바

평화 속에서 행복을 영위하기 위해 국민이 경제적 발전을 위한 국민이 취할 바 이를 정리하면, 다음과 같은 주요 요소를 고려할 수 있습니다:

① 지속 가능한 경제 성장

(1) 안정적인 일자리: 국민 개개인의 경제적 안정을 위해서는 안정적인 일

자리 창출이 필수적입니다. 고용 안정성을 높이고, 기술 개발과 직업 교육을 통해 일자리 경쟁력을 강화해야 합니다.

(2) 소득 불균형 완화: 평화로운 사회는 소득 불균형이 심하지 않은 사회입니다. 소득 격차를 완화하기 위한 세금 정책, 사회 안전망 강화 등 정부의 정책적 노력이 필요합니다.

(3) 지역 균형 발전: 경제 발전이 특정 지역에 치우치지 않도록 지방 경제 활성화를 도모해 지역 간 경제 격차를 줄이는 것이 중요합니다.

② 경제적 자립

(1) 금융 교육: 국민이 개인적으로 재정 관리 능력을 갖추는 것이 중요합니다. 금융 문해력을 높여 현명한 투자와 소비 습관을 형성해야 합니다.

(2) 저축과 투자: 경제적 안정성을 위해서는 저축과 장기적인 재정 계획이 필요합니다. 자산 관리를 통해 안정적인 재정 상태를 유지하는 것이 중요합니다.

(3) 부채 관리: 불필요한 부채를 지양하고, 과도한 소비를 억제하며, 계획적인 금융 상품 사용을 통해 부채를 적절히 관리해야 합니다.

③ 사회 안전망 강화

(1) 복지 제도: 건강, 주거, 교육, 실업 등 다양한 분야에서 안정적인 복지 제도를 구축해 경제적 위기 상황에서도 국민들이 기본적인 생활을 유지할 수 있도록 해야 합니다.

(2) 보험 제도: 건강 보험, 연금 제도 등 국가적 보험 체계를 강화해 경제적 불확실성에서 국민들을 보호하는 것이 중요합니다.

④ 경제 정의 실현

(1) 투명한 경제 정책: 정부의 경제 정책은 투명하고 공정해야 하며, 불법적이고 비윤리적인 경제 행위가 없도록 법적 규제가 필요합니다.

(2) 부패 방지: 경제적 부패가 만연하면 사회의 신뢰가 무너질 수 있습니다. 부패 방지와 기업 윤리 강화를 통해 경제 활동의 공정성을 확보해야 합니다.

⑤ 국제 경제 협력

⑴ 글로벌 경제와의 연계: 국제 무역과 경제 협력은 국가 경제 성장의 중요한 축입니다. 무역 확대와 기술 교류를 통해 경제적 기회를 넓히고, 국제적협력을 강화해야 합니다.

⑵ 지속 가능한 발전: 국제 사회와 협력하여 지속 가능한 발전을 목표로 환경 보호와 자원의 효율적 사용을 추구하는 것도 필수적입니다.

⑥ 소비자의 역할

⑴ 현명한 소비: 국민 개개인이 소비를 계획적으로 하고, 필요 없는 소비를 줄이며, 윤리적 소비를 지향해야 합니다. 이는 개인의 경제적 안정뿐만 아니라, 사회적 경제에도 긍정적인 영향을 미칩니다.

⑵ 국산품 애용: 국내 산업을 활성화하고 지역 경제를 보호하기 위해 국산 제품을 우선적으로 소비하는 습관을 들이는 것도 중요합니다.

국민이 이러한 경제적 원칙을 바탕으로 개인과 국가 차원에서 함께 노력한다면, 평화 속에서 안정적이고 지속 가능한 행복을 누릴 수 있을 것입니다.

10-3-3. 사회 안전 번영을 위한 국민이 취할 책무

평화 속에서 행복을 영유하기 위해서는 사회적 측면에서 국민이 취할 바가 몇 가지 중요한 원칙과 행동에 기반해야 합니다. 이를 정리해 보면 다음과 같습니다:

① 법과 질서 준수

법치주의는 사회 안정의 핵심입니다. 모든 국민이 법을 존중하고 순수해야만 사회의 평화가 유지될 수 있습니다. 법이 공정하게 적용되고, 이를 통해 정의가 실현되어야 합니다. 법의 집행이 공정하게 이루어지고, 국민은 법을 지킴으로써 자신의 권리를 보호받고 다른 사람의 권리도 존중하게 됩니다.

② 상호 존중과 배려

다양한 가치관과 배경을 가진 사람들 간에 상호 존중이 중요합니다. 서로 다른 의견을 존중하고 대화와 협력을 통해 갈등을 해결하려는 태도가 필요합니다.

이웃, 지역사회, 직장에서 배려와 양보의 문화가 자리 잡으면 갈등을 줄이고 행복을 높일 수 있습니다.

③ 사회적 책임 의식

국민 개개인은 사회의 일원으로서 책임감을 가지고 행동해야 합니다. 자신의 이익만을 추구하기보다 공익을 고려하는 마음가짐이 중요합니다.

환경 보호, 빈부 격차 해소, 지역사회 기여 등 사회 문제 해결에 적극적으로 참여하여 더 나은 공동체를 만드는 노력이 필요합니다.

④ 투명성과 소통 강화

정부와 국민 사이의 투명한 소통은 사회적 신뢰를 형성하는 중요한 요소입니다. 국민은 정부의 정책과 결정 과정에 대해 알 권리가 있으며, 이를 통해 사회적 불신을 최소화하고 협력을 강화할 수 있습니다.

국민은 정부의 정책에 대해 비판적으로 생각하되, 건전한 방식으로 의견을 제시하고 정책 결정에 참여할 수 있는 기회를 활용해야 합니다.

⑤ 교육과 시민의식 강화

시민 교육을 통해 국민은 사회 구성원으로서의 역할과 책임을 인식하게 됩니다. 평등, 정의, 인권 등 기본적인 가치에 대한 이해를 심화하고, 이와 같은 가치가 사회 전반에 뿌리내리도록 노력해야 합니다.

교육은 또한 비판적 사고와 정보 분석 능력을 길러줍니다. 이를 통해 국민은 정확한 정보를 바탕으로 사회 문제를 인식하고, 건전한 결정을 내릴 수 있습니다.

⑥ 연대와 협력 정신

국민은 서로 연대하고 협력할 때 더 큰 힘을 발휘할 수 있습니다. 경제적, 사회적 위기가 닥쳤을 때 이를 극복하는 데 있어 서로를 돕고 지원하는 자세가 필요합니다.

개인의 이익보다 공동체의 이익을 우선시하는 문화가 정착되면 더 평화롭고 안정적인 사회가 구축될 수 있습니다.

⑦ 건강한 여가 생활과 정신적 안정

개인의 정신적, 신체적 건강은 사회 평화와 행복의 중요한 요소입니다. 스트레스를 줄이고, 정서적 안정을 유지하기 위해 건강한 여가 생활과 운동, 취미 활동을 권장합니다. 정신 건강을 위한 사회적 지원이 활성화되어야 하며, 개인과 가족, 이웃 간의 정서적 지원이 이루어지는 환경을 조성하는 것이 중요합니다.

10-3-4. 국가 보위를 위한 국민의 책무

평화 속에서 행복을 지속적으로 누리기 위해서는 국가 보위의 중요성이 매우 큽니다. 국가 보위는 국가와 국민의 안전을 유지하고, 외부의 위협으로부터 보호하는 역할을 합니다. 이를 위해 국민은 일정한 의무와 책임을 다해야 합니다. 국민의 의무와 책무는 다음과 같이 정리할 수 있습니다.

① 국가안보에 대한 충성심과 책임 의식

국민은 자국의 헌법과 법률을 존중하고 국가안보의 중요성 이해하고 국민은 국가의 안보가 곧 개인의 안전과 직접적으로 연결된다는 사실을 인식해야 합니다. 국가가 평화로울 때 국민이 평화롭고, 개인이 행복한 삶을 영위할 수 있습니다. 외부 위협에 대응하는 국가안보 정책에 대한 지지와 정부가 시행하는 안보 정책에 대한 적극적인 지지와 협력은 필수적입니다. 안보정책은 국민의 안전을 최우선으로 두기 때문에, 이를 위한 협조가 필요합니다.

② 국방 병역의 의무

(1) 국방력은 국가 보위의 핵심입니다 병역 의무: 대한민국 헌법 제39조에 명시된 것처럼 모든 국민은 법률이 정하는 바에 따라 국방의 의무를 집니다. 이는 국가의 주권과 영토를 지키기 위한 기본적 의무로, 평화로운 사회를 유지하기 위한 토대가 됩니다.

(2) 예비군 및 민방위 참여: 병역을 마친 국민은 예비군으로 편성되어 전시에 대비할 준비를 해야 합니다. 민방위 훈련에 성실히 참여하는 것도 중요합니다.

③ 정보 보안 및 사이버 보안 의식 과 법 질서

현대 사회에서는 정보와 사이버 공간에서의 위협이 중요한 이슈입니다. 국민은 개인정보 보호와 국가 기밀 유지에 주의하고, 국가를 위험에 빠뜨릴 수 있는 정보의 유출을 방지하는 데 힘써야 합니다. 법률 준수는 평화를 유지하는 데 있어 법과 질서를 지키는 것이 기본입니다. 국가의 법질서를 존중하고 준수하는 것은 사회 안정을 유지하는 핵심적인 요소입니다. 사회적 책임: 공공의 안녕과 질서를 위해 사회적 책임을 다하고, 범죄나 폭력과 같은 사회적 위협을 막는 데 기여해야 합니다.

④ 사회 통합과 협력과 납세의 의무

⑴ 국민 간의 분열과 갈등은 국가를 내부적으로 약하게 만듭니다. 서로의 차이를 존중하며 화합하고 협력하는 것이 중요합니다. 이는 지역 사회에서의 봉사, 다양한 민족과 문화 간의 이해, 그리고 공익을 위한 활동에 참여하는 것을 포함합니다.

⑵ 공공의 복지와 안보를 위한 세금 납부: 국민이 납부하는 세금은 국방과 국가의 보안을 유지하는 데 쓰입니다. 세금은 국가의 군사적 준비뿐만 아니라 사회 인프라를 지원하며, 이는 국민 모두의 평화롭고 안전한 삶을 보장하는 데 기여합니다.

⑤ 국가안보 교육과 훈련 국제적 안보 협력 인식

국민은 기본적인 국가 안보 교육을 받고, 위기 상황에서 취해야 할 행동을 익혀야 합니다. 이를 통해 비상 상황에 신속하게 대처하고, 국가의 보위를 위해 협력할 수 있습니다. 학교나 직장에서의 민방위 훈련, 재난 대응 훈련에 적극 참여하는 것이 중요합니다. 글로벌화된 세계에서 국가 안보는 다른 국가들과의 협력 없이는 유지되기 어렵습니다. 국민은 자국의 국제적 안보 정책을 이해하고, 다른 나라와의 협력에 대한 필요성을 인식해야 합니다. 이를 통해 국제적인 갈등을 예방하고, 자국의 안보를 강화할 수 있습니다.

⑥ 외교적, 국제적 협력에 대한 책임

⑴ 세계 평화에 기여: 국민은 국가가 국제사회에서 평화로운 역할을 수행할 수 있도록 협력해야 합니다. 국제 분쟁을 예방하고, 인도적 지원을 하며, 세계적 평화유지 활동에 동참하는 국가의 노력을 지지해야 합니다.

⑵ 글로벌 시민의식 함양: 국제사회에서 한국의 위상을 높이기 위해 국민

개개인이 글로벌 시민으로서의 책임을 자각하고, 다른 나라와의 관계를 평화롭게 유지하는 데 노력해야 합니다.

우리가 평화속에 행복한 삶을 영유하기 위해서는 의식개혁 에의한 새로운 가치가 창조되어야 합니다. 그러기 위해서는 생각이 바뀌어야 보는 것과 듣는 것이 달라져야 얻는 것도 달라집니다. 그러므로 현재를 살아가는 우리들의 세계관, 정치 경제 안보관이 바르게 정립되어 평화롭고 행복하게 삶을 영유할 수 있을 것입니다.

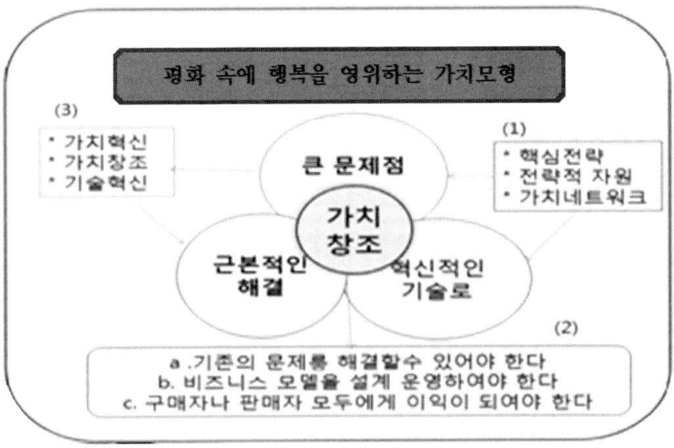

그림 10-3. 평화속에 행복을 영유하는 가치 모형 참조

필화속에 행복을 영유하려면

요약

▶ 국제 평화에 대한 책임

국민은 국내 평화뿐만 아니라 국제적 평화를 위한 역할도 인식해야 합니다. 국제 협력 지지: 평화를 유지하기 위해서는 다른 국가들과의 협력과 외교가 필수적입니다. 국민은 평화적인 외교 정책을 지지하고, 국제 사회의 일원으로서 역할을 다해야 합니다. 국제 인권 존중: 국제적 차원에서도 인권과 평화가 중요하며, 이를 지지하고 보호하는 정책을 요구하는 것이 필요합니다.

* 복지 시스템 강화

모든 국민이 기본적인 생활을 보장받을 수 있는 복지 체계가 필요합니다. 빈곤층과 취약 계층을 위한 사회 안전망이 제대로 작동하면 불평등이 줄어들고, 사회 갈등이 완화 됩니다. 공정한 복지 정책과 분배는 사회적 안정과 평화를 위한 필수 조건입니다. 국민 개개인은 평화 속에서 행복을 영유할 수 있을 것입니다.

* 국가 통합과 단결

국민 통합과 단결: 국가 보위를 위해 국민은 서로 단결하고, 내분이나 갈등을 피하며, 사회적 화합을 이루는 것이 중요합니다. 국민의 단결은 외부의 위협으로부터 국가를 보호하는 강력한 방어막이 됩니다. 상호 존중과 배려: 사회적 다양성을 존중하고, 상호 이해와 배려를 통해 내부 갈등을 최소화하는 것이 필요합니다. 국민 간의 화합은 국가의 안보와 평화를 유지하는 데 필수적입니다.

성공 Point. 30

1. 사소한 일부터 시작하라

중요한 일은 지극히 사소한 만남에서부터 시작된다. 여러 가지 단계를 거쳐 최종적으로 완성된다. 이때 각단계별 사소한일들을 최선을 다해 수행한다면 성공은 따 놓은 당상이다. 인생의 목표를 세웠다면 당신이 가장 우선적으로 갖춰야 할 기본요소가 무엇인지 파악하라. 눈앞에놓인 잡다한 일들이 일생목표에 어떠한 영향을 미치는지 살피고 중요성을 인식하라. 작은일도 제대로 처리못하는데 누가 큰일에 책임을 주겠는가?

2. 들어서기분좋은말 의욕을 불태우게 한다

다른사람이 기뻐할 수 있는 말을 사용할줄 알아야 성공한다. 어째든 다른사람에게 기쁨을 주는 말을 사용하는 것은 좋은 화법이다. 들어서 기분좋은 말. 의욕이 생기는말 찾아 사용하면 업무진척에 효용성을 높인다. 상대의 기분이 즐거워질 수 있는 말을 찾아내어 자주 사용하라. 이런태도가 습관화되면 당신인생이 풍요러워 질것이다.

10-4 고수와 하수의 차이

10-4-1. 고수와하수 임계점의 극복

① 고수와 하수

고수와 하수의 차이는 다양한 분야에서 논의될 수 있지만, 일반적으로 다음과 같은 요소에서 드러납니다.

①-1 기본기와 깊이 있는 이해

하수는 기술이나 개념을 얕게 이해하고, 기본 원리보다는 표면적인 방식으로 문제를 해결하려고 합니다. 반복적인 실수나 한계에 쉽게 부딪히는 경향이 있으며, 새로운 상황에 적응하거나 창의적인 방법을 찾기 어렵습니다.

고수는 기술이나 개념을 깊이 이해하고, 기본 원리와 원칙에 충실합니다. 이들은 다양한 상황에서도 원리를 바탕으로 유연하게 대응하며 문제를 해결하는 데 능숙합니다.

①-2 목표 설정과 계획

하수는 단기적인 목표나 눈앞의 결과에만 집중하는 경우가 많습니다. 계획보다는 즉각적인 반응을 중시하며, 지속적인 발전보다는 단기적인 성과에 치중하는 경향이 있습니다.

고수는 장기적인 목표를 세우고, 그에 따라 세심하게 계획을 세웁니다. 목표에 다가가기 위해 단계별로 실력을 점진적으로 쌓아가는 것을 중요하게 여깁니다.

①-3 문제 해결 접근 방식

하수는 직면한 문제에 대해 겉모습에 집중하여 해결하려고 하며, 종종 단순한 해결책에 의존합니다. 예를 들어 문제가 발생하면 원인을 깊이 파악하기보다는 증상을 해결하려는 경향이 있습니다.

고수는 문제의 본질을 이해하고 근본 원인을 파악하여 해결책을 모색합니다. 문제를 더 높은 차원에서 재구성하여, 지속적인 해결책을 찾아 냅니다.

①-4 피드백 활용

하수는 피드백을 받으면 감정적으로 반응하거나 방어적으로 대응하는 경우가 많습니다. 이를 자신의 한계로 받아들이기보다는 외부 요인이나 다른 사람의 문제로 돌리는 경향이 있습니다.

고수는 피드백을 자기 성장의 기회로 받아들이고, 부족한 부분을 채우기 위해 적극적으로 활용합니다. 자신을 객관적으로 평가하고 발전을 위한 구체적인 방안을 고민합니다.

①-5 학습과 노력에 대한 태도

하수는 학습을 한정된 시간 동안만 지속하거나, 이미 아는 것에 안주하려는 경향이 있습니다.

고수는 끊임없이 배우고 연습합니다. 새로운 것을 시도하고 배울 준비가 되어 있으며, 지식의 폭을 넓히기 위한 지속적인 노력을 기울입니다.

② 임계점(臨界粘)의 극복 방법

고수로 가는 길목에는 많은 임계점이 있으며, 이를 극복하는 방법은 다음과 같습니다.

②-1* 지속적인 피드백과 반성

고수가 되기 위해서는 자신을 끊임없이 평가하고 피드백을 받아들이는 자세가 중요합니다. 자신의 약점과 한계를 인식하고, 개선하기 위해 노력해야 합니다.

②-2* 기초에 충실하고 원리 이해

기본 원리를 깊이 있게 이해하고, 그것을 바탕으로 문제를 바라보는 연습을 해야 합니다. 심화된 지식은 기초에 충실한 이해에서 나오는 만큼, 기초적인 부분을 등한시하지 않고 철저히 다질 필요가 있습니다.

②-3* 작은 성공과 실패의 반복

고수로 가는 길은 거대한 성공을 통한 것이 아니라, 작은 성공과 실패의 반복을 통해 쌓아가야 합니다. 이러한 경험은 실력 향상의 밑거름이 되며, 여러 상황에 대비할 수 있는 능력을 키웁니다.

②-4* 목표를 구체적이고 현실적으로 설정

고수는 스스로의 한계를 극복하기 위해 구체적인 목표와 단계별 계획을 세웁니다. 목표는 너무 높지도, 낮지도 않게 설정하여 달성 가능한 단계를 하나씩 밟아 나아갑니다.

②-5* 멘토나 롤모델의 도움

혼자 모든 것을 해결하기보다는, 고수로 가는 길을 앞서 경험한 사람의 조언을 구하는 것이 유리합니다. 롤모델의 성공 경험과 실패 사례는 임계점을 넘는 데 필요한 유용한 참고 자료가 됩니다.

이처럼 고수와 하수의 차이는 실력뿐 아니라 학습 태도, 피드백에 대한 태도, 문제 해결 접근 방식에서 크게 나뉘며, 임계점을 넘기 위해서는 지속적인 노력과 자기 성찰이 필요합니다.

③ 임계점을 극복한 회사인. 사회인, 진로와 보람

임계점을 극복한 사람들의 진로와 보람에 대한 이야기는 흔히 영감을 줍니다. 이런 이들은 직장에서, 혹은 사회적 관계에서 큰 도전이나 시련을 마주했음에도 불구하고 끝까지 포기하지 않고 새로운 길을 열었거나 성공적인 성과를 이룬 사람들이죠. 이런 사람들이 얻는 보람은 단순히 성공이나 성취감을 넘어, 자신과 주변에 긍정적인 영향을 끼칠 수 있는 중요한 의미가 있습니다.

③-1 도전과 극복의 경험

임계점을 극복한 사람들은 보통 극심한 스트레스나 갈등, 예기치 못한 난관에 직면하지만, 이를 통해 강력한 문제 해결 능력과 인내력을 얻게 됩니다. 이런 경험이 누적되면서 자기 자신을 객관적으로 바라보는 법, 감정을 조절하고 타협하는 법, 그리고 최악의 상황에서 가능성을 찾는 법을 익히게 됩니다. 이 과정에서 쌓인 능력은 앞으로의 진로에 있어 중요한 자산이 되어, 더 높은 목표를 세우고 이를 이루는 데 필수적인 자신감과 의지로 작용합니다.

③-2 진로의 확장과 새로운 도전

임계점을 극복한 사람들은 기존에 해왔던 일을 넘어 더 큰 도전이나 새로운 분야로의 확장에 대한 자신감을 얻게 됩니다. 예를 들어, 한 회사에서 어려운 프로젝트를 성공적으로 완수한 사람은 같은 회사 내에서 승진하거나 더 중요한 역할을 맡게 될 수도 있고, 다른 회사나 분야로 전환해 자신을 발전시키려는 동기부여를 받을 수도 있습니다. 사회적인 역할로 보면, 이런 경험을 바탕으로 리더십이나 멘토링 같은 역할을 더 적극적으로 수행하면서 사람들에게 좋은 영향을 줄 수도 있습니다.

③-3 개인적 보람과 자아실현

힘든 임계점을 넘어서면, 그 과정에서 성장하고 자신이 이룬 변화를 직접 느끼게 됩니다. 이는 자신을 더 긍정적으로 바라볼 수 있는 계기가 되고, 내면적 성취감과 보람을 느끼게 해줍니다. 이로 인해 자기만의 의미 있는 목표를 설정하고 이를 이루는 과정에서 자아실현의 기쁨을 경험하게 되며, 이런 성장은 사회적으로도 긍정적인 파장을 일으킬 가능성이 큽니다.

③-4 사회적 보람과 영향력

임계점을 넘은 사람들은 자신의 경험을 통해 다른 사람들에게도 영감을 줄 수 있습니다. 강연, 글쓰기, 멘토링 등 다양한 방법을 통해 자신이 겪은 어려움과 극복 과정, 얻은 교훈을 나누는 것은 사회적으로 큰 의미가 있습니다. 이런 사례들은 사람들에게 동기부여가 되어, 비슷한 상황에 처한 다른 사람들이 극복할 수 있는 힘과 지혜를 줄 수 있습니다.

임계점을 극복한 사람들은 개인적 성장과 더불어 사회적 역할로써도 큰 보람을 얻으며, 자기 자신을 넘어서 더 넓은 영향력을 펼칠 수 있게 됩니다.

10-4-2. 반전의 사고(反轉, 思考)

① 반전사고의 진라와 삶에주는교훈

"반전의 사고(思考)"는 보통 기존의 관념을 뒤집어 새로운 시각을 통해 문제를 바라보고 해결하는 것을 의미합니다. 이는 고정된 틀에서 벗어나 유연하게 생각하는 방법론을 말하며, 창의력과 문제 해결 능력을 키우는 데 큰 도움을 줍니다. 이러한 사고 방식의 진리는 삶에 큰 교훈을 줍니다.

①-1 삶에 대한 새로운 관점

반전의 사고는 현재 상황에 얽매이지 않고, 다른 가능성을 상상할 수 있는 힘을 줍니다. 이는 우리가 삶의 다양한 문제를 해결하는 데 있어서 더 창의적이고 긍정적인 접근법을 취하게 만듭니다. 예를 들어, 어려운 상황에서 단순히 벗어날 방법만 찾는 것이 아니라, 그 상황을 성장과 배움의 기회로 삼을 수도 있습니다.

①-2 문제 해결 능력 강화

반전의 사고는 기존의 해결 방식을 벗어나도록 유도합니다. 즉, 똑같은 방식으로 문제를 풀 수 없을 때 새로운 관점에서 접근하도록 돕습니다. 문제를 바라보는 새로운 방식이 가능해지며, 이는 결국 더 나은 결과를 만들어 낼 수 있습니다.

①-3 고정관념에서 자유로움

사람은 누구나 과거의 경험과 환경에서 형성된 고정관념을 가지고 있습니다. 반전의 사고는 이러한 고정관념에서 벗어나도록 도와주며, 삶을 더 유연하고 풍요롭게 만들어줍니다. 이를 통해 우리는 자신의 한계를 넓히고, 삶을 보다 넓은 시야로 바라볼 수 있습니다.

①-4 삶에 주는 교훈

반전의 사고는 삶에서 어려운 상황에 직면했을 때 고난과 좌절을 피하기보다는 이를 새로운 기회로 받아들이고 극복하는 용기를 줍니다. 또한, 다양한 가능성을 생각하고 실천할 수 있는 힘을 주기 때문에, 우리의 삶은 더욱 활기차고 의미 있게 변할 수 있습니다.

요컨대, 반전의 사고는 삶을 대하는 태도와 문제를 해결하는 방식에서 창의성과 유연성을 장려하는 중요한 교훈을 줍니다.

② 고정관념 → 자유로움을때 사회 변화에 미치는 영향

고정관념에서 자유로워질 때 개인과 사회에 미치는 영향은 다양하고 깊습니다. 고정관념이란 특정 사람이나 집단, 상황에 대한 고정된 생각이나 판단을 의미하며, 이는 종종 편견과 차별을 유발할 수 있습니다. 이러한 고정관념에서 벗어나면 여러 긍정적인 변화가 생깁니다.

②-1 개인의 변화

ⓐ 자기 성장과 자아 발견: 고정관념을 깨면 자신이 미처 발견하지 못했던 새로운 가능성을 찾을 수 있습니다. 스스로에 대한 더 자유롭

고 포용적인 시각을 가질 수 있고, 이를 통해 자아 실현과 자기 성장에 큰 도움이 됩니다.

(b) 자신감과 긍정적인 자아상: 편견 없이 자신을 바라보면, 다른 사람의 시선에 휘둘리지 않고 자신만의 길을 걸어갈 수 있는 자신감이 생깁니다.

(c) 새로운 경험에 대한 열린 마음: 고정관념이 없으면 다양한 경험과 사람들을 받아들이기 쉬워지며, 이를 통해 더욱 풍부하고 다채로운 인생을 즐길 수 있습니다.

②-2 사회적 변화

(a) 포용적인 사회 분위기 조성: 고정관념이 줄어들면 사회는 더 포용적이고 다양성을 존중하는 분위기로 나아갑니다. 이는 모든 사람의 배경, 성향, 능력을 인정하고 서로의 차이를 이해하는 문화로 발전하게 합니다.

(b) 편견과 차별의 감소: 성별, 인종, 직업, 나이에 따른 차별과 편견이 줄어들면 사회적 갈등이 완화됩니다. 이는 사회적 통합을 높이고, 더 평등하고 공정한 사회로 나아가게 합니다.

(c) 창의성과 혁신 촉진: 고정관념이 없을 때 사람들은 기존의 틀에서 벗어나 새로운 아이디어를 쉽게 떠올리고 이를 실현하려는 노력을 기울이게 됩니다. 이는 창의성과 혁신을 촉진하고, 결국 사회의 발전에 기여할 수 있습니다.

②-3 경제적 영향

(a) 더 넓은 시장 기회: 고정관념에서 벗어나면 다양한 배경을 가진 사람들에게 제품과 서비스를 제공할 수 있는 기회가 생기며, 이는 경제적 성장에도 긍정적인 영향을 미칩니다.

(b) 일자리 창출과 생산성 증가: 다양성을 존중하는 사회에서는 보다 많은 사람들이 차별 없이 일할 수 있고, 이는 경제 전반의 생산성 향상으로 이어질 수 있습니다.

고정관념에서 벗어나 개인이 더욱 창의적이고 자유롭게 성장할 수 있고, 사회는 공정하고 다양한 사람들의 가능성을 수용하게 되며, 이는 더 나은 사회와 경제를 만들게 됩니다.

③ 반전사고의 의의 (反轉思考/意義)

마음이 편하면 초가집도 아늑하고, 성품이 안정되면 나물국도 향기 롭다고 합니다. 지혜를 짜내려 애쓰기 보다는 먼저 성실헤야 합니다. 지혜가 부족해서 일에 실패하는 경우보다 성실하지 못해서 실패하는 경우가 많습니다. 성실하면 지혜도 따라오게 됩니다.

관심을 없애면 다툼이 없어질 줄 알았으나 결국 남이 되고 말았고, 간섭을 없애면 편하게 살 줄 알았는데 외로움이 생기게 되었습니다. 바라는 것이 없으면 만족할 줄 알았으나 삶에 활력을 주는 열정이 사라졌고, 불행을 없애면 행복할 줄 알았으나 무엇이 행복인지 깨닫지 못하게 되었습니다.

결국 나를 불편하게 했던 것들이 나한테 필요한 것들 이었습니다. 행복도 불행도 나의 선택에서 비롯되는 것입니다.

사람들에게 " + " 가 그려진 카드를 보여주면, 수학자는 '덧셈' 이라 하고, 산부인과 의사는 '배꼽' 이라고 하고, 목사는 '십자가' 라고 하고, 교통경찰은 '사거리' 라고 하고, 간호사는 '적십자' 라고 하고, 약사는 '녹십자' 라고 대답합니다. 모두가 다 자기 입장에서 바라보기 때문입니다.

한마디로 다른 사람이 '틀린' 것이 아니고, '다를' 뿐입니다. 그래서 사람은 비판의 대상이 아니라 이해의 대상입니다. '틀림' 이 아니고 '다름' 의 관점에서 서로를 이해할 수 있는 날들이 되었으면 합니다.